U0462847

权威·前沿·原创

皮书系列为
"十二五""十三五"国家重点图书出版规划项目

BLUE BOOK

智库成果出版与传播平台

法治蓝皮书

BLUE BOOK OF
RULE OF LAW

中国法院信息化发展报告 *No.4*
（2020）

ANNUAL REPORT ON INFORMATIZATION OF
CHINESE COURTS No.4 (2020)

主　编／陈　甦　田　禾
执行主编／吕艳滨
副 主 编／胡昌明

社会科学文献出版社
SOCIAL SCIENCES ACADEMIC PRESS（CHINA）

图书在版编目（CIP）数据

中国法院信息化发展报告. No. 4，2020 / 陈甦，田
禾主编. -- 北京：社会科学文献出版社，2020.5
（法治蓝皮书）
ISBN 978 - 7 - 5201 - 6511 - 2

Ⅰ. ①中… Ⅱ. ①陈… ②田… Ⅲ. ①法院 - 信息管
理 - 研究报告 - 中国 - 2020 Ⅳ. ①D926.2

中国版本图书馆 CIP 数据核字（2020）第 061173 号

法治蓝皮书
中国法院信息化发展报告 No. 4（2020）

主 编／陈 甦 田 禾
执行主编／吕艳滨
副 主 编／胡昌明

出 版 人／谢寿光
组稿编辑／曹长香
责任编辑／曹长香

出 版／社会科学文献出版社·联合出版中心（010）59367162
地址：北京市北三环中路甲 29 号院华龙大厦 邮编：100029
网址：www.ssap.com.cn
发 行／市场营销中心（010）59367081 59367083
印 装／天津千鹤文化传播有限公司

规 格／开 本：787mm × 1092mm 1/16
印 张：23.75 字 数：355 千字
版 次／2020 年 5 月第 1 版 2020 年 5 月第 1 次印刷
书 号／ISBN 978 - 7 - 5201 - 6511 - 2
定 价／128.00 元

法治蓝皮书编委会

主　　　编	陈甦　田禾
执 行 主 编	吕艳滨
副　主　编	胡昌明
工作室主任	吕艳滨
工作室成员	（按姓氏笔画排序）

张　伟　　张春和　　张晔瑶　　张　能　　张　雯

张　静　　陆玉珍　　陆　诚　　陈卫国　　陈成荣

陈伟平　　陈华华　　陈育锦　　陈建华　　陈智勇

陈增宝　　易凌波　　周招社　　周冠宇　　周　峰

周　涛　　郑仲纯　　屈国华　　赵卓君　　胡昌明

柯　军　　钟会兵　　钟健平　　施　健　　洪　梅

秦振亮　　袁冠飞　　栗燕杰　　徐亚农　　徐国毫

徐　琦　　徐婷婷　　卿天星　　郭正怀　　郭　岩

黄泽辉　　黄俊杰　　黄　洁　　黄　健　　黄靖淞

曹忠明　　符东杰　　曾学原　　靳学军　　廖　雪

官方微博　@法治蓝皮书（新浪）

官方微信

法治蓝皮书（lawbluebook）　　　　法治指数（lawindex）

官方小程序

法治指数（lawindex）

主要编撰者简介

主　编：陈　甦

中国社会科学院学部委员、法学研究所所长、研究员。

主要研究领域：民商法、经济法。

主　编：田　禾

中国社会科学院国家法治指数研究中心主任、法学研究所研究员。

主要研究领域：刑法学、司法制度、实证法学。

执行主编：吕艳滨

中国社会科学院国家法治指数研究中心副主任、法学研究所法治国情调研室主任、研究员。

主要研究领域：行政法、信息法、实证法学。

副 主 编：胡昌明

中国社会科学院法学研究所助理研究员。

主要研究领域：法理学、司法制度、法社会学。

摘　要

2019 年是智慧法院由初步形成向全面建设迈进的第一年。这一年，人民法院始终坚持以司法为民为主线的发展道路，回应和弥补了以往建设中出现的问题与不足。法治蓝皮书《中国法院信息化发展报告 No. 4（2020）》从辅助审判执行、司法大数据发展等方面对全国法院信息化的现状进行了评估，总结了地方法院信息化建设的经验和成绩，并对 2020 年全国法院信息化发展进行了展望。蓝皮书认为，2019 年，全国各级法院在信息化建设标准化、系统化、精准化、智能化方面迈上新台阶。与此同时，中国法院信息化仍然需要在打造品牌效应、推进深度应用、建设统一平台、提升用户体验、提高数据质量等方面进一步提升。蓝皮书围绕法院信息化建设提高审判质效、加强审判监督、助力解决"执行难"、提升司法为民水平、信息化与司法大数据等主题全面总结了中国法院信息化建设的新进展，重点推出了行政案件一体化审判"吉林范本"、"执必果"试点工作助力源头治理执行难、"多元调解＋速裁"、移动微法院运行情况等调研报告，并刊载中国互联网法院高峰对话实录，对中国互联网法院的实践进行思考与展望。

目 录

Ⅰ 总报告

Ⅱ 专题报告

Ⅵ 信息化提升司法为民水平

Ⅶ 信息化与司法大数据

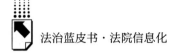
Ⅷ 互联网法院的实践与展望

Ⅸ 大事记

皮书数据库阅读**使用指南**

总 报 告

General Report

B.1

2019年中国法院信息化发展与2020年展望

中国社会科学院法学研究所法治指数创新工程项目组*

摘　要：　2019年是智慧法院由初步形成向全面建设迈进的第一年，中国各级法院始终坚持司法为民原则和务实进取的建设思路，在法院信息化建设标准化、系统化、精准化、智能化方面迈上新台阶，通过信息化建设切实提升司法服务效能。中国法院信息化建设已经走在世界前列，围绕智慧审判、智慧执行、智慧服务、智慧管理的智慧法院体系基本建成，走出了一条法院信息化的中国道路。但仍有相关问题亟待解决，如应用程度和智能化程度皆有待提升，技术壁垒尚未突破，线上与

* 项目组负责人：田禾，中国社会科学院国家法治指数研究中心主任、法学研究所研究员；吕艳滨，中国社会科学院法学研究所法治国情调研室主任、研究员。项目组成员：王小梅、王祎茗、车文博、田纯才、冯迎迎、刘雁鹏、米晓敏、胡昌明、洪梅、栗燕杰等；执笔人：王祎茗，中国社会科学院法学研究所助理研究员；田禾；吕艳滨。辽宁省盘锦市兴隆台区人民法院谷峰、广东省广州市中级人民法院周冠宇对本报告写作提供了支持。

线下模式关系紧张，相关配套制度供给不足，风险控制存在隐患，国际影响力不足，等等。未来中国法院信息化建设还应坚持问题导向，在打造品牌效应、推进深度应用、加快研发速度、普及大数据运算、调和线上线下关系、增强制度供给、评估防控风险等方面继续发力。

关键词： 司法为民　法院信息化　司法管理　司法服务

法院信息化建设是人民法院贯彻实施网络强国战略的重大举措。各级人民法院牢牢把握网络强国、数字中国、智慧社会建设等新一轮科技革命带来的重大历史机遇，充分运用大数据、云计算、人工智能等现代科技手段破解改革难题、提升司法效能，推动人民法院司法改革与智能化、信息化建设"两翼"发力，为促进审判体系和审判能力现代化提供有力的科技支撑。

2019 年是智慧法院由初步形成向全面建设迈进的第一年，这一年人民法院信息化建设更加务实、进取，始终坚持以司法为民为主线的发展道路，以实际行动回应和弥补了以往建设中的问题与不足。全国各级法院有效落实全面深化智慧法院建设工作思路，重点工作取得较大进展，创新应用取得较大突破，智慧法院顶层设计、审判执行智能化建设、诉讼服务建设、司法大数据管理取得长足进步。中国法院信息化建设已经跻身世界前列，围绕智慧审判、智慧执行、智慧服务、智慧管理的智慧法院体系基本建成，走出了一条法院信息化的中国道路。

最高人民法院的统计数据显示，2019 年全国 97.8% 的法院支持网上立案，其中高级法院的实现比例首次达到 100%，中级法院和基层法院的实现比例也均有较大幅度的提升，分别达到 99.3% 和 97.6%。全国法院全年网上立案的一审民商事和一审行政案件共有 5149570 件，占一审民商事和一审行政案件受理总数的 33.2%。全国共有 2320 家法院支持网上证据交换，占法院总数的 66.9%，其中 29 家高级法院实现了该功能，占高院总数的

90.6%，相比2018年增长了18.8%。全国支持网上开庭的法院共有2018家，占法院总数的58.2%。其中，有23家高级法院、257家中级法院和1738家基层法院实现该功能，分别占71.9%、62.7%和57.4%。全国全年共有3202家法院使用过"总对总"网络进行查控，占法院总数的92.3%；全国法院共使用最高人民法院"总对总"网络查控案件14130117件，平均每家法院4413件。2019年全国法院审判流程信息公开率达到99.5%，其中2055家法院的审判流程信息公开率达到100%，占全国法院总数的59.2%。2019年全国法院庭审直播次数大幅度提升，达到3903771次，直播率33.2%，相比2018年提高17.4%。有3361家法院公开了终本案件信息，所有高级法院均已公开终本案件信息，中级法院和基层法院公开的比例也分别达到98.8%和96.6%，较2018年略有上升。当事人通过中国执行信息公开网共联系法官73203次，是2018年的46.7倍。其中，法官及时回复62342次，回复率为85.2%，均显著高于2018年。审判态势数据智能统计与分析方面，所有高级法院均能够以案件、时间、人员等维度生成统计报表，能够从时间、空间等维度分析各类案件、罪名、案由的审判态势。人案关联分析功能由2018年的27家高级法院提升到2019年的29家，占高院总数的90.6%；法官审判工作量评估功能由2018年的23家高级法院提升到2019年的26家，占高院总数的81.2%。数据显示，法院信息化建设成效显著。

一 推进法院信息化建设标准化

最高人民法院在总结以往工作经验的基础上，针对不同地区、不同级别法院在信息化建设工作中各自为政，容易出现重复建设、制度空白或相互矛盾等问题，在2019年着力加强顶层设计，以统一的制度和标准统领法院信息化建设。

最高人民法院出台的法院信息化建设相关规定和标准皆有明确的依据，确保统筹全局。一方面，贯彻落实最高人民法院各项工作安排。按照《人民法院第五个五年改革纲要（2019~2023）》修订《人民法院信息化建设五年发展规划（2019~2023）》，对标规划，查找同预期目标的差距，着力指导各方面工作补齐短板。另一方面，以《智慧法院建设评价报告（2018）》和《中国法院信息化建设第三方评估报告（2019）》指标体系为依据，内外结合，有针对性地回应问题，出台工作方案。两项评估均以全国各级法院为评估对象，分别从内部和外部两个视角全方位多维度分析了全国法院在规划引领、网络化、阳光化、智能化、综合保障等方面的成效和不足。评估报告以客观数据描述法院信息化建设现状，为下一步工作明确重点。最高人民法院充分吸纳评估结果数据，在顶层设计方面对评估指出的问题有所回应和修正，如打通信息"孤岛"和数据壁垒，弥补智能化服务短板，支撑战略规划、项目预算、系统论证和系统研发等。同时，以解决实际问题为契机，开展系统总体设计，进一步提升信息化建设水平。

其中，人民法院信息化标准体系的健全最能代表最高人民法院完善顶层设计方面所取得的成绩，其已成为法院信息化建设重要的顶层设计工作之一。标准编制作为基础性工作，为法院信息化建设提供规范、规则、指导，可促进技术协作，为信息共享、业务协同和系统集成等工作提供了支撑；可建立最佳秩序，以保证信息化建设工作的整体有序进行。2019年，最高人民法院信息中心组织更新升级信息化标准，完成新增《12368智能诉讼服务平台技术要求》等15项应用技术标准征求意见稿的编制，实现对标准体系的完善和法院信息化建设的指导，解决信息化标准编制工作与科技创新课题研究工作的结合问题。

引人注目的是，最高人民法院重视信息化建设过程中的科技创新和理论提炼，出台了相关意见、方案，推动人民法院信息化建设向更高层次发展，智慧法院建设由技术应用迈向技术创新的高阶。最高人民法院发布了《人民法院科技创新重大项目实施指导意见》，实现人民法院科技创新重大项目管理办公室实质化运转，完成以系统机理图为重点的各项目实施方案讨论对接，形成《智慧法院科技创新技术攻关与成果应用总体方案（2019）》，指导牵引项目研究。最高人民法院还开展了人民法院"十四五"科技创新需求论证设计，形成《人民法院"十四五"科技创新需求分析研究报告》及其中长期规划。

在最高人民法院顶层设计统领下，各地、各层级法院分别以此为基准出台具体行动方案，确保国家层面制度安排层层传导，落实落地。

二　实现法院信息化建设系统化

习近平总书记指出，要加强信息基础设施建设，强化信息资源深度整合，打通经济社会发展的信息"大动脉"①。最高人民法院以此为依据，积极回应需求并致力于解决以往出现的重复建设、功能交叉、信息"孤岛"等问题，提出要构建以云计算为支撑的全要素一体化信息基础设施，加强系统整合。中国法院信息化建设不是人民法院某一领域、某一方面的信息化，而是法院审判执行和自身管理的全面信息化，是立足于服务审判执行、服务人民群众、服务自身管理、服务国家治理的系统工程，因此，其自始至终都高度重视建设的系统化推进。

最高人民法院网络安全与信息化领导小组办公室全面梳理了最高人民法院现有信息系统建设现状，围绕系统融合及智能化建设，制定总体设计方案，指导现有信息系统融合升级。2019年，最高人民法院通过了《全面推进司法人工智能建设的总体思路》《智慧法院建设评价指标体系（2019年版）》以及14项人民法院信息化标准②，指导全国法院网上保全一体化办理应用、涉诉信访应用、移动微法院平台、电子诉讼档案目录管理等信息化应用系统建设、司法区块链建设等工作。

在项目建设初期，各级法院站在智慧法院建设全局高度开展技术架构设

---

① 《中共中央政治局就实施网络强国战略进行第三十六次集体学习》，中国政府网，http://www.gov.cn/xinwen/2016-10/09/content_5116444.htm，最后访问日期：2020年4月14日。

② 14项信息化标准围绕全面推进诉讼服务，内容涵盖网上保全一体化办理应用、涉诉信访应用、移动微法院平台等信息化应用系统建设、司法区块链建设、法院电子诉讼档案目录管理等工作。14项信息化标准包括4项服务人民群众类应用建设标准（即《网上保全一体化办理应用技术要求》《分调裁审一体化功能应用技术要求》《12368诉讼服务平台技术要求》《涉诉信访应用技术要求》）、1项数据治理标准（即《审判信息数据质量要求第2部分：非结构化文书信息》）、8项服务司法管理类应用建设标准（即法院电子诉讼档案目录规范1~8部分，规定了刑事案件、民事案件、行政案件、国家赔偿与司法救助案件、执行案件、非诉保全案件、强制清算与破产案件等诉讼文书材料电子档案的目录规范）以及1项一般技术标准（即《司法区块链技术要求》）。

计和方案论证，以确保智慧法院一体化建设。在建设过程中，各级法院努力提升信息基础设施配置水平，构建集约化信息网络体系，通过安全隔离交换技术实现网间信息共享，持续推进跨部门信息互联互通，全面提升诉讼服务中心、执行指挥中心、科技法庭等办公办案场所的信息化水平，加强系统资源整合共享，持续推进界面整合、数据整合、流程整合。

在审执核心业务方面，通过扩展全国法院智能化云服务范围，统筹智慧云网一体化建设。"人民法院智慧云平台"的建成，满足了多种应用场景的多资源池需求，实现多云环境的统一管理，增加文字识别、语音交互、机器翻译等人工智能应用，实现传统基础设施在云平台上的统一调度管理功能；"人民法院智能语音云平台"实现全国法院智能语音平台的模型共享和集中训练，使得普通话转写正确率平均提升1.5%，新增不少于3种方言及少数民族语言的模型支持，启动异构语音平台的对接试点，实现异构语音平台的应用对接；"智慧云网"将人民法院一级专网由星形结构升级为环形结构，同时将32家高院的接入带宽增加了两倍，建成支撑云网一体和智能化应用分布式部署的环形骨干网络，实现了人民法院数据中心骨干网络的高可靠性，同时新增加了域名解析、流媒体分发等网络服务。

档案是司法工作的载体，也是进行司法监督和管理的依据。2019年，最高人民法院信息中心推动四级法院电子档案系统上线，实现对诉讼档案和非诉档案的有效管理。最高人民法院实现对本级非诉档案（电子公文）的汇聚、管理；具备了汇聚全国诉讼档案的能力，通过在顶层打通最高人民法院电子公文归档技术通道，实现从办公平台、大数据平台、档案系统和全国四级法院电子档案系统一键归档；而新开发的电子档案上报功能，则令无档案系统的400家法院可通过上报的方式实现档案数据向上汇集。

在地方各级法院，系统融合数据共享也是大势所趋。上海市高级人民法院联合江苏省、浙江省、安徽省高级人民法院打造"长江三角洲地区智慧法院信息数据资源共享平台"，共同推进长三角智慧法院信息数据资源共享平台建设工作，促进实现跨域立案。法官工作子平台首批将共享七大事项、26类数据，涵盖重大案件信息、执行联动协作、司法服务、法律适用等内容；诉讼服务子平台依托国家政务服务平台，入驻长三角"一网通办"，首批涵盖诉讼费用缴纳、网上立案、个案智查、文书送达、联系法官、材料递交等服务内容。此外，搭建调解平台，与各行业单位进行对接，将各行业的调解资源与法院审判资源进行对接，实现合理化的人力资源利用。诉讼服务网、移动微法院、自助立案设备这三方立案服务渠道，可以实现内外网数据的交互联通，进而极大方便当事人办理相关诉讼业务。此外，在解决"送达难"的问题上，部分法院已经实现了集中送达，利用大数据走在了送达信息化的前列。

三　全面实现司法管理精准化

法院信息化和智慧法院建设通过运用信息化系统、大数据分析等，正在实现案件审判执行、法院内部管理的精准化。

在运维方面，深化运维平台的分析可视化能力及语音调度能力，实现平台化和模块化管理，推进质效型运维体系在人民法院全面落地。最高人民法院实现对三个办公区、六个巡回法庭、知识产权法庭、国家审判信息资源管理中心、联通云及首信云的全面覆盖，最终实现"三位一体"质效运维体系良性运转，并指导全国高院及部分中院建设可视化运维平台及质效运维体系。基础设施总体监控和自有设备覆盖率均达到95%；应用系统总体监控覆盖率达到80%，其中核心应用监控率达到100%；数据资源总体监控覆盖率达到75%，其中核心数据资源监控率达到85%。

人民法院大数据管理和服务平台通过严格的数据质量管理机制和科学的数据质量校验方法，保证了案件数据置信度长期稳定在99%以上。这一平台每天自动生成全国各级法院报表和台账近60万张，每年进入计算的信息项近22亿件，不仅使人民法院彻底告别了人工统计时代，而且运用集中汇聚的司法审判数据资源，大幅提升了各级法院审判工作态势分析的及时性、全面性和丰富性。同时，通过案件数据和人事数据的关联融合，支持建立起人与案、事与人相关联的信息化绩效管理体系。

目前，法院信息化和智慧法院建设的精准化已经在一些法院和领域进行了探索、取得了成效。有的法院通过与三大通信运营商合作，能够及时核实被告的电话信息和身份信息，并通过"闪信＋"方式进行送达；有的法院通过联合快递公司、网购平台的方式，能够及时核实被告的地址信息，进而精准邮寄送达。这些方式无一不是利用信息整合技术，精准推送法院所需要的信息。

执行信息化推进过程中的精准化实践尤为值得一提。江苏法院为打破"一人包案到底"的传统办案模式，2019年执行指挥中心实体化运行"854模式"，由各级法院执行指挥中心集中办理8类事务性工作，全面提供5类技术服务，承担4项管理职责，为执行办案团队提供了全方位系统支持，大幅提升执行工作的集约化、精细化、规范化水平，从源头上有效减少了法院内部的消极执行、选择性执行、违法执行和乱执行行为。江苏法院还将执行办案系统与审判办案系统对接，实现了两个系统的信息共享。在执行立案环节，自动对当事人的重复案件进行检测，并自动引入原审判案件文书（包括判决书、调解书、裁定书等执行依据文书和送达地址确认书），同时与保全案件、相关诉讼案件进行关联。在执行办案环节，可查阅执行依据审判案件、保全案件、历次执行案件案卷（首次执行＋历次恢复执行案件）以及本执行案件的电子卷宗。江苏法院在系统中新增执行案件标的物精细化管理系统模块，记录法官个人和执行局全局所有财产清单信息，对不同财产类型采取不同措施，确定办理期限并实时跟踪，建立对各种财产控制和处置措施不同维度进行效率统计的系统，确定每种措施的处理期限，接近或超过处理期限的，分别以不同的颜色提醒承办人和执行局负责人。

四 审判执行服务管理智能化

习近平总书记深刻指出，人工智能是新一轮科技革命和产业变革的重要驱动力量，加快发展新一代人工智能是事关我国能否抓住新一轮科技革命和产业变革机遇的战略问题①。2019年，各级法院以人工智能为驱动，继续加快推进"智审、智执、智服、智管"建设，力求做到决策更科学、办案更高效、服务更周到、管理更精准，努力满足人民群众日益增长的多元司法需求。

（一）推进智慧审判

人民法院是国家的审判机关，随着信息化建设的逐年推进，现代科技与审判工作深度融合，人民法院核心业务工作模式变化显著。

1. 在线诉讼模式日臻成熟

审判的智能化集中体现为在线诉讼模式的全面探索，在线庭审对司法工作产生了颠覆性的影响，重塑诉讼理念，重构诉讼模式，再造司法流程，甚至在实践中不断突破现有制度框架，推动制度创新。在这一革命性的过程中，无论是互联网法院还是移动微法院的线上庭审功能，都令在线诉讼模式本身日臻成熟。广州互联网法院研发了"E法亭"，庭审全程采用5G＋4K技术，画面清晰稳定，不仅能够有效解决当事人和法官不同空间的难题，在相关技术的辅助下还能大幅提升举证、质证、辩论等庭审环节的效率。异步庭审（交互式审理）则既能解决空间差异问题，也能解决时间不同步问题，是真正的"跨时空"线上庭审。

2. 区块链技术固定证据

习近平同志在2019年10月24日主持中共中央政治局第十八次集体学习时强调："我国在区块链领域拥有良好基础，要加快推动区块链技术和产业创新发展，积极推进区块链和经济社会融合发展。"证据是审判工作的生命线，电子数据可以作为证据提交并有证明力是诉讼法的明文规定，也是信息化时代审判工作的必然选择。但电子数据本身具有瞬息万变、不易保存的特点，还极易被人为篡改。区块链技术有针对性地解决了电子数据作为司法

---

① 《习近平主持中共中央政治局第九次集体学习并讲话》，中国政府网，http://www.gov.cn/xinwen/2018－10/31/content_5336251.htm，最后访问日期：2020年4月14日。

证据遭遇的种种难题，如今在三家互联网法院均得到了不同程度的应用，效果良好。杭州互联网法院的司法区块链通过时间、地点、人物、事前、事中、事后等六个维度解决数据生成的认证问题，真正实现电子数据的全流程记录、全链路可信、全节点见证；北京互联网法院的"天平链"也是区块链技术的一个司法应用场景，不仅实现了电子证据的存证、取证，还实现了更进一步的验证，诉讼过程中能够对证据进行瞬间高效的验证；广州互联网法院创立"网通法链"智慧信用生态系统，汇集"电信运营商＋金融机构＋互联网企业"跨领域数据提供方，以司法区块链、可信电子证据平台、司法信用共治平台"一链两平台"精准构建了开放中立的数据存储基地。

3. 电子卷宗随案同步生成和深度应用

电子卷宗同步生成和深度应用是智慧法院建设的基础性工程。2019年，各级法院持续推进电子卷宗随案同步生成和深度应用，以电子卷宗全过程流转作为办案辅助的基础支撑，有效提升审判质效，全方位提升审判智能化水平。通过梳理电子卷宗随案同步生成及深度应用场景，推动电子卷宗深度应用；完善以案件信息回填、卷宗自动归目、卷宗智能查阅、文书智能生成为重点的智能应用，争取形成以电子档案为主、纸质档案为辅的归档方式。

截至2019年12月底，93%的法院建成电子卷宗随案同步生成系统，从技术上实现编制电子卷宗目录、网上阅卷、法律文书辅助生成、归档等核心功能，电子卷宗覆盖率达72%。北京、云南、广东等7个地区开展"以电子档案为主、纸质档案为辅"归档方式的试点工作，为探索新型归档方式提供了参考依据。

4. 智能审判辅助不断完善

围绕审判核心工作，信息技术起到的辅助效果不容小觑，很大程度上提升了法官办案效率，也从侧面保障了当事人合法权益的尽早实现。

立案风险自动拦截系统、敏感案件自动标识预警系统、庭审语音识别、文书智能纠错、类案强制检索等以智能为核心的关键技术，带来了全案信息自动回填、文书智能辅助生成、要素式智能审判等深度应用成效，有效提升审判智能化水平，确保审判质量、效率和效果。同时在各级党委政府的大力支持下，人民法院主动加强与公安、检察、司法行政等部门的合作，搭建快速便捷、安全可靠的大数据办案平台，谋求信息基础设施和数据资源的共建共享、互联互通、开放兼容。

"智审"辅助支持系统可以实现基于电子卷宗的智能化网上办案，将卷宗内容文档化、数据化、结构化，支持一键生成各类制式文书，如通过检索、复用起诉状、答辩状、庭审笔录等信息，智能辅助法官快速编写裁判文书。2019年智审系统在河北、吉林、广东、浙江等地法院得到广泛应用，在河北法院累计生成2400余万份文书，其中辅助制作裁判文书195万份。河北法院应用实践表明，系统能够减少法官案头事务性工作30%以上。

类案推送系统利用人工智能和大数据分析技术，通过"以文搜案"的方法，提取案件信息，自动推送与案情或争议焦点相匹配的类似案例，为法官裁判提供参考。对于全部案由，准确率已经达到70%，对于民事和刑事案件量排名前十的案由，准确率已经超过95%。

2019年全国已建设科技法庭3.8万余个。最高人民法院组织研发庭审语音识别系统，将语音技术应用在庭审记录中，自动区分庭审发言对象和发言内容，将语音自动转化为文字，采用人工智能辅助、批量修订等技术，书记员只需进行少量修改即可实现庭审的完整记录，庭审时间平均缩短20%～30%，庭审笔录的完整度达到100%。

（二）推进智慧执行

2016年以来，在以习近平同志为核心的党中央坚强领导下，在中央政法委的直接领导下，人民法院如期打赢"基本解决执行难"攻坚战，执行工作取得重大成效，发生历史性变化，实现跨越式发展。《人民法院执行工作纲要（2019～2023）》对进一步推进现代信息科技在执行领域的应用作出全面部署。各级法院要继续推进现代科技与执行工作深度融合，以信息化、智能化为杠杆，努力实现执行工作模式迭代升级。各级法院深入推动现代科技与执行工作深度融合，推进智慧执行，让信息化成果为执行工作减负增效、保驾护航。

最高人民法院研发上线区块链存证系统、终本案件动态管理平台，有效解决执行工作面临的棘手问题，规范执行行为。执行办案平台、联合信用惩戒系统进一步打通与审判办案平台、人民法院外部相关系统平台的数据通道，数据共享力度和范围日益扩大；财产网络查控平台对被执行人财产的自动查询、批量控制、智能筛选、深度发掘等功能趋于完善；网络司法拍卖平台透明化、规范化、信息化水平不断提升，有效提高财产处置效率，减轻当事人负担。利用信息提取、GIS 可视化指挥管理系统、区块链等技术的执行案件流程管理系统在上海松江法院进行试点建设，该系统涵盖新建案件信息自动校验回填、执行节点自动提醒、执行文书自动生成、违规行为自动冻结等功能，智慧执行框架方案在实践中完善，执行工作智能化改造升级。湖南各级法院执行指挥中心通过执行值守系统实现在线值守、在线会商，通过GIS 可视化指挥管理系统实现执行工作随时指挥、随时协调、随时监管，通过移动执行 App 系统实现现场取证、全程留痕、应急救援，通过内网支撑系统实现执行案件信息自动关联、执行工作数据实时展示，通过阳光执行系统实现执行案件信息和关键节点流程公开。

为破解查人找物难题，最高人民法院积极推动建立覆盖全国法院及主要财产形式的网络查控系统，形成了以最高人民法院"总对总"为主体，以地方法院"点对点"为补充的网络执行查控体系。最高人民法院与中国人民银行、公安部等 10 多家单位、3900 多家银行联网，能够查询银行存款等 16 类 25 项信息，对各种财产形式做到全面覆盖、一网打尽。截止到 2019 年 11 月 30 日，全国法院利用网络查控系统共查询案件 7442 万余件、冻结 7832 亿元，查询到车辆 8259 万辆、证券 5307 亿股、渔船和船舶 350 万艘、互联网银行存款 402 亿元，查询房屋、土地等不动产信息 7381 万条。

为破解规避执行难题，最高人民法院建立公布失信被执行人名单库制度，与国家发展改革委等 60 多个单位合作，采取限制购买飞机票、软卧、高铁票，限制担任企业法定代表人等强制措施，对失信被执行人实施联合惩戒，实现"一处失信、处处受限"，让"老赖"寸步难行。截至 2019 年底，全国法院公布的失信被执行人信息达 571 万条，限制 3750 余万人次购买飞机票，限制 636 余万人次购买列车软卧票等，有效破解了规避执行的难题。

为破解财产变现难题，最高人民法院出台网络拍卖司法解释，形成以网拍为原则、以现场拍卖为例外的制度，将淘宝、京东等五家网站纳入司法网拍名单库，实现网络司法拍卖全国覆盖。2017 年 3 月，最高人民法院上线全国统一的网络司法拍卖管理平台，截至 2019 年底，全国法院网络拍卖量 175 万余次，成交额 10147 亿余元，标的物溢价率 95%，为当事人节约佣金 314 亿余元，在高风险的司法拍卖领域实现了违纪违法零投诉。

（三）推进智慧服务

人民法院的信息化建设坚持以人民为中心，任何工作皆以回应群众需求、维护人民利益为出发点和落脚点。诉讼服务是司法为民的关键，各级法院将信息化智能化建设作为诉讼服务发展的新动能。2019 年 8 月 1 日，最高人民法院发布《最高人民法院关于建设一站式多元解纷机制、一站式诉讼服务中心的意见》，提出全面建设集约高效、多元解纷、便民利民、智慧精准、开放互动、交融共享的现代化诉讼服务体系，实现一站式多元解纷、一站式诉讼服务，努力让人民群众在每一个司法案件中感受到公平正义。

2019 年，人民法院诉讼服务中心建设处于全面转型升级的关键阶段。诉讼服务大厅、诉讼服务网、移动端诉讼服务平台、12368 热线建设协同推进，诉讼服务线上线下功能互补、有机结合，多元解纷、登记立案、分调裁审、审判执行辅助、涉诉信访等全方位服务均有不同程度推进，诉讼事项跨区域远程办理、跨层级联动办理突破壁垒不断强化，诉讼服务中心建设向"一站通办、一网通办、一号通办"的理想目标迈进。

人民法院按照把非诉讼纠纷解决机制挺在前面的要求，创新发展新时代"枫桥经验"，全面推进多元化纠纷解决机制建设。持续推进人民法院调解平台建设应用，建设一站式多元化纠纷解决平台。全国范围内多家法院的多元解纷平台于 2019 年上线并实际运行。致力于构建科学、精准、高效的案件流转、调裁对接、程序转换机制，形成多数简易案件在诉讼服务中心快调

速审、少数复杂案件在后端精细化审判的工作格局。

以互联网法院和移动微法院为代表的线上诉讼服务成功经验，推动了为法官办案和当事人诉讼提供"全链条""一站式"移动电子诉讼服务的全国实践。微法院在全国试点，十余省份法院全面普及，仅就浙江一省而言，移动微法院在浙江推广应用一年来，三级法院已在网上办理案件超过74万件，总点击量超过1.1亿人次，日均点击量已超50万人次，人均日停留时间已达6分钟；有26家高院及辖区所有法院上线使用全国法院统一送达平台，微信通知取代短信通知的新路径正处于探索之中；微信统一身份认证平台技术验证完成，为线上诉讼提供更为有力的技术保障；全国跨域立案2019年总部署要求得以实现，长三角地区法院100%实现辖区内及跨省级行政区跨域立案。

北京市高级人民法院实现网上预约立案24小时不打烊和京津冀跨域立案，让人民群众享受"指尖上的便利"，让司法为民触"网"可及。

重庆市高级人民法院整合重庆法院"易诉""易解""易审""易达"四大平台核心功能，推出移动智能便民司法诉讼服务应用终端——重庆"易法院"App，通过移动终端更加便捷地实现立案、缴费、开庭、证据交换与质证、送达、网上调解等功能，有效将司法活动延伸至互联移动终端，真正实现动动手指、即刻相连。

江苏省昆山市人民法院诉讼服务中心利用信息化现有成果，为当事人提供全方位诉讼服务。启用诉讼风险评估系统，引导当事人理性维权；设立自助立案设备，提高当事人办事效率；引入导诉机器人"小法"，提供智能法律服务；推出"码上缴费"服务，实现案件费款远程支付；自主研发繁简分流智能系统，提升简案快审效率，有效减轻当事人讼累。

最高人民法院诉讼服务指导中心信息平台则实现了对"四位一体"诉讼服务的集约化管理，对全国四级法院诉讼服务大厅、诉讼服务网、中国移动微法院、12368诉讼服务热线的诉讼服务成效情况进行综合管理，实现诉讼服务大数据汇聚和大平台管理，促进多元解纷力量全方位互联和全流程互动。

（四）推进智慧管理

信息技术为法院内部管理提供了新的解决方案，一改传统管理模式粗放、死角多、人为因素干扰等弊病，形成信息化建设、应用和管理良性互动。人民法院审判管理工作平台，强化案件信息统计，强化审判流程节点管控，对案件状态和审判态势进行大数据分析，有效提升了审判管理精细化水平；信息化强化审判监督，实现每个案件、每个环节的全程留痕、全程监督，网络举报沟通平台等载体进一步拓宽群众监督渠道；司法行政工作得益于信息化建设，走向以"案、人、事"为维度的司法政务精细化管理。可视化运维管理平台汇聚、管理、展现各类系统数据，全面监测基础设施、业务应用、数据管理、信息安全、运维保障等运行状态和应用水平，能够精准发现问题、改进工作。

为推进审判体系和审判能力现代化，深入推进司法责任制落实和司法权运行监管，黑龙江省高级人民法院在全国率先启动法官惩戒试点，并研发建立法官监督平台，引入压力传导和良性竞争机制。法官监督平台对黑龙江全省法官办案绩效、庭审实际操作、上（申）诉率、信访投诉、纪律作风等情况实现自动收集、实时分析、动态排名、全省公示，存在问题的法官自动进入"警示名单"，警示信息推送给法官本人和相关领导，与法官评优、晋升等挂钩，倒逼法官规范司法行为，改进司法作风，提升办案质效，确保司法权依法行使，确保放权不放任、监管不缺位。

广州海事法院上线自主研发的"上诉案件管理系统"，实现了上诉案件管理信息化。管理系统设置了六个时间节点，对案件从收到上诉状起至上诉案卷退回归档时止的整个流程进行全方位监管，对"承办人收到上诉状到把案卷移交给审管团队"和"上诉卷宗材料退回承办人到把案卷移交给档案室"这两个时间段进行重点监控。系统的预警功能解决了少量案卷因人员调整等未能及时移交审管团队或档案室的问题，有效促进了上诉案卷的按时移送。上诉案件管理系统既方便了审管团队管理，也为承办人掌握上诉进程提供了帮助，有效提升了书记员的工作效率、减轻了工作负担。

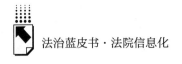

五　切实提升司法服务有效性

2019 年的人民法院信息化建设更加务实，信息化技术的应用强调有效性，坚持问题导向、结果导向，以满足现实需求为目标，有的放矢地服务法官干警办案，服务群众诉讼，服务党政决策，服务社会治理。

（一）有效服务审执工作

人民法院信息化建设始终围绕服务一线审判执行工作的核心展开，为建立公正高效多层次的诉讼体系提供信息化支撑。审判执行工作因信息化辅助实现了集约高效。

智慧庭审在各级法院逐步普及。识别准确率接近 100% 的语音识别技术对诉讼参与人发言可实现实时转化和生成笔录，庭审笔录可由当事人在网上进行核对确认，电子质证功能可对实物性证据进行网络投影，方便举证、质证，法条可随讲随查、左看右写，类案推送基础数据库日趋庞大、要素日趋精准，法律文书可智能辅助生成、智能纠错，电子卷宗同步生成。此外，信息化系统可实时完整地记录庭审过程并同步至云盘进行保存。智慧庭审极大提升了法官的庭审效率和质量。

江西省高级人民法院创新建立集约送达模式，成立了全国首个省级集约送达中心"收转发 e 中心"，进一步打破法院层级限制和固有管理模式，将各单位的分散集约送达升级为全省统一集约送达，推动送达工作实现跨越式发展。

为解决法院干警办案受工作场地局限的问题，"移动办案平台""移动执行办案平台"等平台相继建立。此类平台依托云技术，法官通过移动办案办公平台，将云桌面系统与移动终端深度融合，实现随时随地办公办案。四川省法院执行干警通过"智能手机 + App"为载体的"移动执行"系统，与执行案件流程管理系统数据同步，执行法官外出办案实时调阅案件电子卷宗，通过拍照、录音、录像及数据的自动回传，实现案件执行过程的全程留痕。

（二）有效服务司法为民

司法为民是法院工作的出发点和落脚点，诉讼服务中心的现代化建设是为满足人民群众对新时期司法工作提出的新要求，是增强群众获得感、让人民群众在每一个司法案件中都感受到公平正义的重要一环。法院信息化建设找准建设线上"一网通办"、线下"一站服务"的集约化诉讼服务机制发展方向，通过新技术助力法官法院向当事人提供普惠均等、便捷高效、智能精准的诉讼服务。诉讼服务中心不仅仅是整合多元化解的人力资源、分调裁审的审判人力资源、集中送达的审判辅助资源，更重要的是通过信息化手段，为各种资源整合做数据基础和数据通路工作，形成统一的平台入口和接入点，再通过平台分发的形式，将各个业务板块所需要的信息进行二次整合，从而实现一个平台解决多个问题的目标，既能方便诉讼参与人，也能方便诉讼服务中心的工作人员，同时也可以帮助与审判相关的其他辅助类人员。

各级法院在建设诉讼服务中心方面进行了多种探索。各级法院为解决异地诉讼难问题，加速推进跨域立案改革，利用互联网推动相关诉讼事项跨区域远程办理、跨层级联动办理，为建设"就近能办、同城通办、异地可办"的便民立案机制打通线上通道。截至2019年12月23日，全国法院共提供跨域立案服务19471件。其中，提供省级行政区内跨域立案服务15810件，跨省级行政区服务3661件，73%的案件管辖法院实现30分钟内响应。此外，AI技术在法律咨询领域的运用和相关智能辅助软件的研发方面，为当事人提供诉讼风险评估、法律查询咨询、诉前调解建议、业务网上办理、流程公开等多种司法服务。

信息化在司法机关创新发展新时代"枫桥经验"、完善诉源治理机制、推动纠纷多元化解、维护社会和谐稳定方面功不可没。多地法院主导并联合政府和其他有关部门建立ODR平台，矛盾纠纷在线咨询、败诉风险评估、在线调解、在线分流、在线司法确认功能均已实际应用，未来整合统一的线上矛盾纠纷多元化解平台还将进一步扩大ODR的现有成果。

（三）有效服务司法管理

信息化辅助司法管理是人民法院对内践行大数据发展战略的具体体现。在审判执行案件管理、流程节点管控、人财物管理调配等方面对人为因素的排斥越来越彻底，信息化手段应用程度越来越高，大数据运用水平得到有效提升。

2019年，最高人民法院信息中心推动构建人民法院知识型数据生态模式，全面提升司法管理决策科学化水平。积极研发智能化组件，提升大数据平台人机交互智能化水平；加强数据资源联合开发，构建司法大数据知识服务平台；完善系统智能化功能，提高司法管理智能化水平，新增"四类案件"自动标识、重点案件自动追踪、负面画像自动生成模块；基本建成具备内外网存证能力的全国统一"司法链"平台，可以实现核心应用全上链、上链数据防篡改、数据篡改可验证的全流程留痕监管，全面保障法院数据安全；通过"数据体检"方式，开展了对53家试点法院的"数助决策"试点工作。

甘肃省兰州市中级人民法院利用信息化手段创新审判管理模式，建立法院案件难度系数标准、计算体系和配套系统，进而建立办案负荷精算和审判业绩量化评价系统，改变凭感性评价法官工作、以案件个数为量化标准的传统模式；以平台自动生成的法官审判业绩数据为准，客观公正评价法官的审判执行工作，成功破解了长期以来困扰办案负荷精算调配、审判业绩量化评价等法院管理难题。

（四）有效服务社会治理

信息化服务社会治理是人民法院对外践行大数据发展战略的积极作为。习近平总书记强调，要推动实施国家大数据战略，运用大数据提升国家治理现代化水平①。最高人民法院要求各级法院深入挖掘司法大数据价值，坚持

以服务国家治理体系和治理能力现代化为目标，以常态化监控预警和有效辅助科学决策为核心，建立健全司法综合指数体系，研究发现司法活动与经济社会发展的内在关联，为党委政府决策提供科学参考。要积极推进司法大数据成果转化应用，围绕经济社会发展热点难点问题和群众关心关切的难题，在充分占有和全面分析数据的基础上，形成客观真实、针对性、可行性、权威性的专题报告，揭示问题本质、提出应对方案，更好地服务社会治理。

除了直接以司法大数据形式服务社会治理外，法院信息化的贡献还以间接改善营商环境等方式呈现。2019年10月24日世界银行发布的《2020年营商环境报告》显示，中国的全球营商便利度排名再次大幅提升，中国司法为此作出了突出的贡献。中国司法质效的显著提升很大程度上归功于法院的信息化建设。世界银行报告对"办理破产"一项司法指标的评估显示，中国法院利用信息技术大幅提升了破产案件效率和透明度。例如，广州中院研发的智慧破产系统，具备破产案件办理、破产资金管理、在线监督评价等功能，建成破产审判区块链协同平台，能支持60万债权人参加线上债权人会议及在线投票。

六　法院信息化建设展望

2019年，中国法院信息化建设朝着智慧法院的目标大踏步迈进，在标准化、系统化、精细化、智能化方面取得了一系列重大成果，有效落实了全面深化智慧法院建设的工作思路，创新应用取得重大突破。法院信息化是国家信息化发展的重要组成部分，是法院各方面工作的全面信息化，其出发点和落脚点是切实落实司法为民方针，其路径与基础是实现审判执行办案信息化。这是中国法院信息化有别于其他国家和地区的重要特征，也是后来居上取得明显成效的根本原因。在应对2020年初爆发并席卷全国的新型冠状病毒疫情过程中，全国智慧法院建设成果显现了强大的威力。全国法院深入落实党中央关于推进智慧法院的战略部署，利用远程立案、在线庭审、线上执行等，让正义不因抗击疫情而缺位、滞后，确保了广大案件当事人足不出户，即可使自身权益及时得到救济，也极大方便了广大干警远程高效办案，甚至也在运用大数据、发挥审判执行工作助力国家治理方面作出了巨大贡献。几个月来的应用情况充分证明，在党中央的战略部署下，最高人民法院近年来积累的涵盖智慧审判、智慧执行、大数据深度运用、智慧管理等方面的智慧法院建设成果正在实践中逐步显现成效，智慧法院的系统建设和硬件保障能力以及在线办案、电子卷宗同步生成与深度应用等智慧法院的应用能力均明显提升。可以说，前期的智慧法院建设为法院抗击疫情奠定了坚实的基础，而此次疫情也为进一步深化智慧法院建设与应用提供了难得的机遇。

但也要看到，中国法院信息化建设仍然处于发展过程中，还存在一些困难和瓶颈问题，需要逐步破解。中国共产党第十九届四中全会提出，社会治理是国家治理的重要方面，必须加强和创新社会治理，完善党委领导、政府负责、民主协商、社会协同、公众参与、法治保障、科技支撑的社会治理体系，建设人人有责、人人尽责、人人享有的社会治理共同体，确保人民安居乐业、社会安定有序，建设更高水平的平安中国。深入推进法院信息化、建设智慧法院是落实智慧治理的重要路径。为此，必须正视并解决发展进程中的各项困难和问题，加快推进智慧法院建设，促进审判体系和审判能力现代化。

（一）智慧司法阻力尚存，应加大力度推进深度应用

经过近年来的努力推广以及考核等方式的转变，部分干警对信息化的抵触情绪有所消解，但习惯的改变是一个长期且可能出现反复的过程。中国法院信息化建设一直走在前列，缺乏可参考的模板，一边建设一边解决问题，其间难免会出现系统设计缺陷或操作不便等问题，这些问题会影响干警工作效率进而可能出现情绪的波动与反复。调研发现，部分法院干警曾经遇到操作麻烦就因噎废食放弃信息化手段，也有个别干警仍坚持传统办公办案模式，依靠他人录入系统，目前已经相对成熟易用的文书智能生成、智能阅卷、信息回填等功能甚至在有的地方被弃之不用。这既是技术资源的浪费，也会影响法院信息化建设的长远发展。

要克服上述阻力，唯有加大力度推进各项信息化手段的深度应用。一方面，必须以实际应用为导向，继续畅通领导者、技术开发者和实际应用者有效沟通的渠道，让一切应用中遇到的问题都能够在短期内得到解决，直至达到在决策阶段就让技术与业务充分融合的理想状态；另一方面，正确认识以考核为代表的压力传导推广方式，推广与培训有机结合。近年来有些干警在一定程度上是"被迫"使用信息化办案手段，在尝到甜头后转为主动学习使用，新事物的普及势必要以这样的"强推"开端，后续顺畅运行则应辅之以操作性的培训。

（二）智能化程度待提高，人工智能应稳步快速研发

习近平总书记强调，要推动大数据、人工智能等科技创新成果同司法工作深度融合[1]。目前，中国的人工智能在创新成果、人才支撑、发展生态、标准规范等方面与世界领先水平还存在较大差距。虽然目前人民法院信息化建设背景下便民利民惠民举措不断完善，审判执行办案自动化水平不断提高，但智能化水平有限，应用系统依然面临完整性、适应性等方面的问题，诉讼服务也止步于法律咨询阶段，司法大数据应用还没有完全适应社会形势发展需要，与智慧法院从数字化、网络化向高度智能化发展的理想目标还有一定差距。

鉴于上述不足，最高人民法院要求各级法院把握新一代人工智能发展的规律和特点，加快科技创新成果与审判执行工作的深度融合。在充分保证技术对法律规则和公正审判不构成冲击或避免灰色地带的前提下，加速开发司法领域的人工智能应用。加强人工智能基础研究，在司法领域营造基础研究与应用实践交相验证、相互促进的良性发展氛围，人工智能在诉讼服务、审判执行、司法管理等各领域还大有可为。特别是要发挥中国已经占领5G技术高地的优势，推动司法人工智能技术由点到面推进。同时，还应清醒地认

---

[1] 《习近平出席中央政法工作会议并发表重要讲话》，新华网，http://www.xinhuanet.com/politics/leaders/2019-01/16/c_1123999899.htm? flag=true，最后访问日期：2020年4月14日。

识到司法人工智能的发展是国家人工智能发展规划的有机组成部分，司法人工智能创新成果同时也会对其他领域作出贡献，服务国家社会发展大局。

（三）技术壁垒仍待突破，大数据运算基础应当加强

人民法院为解决信息化建设中的技术壁垒、"数据烟囱"等问题做了大量工作，较之以往各平台各功能模块的系统化、集约化程度已大幅提升。但上述问题仍没有得到根治，相关技术壁垒尚未得到彻底突破，仍在持续影响信息化与审执工作的深度融合。平台与功能模块的开发者众多，一方面，竞争带动技术进步，使得司法信息化产业充满活力；另一方面，也造成了各自为战、人为制造壁垒的弊端。特别是一些处于优势地位的大型企业，为争取垄断利益，甚至打着保护知识产权的旗号为数据对接共享设置重重障碍，挤压其他企业生存空间的同时，也为审执工作制造了障碍，削弱了司法大数据运算的数据基础，拉低了法院信息化的建设水准。

企业间的竞争似乎超越了人民法院作为技术购买方的可控范围。法院购买社会服务同时要求服务提供方建立统一接口、统一数据标准以实现更优的合同利益也无可厚非，更何况作为国家公权力机关，人民法院也应肩负起规制社会主体行为、引导其良性发展的责任。协调各方利益，破除技术壁垒，不仅对信息化建设本身意义非凡，更具备一定的社会意义。

（四）线上模式或极端化，线上线下模式酌情采用

整体上看，中国法院信息化建设路径从起始便是先在部分领域、部分地区试点，待时机成熟再扩大适用范围，且线上模式推进并不排斥线下模式。但在其他领域推进信息化过程中出现了过分推崇线上模式的激进做法，要引起人民法院信息化建设者的重视。例如，在社会治理工作中，ODR（在线纠纷解决机制）的出现为ADR（多元纠纷化解）注入新的活力，但有些地方为追求线上调解比例，出现了将线下调解案件虚报为线上调解案件或强迫当事人选择线上调解方式的做法。事实上，诸如电商平台购物、道路交通事故等纠纷类型比较适合进行线上调解，可以提高效率，而另外一些类型的纠

纷，如婚姻家庭等情感类纠纷采用传统的"面对面""背对背"线下纠纷解决方式更加有效。顺应世界信息化发展潮流固然没错，但盲目跟风的偏激做法并不可取。

人民法院也在积极参与多元纠纷化解工作，很多地区的多元纠纷化解工作是由当地人民法院主导推动的，因此人民法院一定要对上述现象保持足够的警惕，避免类似情况发生。同时，法院信息化建设的方方面面都应以此为鉴，继续发扬务实作风，以司法为民为出发点，实现线上线下工作模式有机结合、灵活切换，这样的法院才可称为名副其实的"智慧法院"。

（五）制度滞后或成桎梏，更新制度以解信息化掣肘

由于信息技术发展瞬息万变的特性，许多技术均已在法院工作中实际应用，却缺乏相关配套制度为其正名，一些明显不合时宜的制度限制了信息技术司法应用效益的实现。例如，对于区块链技术用于固定证据的司法认定问题缺乏制度依据，难免产生争议，一些金融机构就此曾提出过质疑。个别地方出现过通过公证方式对区块链证据合法性进行确认的现象。在合同订立与履行等司法争议频发的重点领域，区块链技术也因缺乏明确依据而没有得到应用。

正如电子送达手段率先得到应用、电子送达相关规定随即出台的过程一样，技术迭代与制度更新一定会相伴而生。法院信息化过程中应用新技术前应当做好相关配套制度建设，以确保技术效益的充分实现。

（六）技术缺陷无法杜绝，评估与控制风险成为必然

无论是法院信息化，还是人工智能的司法应用，依托的信息技术基础都是数据、算法和网络本身，算法有算法黑洞，网络则更加不可信任。网络技术天生的、难以后天弥补的安全性缺陷，使得它给人类带来的惊喜和忧虑始终并存，人类在依赖网络的同时也从未真正信任网络。

但既然司法信息化是大势所趋，那么，法律职业者应该本着更加务实的态度来解决技术安全性、公正性及其司法应用问题。衡量某项技术的预期效

益与风险的关系，司法领域势必要应用信息技术，但同时也应事先评估其风险以判断运用何种技术，事中限定其范围以确保可控性与公正性。这是法律职业者面对信息化潮流较为积极正面的态度，同时可能也是非技术人员在无法改变技术本身的情况下唯一可以选择的行动方案。

（七）国际影响稍显不足，应打造中国智慧法院品牌

单就信息技术而言，为数不少的国家走在中国前面，但一旦将焦点转向信息技术的司法应用，中国法院信息化建设则毫无疑问领跑世界。例如，在信息技术一向发达的日本，法院信息化却一直处于停滞阶段、错失了发展良机，面对法院信息化起步较早的美国，中国也已经毫不逊色。现阶段的中国法院信息化建设还存在自信心不足的现象，如仅仅关注自身，对域外情况了解不足，对自身优势认识不清，难免在某些场合作出妄自菲薄的论断。

中国法院信息化的优势在于全面的信息化，不只是关注审判执行工作本身。中国法院信息化之所以成功，关键在于以司法为民为基调，坚持务实的态度，进而采取灵活的线上线下转换措施，从源头避免拘泥于形式的僵化与教条。

中国法院信息化建设应积极参与国际竞争，形成中国法院信息化品牌效应，扩大世界影响力，为世界法治发展提供中国智慧、中国道路，让后起国家少走弯路，对自身继续发展保持领先地位也是一种激励；中国法院信息化建设还应积极参与国际私法信息化标准与规则的制定，占领话语权方面的先机；与此同时，在法院信息化建设过程中成长起来的中国企业也能由此获得国际化的发展机会，中国信息技术也将因此而得到鼓励，实现不断创新。

专题报告

Special Reports

【篇首语】当下世界正在经历一场信息化革命，大数据、人工智能、云计算、5G 应用等已经出现的技术正逐步改变人们的生产生活方式。习近平总书记多次强调："没有信息化就没有现代化"，"面对信息化潮流，只有积极抢占制高点，才能赢得发展先机"。信息化对司法建设同样产生了深远的影响，不仅为审判管理、执行攻坚提供了重要抓手，同时还为司法工作提供了新的思路、方法和工具。可以说，法院信息化建设是实现司法现代化的必由之路，是司法工作发展的"车之两轮、鸟之双翼"。为全面评价人民法院的信息化建设水平，中国社会科学院国家法治指数中心、中国社会科学院法学研究所法治指数创新工程项目组（以下简称"项目组"）对法院信息化工作连续四年开展了评估。本年度，项目组从审判、执行、司法大数据三个方面对全国法院"智慧法院"建设情况开展了第三方评估，总结了不少经验，也发现了一些问题，本书将三篇评估报告作为专题报告刊载于斯。

B.2

中国法院"智慧审判"第三方
评估报告（2019）

中国社会科学院法学研究所法治指数创新工程项目组 *

摘　要： 2019年，"智慧审判"围绕提高审判质量效率、服务法官办案以及建立网上诉讼规则进行了很多卓有成效的尝试和努力。为客观评估全国法院"智慧审判"建设的进展与成效，分析"智慧审判"发展中存在的问题与不足，探索未来的发展方向，受最高人民法院委托，中国社会科学院法学研究所法治指数创新工程项目组对全国法院"智慧审判"情况开展了第三方评估。评估显示，2019年，电子卷宗深度应用加快构建智慧审判运行模式，电子诉讼的发展和普及一定程度上改变了法官传统的办案形式，智能庭审为法官办案提供了更多智能化支持，审判信息的内外联通大幅提升了审判效率，审判辅助办案机制有效减轻了事务性工作负担。与此同时，法院信息化建设仍然面临地区差异较大，需进一步加强资金和人才保障，智能化水平有待提升，系统实用性有待加强，平台有待融合等挑战。

关键词： 智慧审判　在线诉讼　智能庭审　第三方评估

---

* 项目组负责人：田禾，中国社会科学院国家法治指数研究中心主任、法学研究所研究员；吕艳滨，中国社会科学院法学研究所法治国情调研室主任、研究员。项目组成员：王小梅、王祎茗、车文博、田纯才、冯迎迎、刘雁鹏、米晓敏、胡昌明、洪梅、栗燕杰等（按姓氏笔画排序）。执笔人：胡昌明，中国社会科学院法学研究所助理研究员。

审判是人民法院的核心工作之一，"智慧审判"是法院信息化建设的重点和难点。党的十九届四中全会报告提出，"建立健全运用互联网、大数据、人工智能等技术手段进行行政管理的制度规则。推进数字政府建设，加强数据有序共享"。人民法院的审判工作同样需要提升智能化水平。2019年，人民法院围绕提高审判质量效率，围绕服务法官办案、服务司法辅助人员以及建立网上诉讼规则进行了很多卓有成效的尝试和努力。依托大数据资源，通过为法官查询、参考同类案件提供支撑，确保准确查明事实，正确适用法律，促进统一裁判标准；通过数字审委会等为法官办案提供更加智能的服务；通过建成电子卷宗管理系统，实现与办案平台对接，有效破解了法院调卷难的问题；通过协助法官阅览卷宗、文书制作、审批流转等，有效提升人民法院审判效率，缓解案件审判压力。

中国社会科学院国家法治指数研究中心以及中国社会科学院法学研究所法治指数创新工程项目组（以下简称"项目组"）从电子卷宗深度应用、电子诉讼、智能庭审、案件信息跨部门联通和审判辅助办案机制等五个方面对2019年全国法院的"智慧审判"建设情况进行评估①，总结"智慧审判"的最新进展与成效，分析"智慧审判"存在的问题与不足，探索未来的发展方向。

一 电子卷宗深度应用加快构建智慧审判运行模式

电子卷宗随案同步生成是全业务网上办理的基础性工作，最高人民法院领导指出："电子卷宗随案同步生成是智慧法院建设基础中的基础，是审判智能化的源泉。"2019年，电子卷宗随案同步生成和深度应用工作在全国法院全面展开，最高人民法院本院的相关工作也取得突破性进展。

一是全面推进电子卷宗随案同步生成工作。电子卷宗随案同步生成工作是近年来人民法院信息化建设的重中之重。在最高人民法院的大力推动和全

---

① 如文中没有特别注明，评估的截止时间为2019年12月31日。

国法院的共同努力下，电子卷宗随案同步生成和深度应用工作在全国法院全面展开。截至 2019 年 12 月底，全国 3255 家法院支持卷宗同步生成，即 93% 的法院从技术上实现编制电子卷宗目录、网上阅卷、法律文书辅助生成、归档等核心功能。

在电子卷宗随案同步生成成效显著的法院，电子卷宗正在逐渐替代纸质卷宗，改变了法官办案习惯，为全流程智能化办案打下了基础。从 2019 年 1 月 1 日起，山东法院二审上诉、申请再审、申诉案件全面推行电子卷宗网上移送，除刑事等个别类型案件外，全部实现网上调卷，法官阅卷、制作文书等核心业务在网上办理，形成了以电子卷宗为主、纸质卷宗为辅的办案模式。四川省崇州市人民法院推行全流程无纸化网上办案，法官从接收案件、庭审审判到文书起草均依靠电脑系统完成，当事人立案时只需提交电子证据、审判中只需出示必要的证据原件即可完成诉讼，大量法院内部因履行程序产生的传票、送达回证等文书只需留存电子存根或者电子副本、电子稿件即可完成程序流转，打造全链条、全节点、全流程无纸化办案的"崇州模式"。

二是电子卷宗深度应用场景不断拓宽。最高人民法院大力推动电子卷宗同步生成的目的在于通过卷宗的电子化，完善案件信息回填、卷宗自动归目、卷宗智能查阅、文书智能生成为重点的智能应用，使得诉讼更加便捷、审判更加高效、服务法官和司法人员更加智能。电子案卷深度应用是智慧审判建设的核心内容。

评估显示，全国实现网上阅卷的法院 2964 家，占 85.42%，实现电子卷宗自动归档的法院 2609 家，占 75.19%，实现智能编目案件的法院 2638 家，占 76.02%。全国范围内共有 2169 家法院同时具备随案同步生成、案件智能编目、数据化电子文件、网上阅卷、电子卷宗自动归档五项功能，占 62.51%；尚有 95 家以上五项功能均不具备，占 2.74%。随着电子卷宗随案同步生成应用的深入推进，电子卷宗在各地法院发挥愈加重要的作用。北京法院探索"电子档案为主、纸质档案为辅案件归档方式"改革试点，推进卷宗材料自动归目、立案信息自动回填、裁判文书自动生成、电子卷宗直接归档。安徽省高级人民法院牵头研发智能编目和阅卷笔记功能，做到电子卷宗功能强大、易用好用、法官愿用。苏州法院研发的电子卷宗智能编目系统运用图文识别、机器学习等技术，对扫描文件进行自动拆分、标注和编目。目前，系统编目准确率在90%以上，经过数据学习，准确率还在继续提升。编目后的电子卷宗使用更加方便，应用更加广泛，作用更加凸显。法官办案方面，系统利用编目后的电子卷宗，可以为法官提供材料实时调取展示、内容全文检索、引用统计分析等支持，让法官使用电子卷宗更加得心应手。这些管用实用的服务功能，促使法官办案时放下纸质卷宗、转用电子卷宗，进行无纸化办案。

三是建立原审案件电子卷宗汇聚工作推进机制。评估显示，2019年，向最高人民法院大数据管理和服务平台汇聚卷宗的比例大幅提升，共有2596家法院卷宗汇聚率高于80%，占样本总量比例达到74.81%，相比2018年增加21.61个百分点。此外，全国有367家法院汇聚率低于20%，占样本总量的10.58%，相比2018年降低10.52个百分点。从电子卷宗汇聚率分布情况看，18个省份法院的电子卷宗汇聚率超过90%。

最高人民法院审理案件涉及全国法院的原审案件电子卷宗档案合并可用率达到93.08%，累计汇聚全国法院案件电子卷宗和电子档案超过9400万份，支持最高人民法院原审电子卷宗调阅超过20万次。案件电子卷宗汇聚工作也使得各地方法院的再审、诉讼保全和管辖案件的审理更加便捷高效。在安徽，大力推进电子卷宗实用化后，省高级人民法院审理再审案件不调纸质卷宗，大大节约了办案时间，减少了卷宗交接工作量。在福建，实施再审审查、管辖、诉讼保全等案件原则上不再调取纸质卷宗，通过审判信息系统立案后一律自动调取电子档案与卷宗。

二 电子诉讼改变法官传统的办案方式

电子诉讼是人民法院适应互联网时代发展的有力举措。2019年，人民法院以建立全球领先的移动电子诉讼体系为目标，提升全国法院电子诉讼普及和应用水平，组织移动微法院技术攻关和试点应用，加强大数据、人工智能、区块链等技术在司法领域的应用，在努力促进网上诉讼制度规则新发展的同时，也方便了法官审判办案。

一是构建网上电子诉讼平台。最高人民法院领导在全国法院第五次网络安全和信息化工作会议上要求，"要充分利用中国移动互联网普及应用的先发优势，建设全球领先的移动电子诉讼体系"。此后，各级人民法院积极构建网上诉讼平台，推动电子诉讼。2019年各级法院进一步扩展诉讼服务系统，全面覆盖律师、公证、仲裁、证人、中介机构、第三方机构等所有诉讼参与人。各级法院全面推进电子诉讼，100%的法院推行网上立案、缴费、电子送达三类应用，10个省份法院实现网上证据交换、网上开庭。

二是积极探索在线诉讼规则。随着智慧法院建设加速推进，传统的审判流程从线下转移到线上，数据信息从纸面转移到"云"上或"链"上，对应的立案、调解、送达、庭审、举证、质证等诉讼环节都发生了深刻变化，需要建立相应的在线诉讼规则。2018年9月，最高人民法院发布并施行《关于互联网法院审理案件的若干问题的规定》，确立了互联网法院的管辖范围、明确了互联网法院的身份认证、证据认定规则、开庭方式，健全了网上诉讼规则体系①。

2019年，三家互联网法院和各地法院陆续制定出台在线诉讼的规程、诉讼指南、审判手册等文件，细化在线审理规程、明确在线诉讼规范，有力推动在线诉讼规则体系逐步完善，实现互联网司法实践成果有效转化为程序规则和长效制度。三家互联网法院致力于打造实用、创新、中立、包容、安全、可控的互联网法院电子诉讼平台。截至2019年10月31日，杭州、北京、广州互联网法院共受理互联网案件118764件，审结88401件，在线立案申请率为96.8%，全流程在线审结80819件，在线庭审平均用时45分钟，案件平均审理周期约38天，比传统审理模式分别节约时间约3/5和1/2，一审服判息诉率达98.0%，法院通过电话、邮箱、微信、短信、公众号等

---

① 陈甦、田禾：《中国司法制度蓝皮书No.1（2019）》，社会科学文献出版社，2020，第6页。

在线送达文书 96857 次，审判质量、效率和效果呈现良好态势①。与此同时，北京法院运用即时通信、云视频、云计算、微服务架构、数据安全交换等技术，实现立案、庭审、举证质证、送达等全流程在线运行；运用人脸、语音、图像识别和法律知识图谱等技术，实现诉讼参与人身份精准认证，庭审笔录、诉讼文书自动生成，电子卷宗自动归目、在线移送，促进了在线审判流程再造和诉讼规则重塑。

三是创建电子证据诉讼规则。2019 年 10 月 24 日下午，中共中央政治局就区块链技术发展现状和趋势进行第十八次集体学习。习总书记在主持学习时强调，区块链技术的集成应用在新的技术革新和产业变革中起着重要作用；我们要把区块链作为核心技术自主创新的重要突破口，明确主攻方向，加大投入力度，着力攻克一批关键核心技术，加快推动区块链技术和产业创新发展②。针对在线诉讼中电子证据取证难、存证难、认证难的问题，中国法院积极探索"区块链+司法"模式，以大数据、云存储和区块链技术为基础，利用区块链技术防伪造、防篡改的优势，大幅提高电子证据的可信度和真实性③。最高人民法院已建设"人民法院司法区块链统一平台"。截至 2019 年 10 月 31 日，全国已完成北京、上海、天津、吉林、山东、陕西、河南、浙江、广东、湖北等省份的 22 家法院及国家授时中心、多元纠纷调解平台、公证处、司法鉴定中心的 27 个节点建设，共完成超过 1.94 亿条数据上链存证固证，支持链上取证核验④。三家互联网法院在电子证据存证、区块链方面的尝试走在了全国法院前列。杭州互联网法院首创异步审理模式，率先上线司法区块链平台，探索在互联网法院上线司法区块链平台，探索人工智能的审判全流程应用，取得显著效果，实现 1849 件金融借款案件智能裁判，法官每案投入工作量仅 80 分钟。北京互联网法院建设可信电子

---

① 中华人民共和国最高人民法院编《中国法院的互联网司法》，人民法院出版社，2019。
② 《习近平在中央政治局第十八次集体学习时强调　把区块链作为核心技术自主创新重要突破口　加快推动区块链技术和产业创新发展》，新华社，http://www.xinhuanet.com/politics/2019－10/25/c_1125153665.htm，最后访问日期：2019 年 12 月 4 日。
③ 中华人民共和国最高人民法院编《中国法院的互联网司法》，人民法院出版社，2019。
④ 中华人民共和国最高人民法院编《中国法院的互联网司法》，人民法院出版社，2019。

证据区块链平台"天平链",完成版权、著作权、互联网金融等9类25个应用节点数据对接,上链电子数据超过717万条,跨链存证数据量达上千万条,以天平链存证提交审理案件331件,促进了电子证据存证难、取证难、采信难问题的解决,为区块链技术在司法领域的应用作出有益探索。广州互联网法院会同当地司法行政机关、电信运营商、互联网企业等50余个单位,共建"网通法链"智慧信用生态系统,自2019年3月30日上线以来,在线存证数据超过545万条①。

四是全面推进移动微法院试点。针对互联网时代微信广泛普及应用的新趋势,中国法院大力建设推广以微信小程序为依托的"移动微法院"电子诉讼平台。移动微法院利用人脸识别、远程音视频、电子签名等技术,在手机微信端就完成立案、送达、开庭、证据交换、调解等诉讼活动,实现了群众用手机打官司、法官用手机办案子。自2017年10月以来,"移动微法院"诉讼平台在浙江省余姚市人民法院率先上线试点取得了明显的成效,短短两年时间,移动微法院从宁波法院推广到浙江全省法院。2019年3月22日,最高人民法院在浙江宁波举行中国移动微法院试点推进会,部署中国移动微法院试点推进工作,把移动微法院试点范围从浙江扩大到北京、河北等12个省份辖区内法院,适用于民商事第一审、第二审和执行案件。移动微法院还探索利用移动互联网技术推进案件繁简分流、深化审判执行信息公开、促进矛盾纠纷多元化解的创新做法,进一步提升电子诉讼在全国法院的覆盖范围、适用比例和应用水平,促进审判执行工作与互联网技术深度融合,有效提升了司法质量、效率和公信力。目前,移动微法院已具有网上立案、查询案件、在线送达、在线调解、在线庭审、申请执行、网上缴费等20余项功能,可基本实现案件全流程网上流转。截至2019年10月31日,移动微法院注册当事人已达116万人,注册律师73200人,在线开展诉讼活动达314万件。

---

① 中华人民共和国最高人民法院编《中国法院的互联网司法》,人民法院出版社,2019。

三 智能庭审为法官办案提供智能化支持

开庭审理是法院审判程序的核心阶段。2019年，人民法院在法院信息化建设过程中，着力开发一系列智能庭审系统，将科技法庭系统与电子卷宗系统融合，支持合议庭辅助阅卷、电子质证、语音记录、自动生成庭审提纲、归纳争议焦点等功能，积极构建全程无纸化庭审模式。

一是科技法庭覆盖度进一步提升。评估各级法院科技法庭覆盖及其与办案系统对接情况发现：科技法庭覆盖情况方面，2019年全国已建成科技法庭38068个，占法庭总数的86.1%，相比2018年略有提升；科技法庭与办案系统对接方面，目前全国已有91.7%的法院实现了科技法庭与办案系统对接，其中，高级法院实现100%对接，中级法院和基层法院实现对接的比例也分别达到94.4%和91.3%。例如，吉林法院近年来着力打造的智能法庭，将网上智能阅卷、语音识别、随讲随翻、电子质证、电子签名等庭审所需的业务进行整合，帮助法官快速识别案件信息，更加聚焦于争议要素的对抗性，有效引导双方当事人进行充分的举证、质证，并在庭审环节采用电子签名，当事人直接在电子笔录上进行电子签名确认。

二是语音识别应用发展越来越趋于成熟。越来越多的法院把语音识别技术应用于智慧庭审中，辅助法官进行质证、辅助书记员记载庭审笔录、为旁听人员提供"旁听辅助"等功能。语音识别引擎把法庭音频流数据提交给语音识别引擎进行识别，语音识别引擎完成识别后，把识别结果推送给智慧庭审系统。语音识别还支持常用词配置，增加、删除、修改语音识别引擎当中的词组，在进行语音识别时可指定使用热门词组，提高语音识别准确率；支持模型定制，即在庭审前，把案件卷宗数据提交给语音识别引擎，语音识别引擎能够基于该案件卷宗数据快速生成专有的定制识别模型。庭审中，语音识别引擎能够根据智慧庭审系统已生成的识别模型进行识别，大幅度提升了案件中的人名、地名等个性化词汇的识别准确率。在有的法院，语音识别技术已经从法庭向合议庭、会议室和审委会扩展，搭建起"全景语音合议

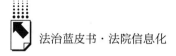

庭""全景语音法官会议室""全景语音审委会"平台，语音识别技术应用覆盖各种记录场合。在有的地方，法院还统一建设智能语音服务平台，最大限度地利用数字法庭现有设备，实现了庭审过程同步语音识别，辅助书记员形成符合规范要求的庭审笔录。

评估显示，2019 年全国共有 2213 家法院具备实现庭审语音识别转录功能的法庭，占法院总数的 63.78%。相比 2018 年，2019 年全国法院庭审语音识别转录法庭覆盖率显著提升，已有 30.77% 的法庭具备庭审语音识别转录功能，比上年同期提升 9.77 个百分点。

三是智能庭审为法官带来更多便利。除了科技法庭和语音识别外，智慧审判的发展为智能庭审提供更多可能性。一些法院开发了"智慧质证"功能，通过程序性界面共享、语音识别等技术，实现电子证据当庭便捷灵活调用和共享展示，智慧质证由法官发起，可以将相关电子证据在法官终端和当事人任意一方、当事人双方终端显示，系统能实时识别法官发出的语音指令，切换相应的电子证据，实现证据"随讲随翻"、自动推送。有的法院对于简易案件以及符合要素式审判类型的案件，卷宗数字化处理后，通过案件要素的提取和确认，便于争议焦点的归纳及自动生成庭审提纲，帮助法官专注于争议焦点的审理。法律法规库涵盖国家法律、最高人民法院司法解释和地区法规等内容，有的法院依赖智慧庭审应用支撑平台的法律支持系统和法律法规库，为法官提供法律法规方面的有效支持。智慧庭审成为法院未来的发展方向。

四　审判信息的内外联通大幅提升了审判效率

一是逐步创建案件分类裁审系统。随着经济社会的发展，近年来中国法院受理的案件数量持续增长。"深化诉讼制度改革，推进案件繁简分流、轻重分离、快慢分道"是当前人民法院应对汹涌的"案件潮"的重要途径和方法，也是提升诉讼效率、保证司法良性运行的必由之路。

繁简分流改革作为一项系统性工程，不仅需要通过优化诉讼制度体系来实现，更需要结合配套改革举措来完善。近年来，各地法院积极研发繁简分流系统，依托智能化科学分流案件。北京市高级人民法院建设智能分案系统，研发应用系统算法与人工识别相结合的案件分流系统，通过繁简分流，压缩案件平均审理周期。对11类通用型案件和9类自选案件共93个案由，实现系统自动识别案件类型、基本案情，通过打分机制进行繁简分流，根据法官收结案数量、特长案由、串案情况等，配置个性化智能分案规则，提升分案均衡度和精准度。2018年以来，该系统已甄别分流案件153644件。山东法院建成"山东法院分调裁审平台"，促进民商事案件诉调对接、繁简分流、先行调解、速裁等工作，实现简案快审、繁案精审。研发要素式审判系统，针对中基层法院收案占比较高的民商事案由，建立要素规则，智能采集个案要素信息，通过要素比对，明确争议焦点，提高审判效率。评估显示，全国建设分调裁审系统的法院2216家，占63.86%，其中2183家法院的分调裁审系统与调解平台实现了对接，占62.91%，分调裁审系统的立案调解数和速裁快审的案件数占法院一审民商事立案数20%以上的法院961家，占27.69%。

二是越来越多案件信息实现跨部门共享。作为社会纠纷解决的最后一道防线，法院大量的案件信息需要由检察院、公安机关、司法行政机关以及其他社会组织提供。这些机关近年来的信息化建设与发展也为跨部门案件信息共享提供了可能。例如，成都市中级人民法院引入政法大数据智能辅助系统，把统一适用的证据指引嵌入数据化的办案程序，充分运行信息化手段整合政法信息资源，切实防范冤假错案，提升司法质效和公信力，确保侦查、逮捕、起诉、审判的案件经得起法律检验；厦门法院成立厦门金融司法协同中心，对涉金融民商事纠纷实现诉讼立案、审理、执行一站式处理。法院信息共享机制的建立与完善，实现了政法机关信息资源共享融合和刑事案件电子卷宗在公、检、法、司之间进行网上流转，有效减轻了办案人员的事务性工作负担。

三是案件审判提示信息更加准确丰富。法院内部的信息共享，还使得立案、审判、调解、送达、保全等审理环节，法官掌握的信息更加全面，作出判断更加及时准确，大幅减少了因信息不对称而发生误判的概率，提升了司法的效率和效果。项目组对全国法院立案信息甄别能力的评估发现，2019年法院立案信息甄别能力继续提升，2019年共有2981家法院实现重复立案甄别，占85.91%，相比2018年提升8.51个百分点。评估显示，全国有2129家法院同时具备立案风险甄别两项功能，占61.35%，尚有461家法院两项功能均不具备，占13.29%。

评估显示，2019年全国法院案件审判提示两项功能实现比例均较高。其中，共有3226家法院能够自动为法官提供办理案件的送达、开庭、保全、解除保全、结案等流程节点信息，占比高达92.97%；3076家法院支持案件流程节点的自定义配置，占比达到88.65%，相比2018年均有增长。全国共有3036家法院同时支持以上两项功能，占87.49%。

四是数字审判委员会发挥实实在在的作用。审判委员会是具有中国特色的审判组织。近年来，法院信息化的发展，审判数据的互通互享，打造数字审判委员会，为更好地发挥审判委员会的功能、克服其不足提供了一种出路。项目组对法院数字审判委员会的评估主要包括以下五方面内容：①是否支持法官网上会议申请；②是否支持秘书会议过程管理；③是否支持汇报人现场展示；④是否支持委员查看案件卷宗、庭审录像及大屏展示；⑤是否能够对接审判管理系统和科技法庭应用系统获取信息。评估显示，2019年全国法院数字审判委员会五项考察功能实现比例相较2018年均有所提升，其中支持法官网上会议申请的法院2139家，占61.64%；支持秘书会议过程管理的法院2190家，占63.11%；支持汇报人现场展示的2337家，占67.35%；支持委员查看案件卷宗、庭审录像及大屏展示的2353家，占67.81%；能够对接审判管理系统和科技法庭应用系统获取信息的法院，全国共有2129家，占61.35%。

五　审判辅助办案机制有效减少了事务性工作

"智慧审判"推进全方位智能化辅助办案机制，促进了审判辅助性事务的集中管理，为法官剥离了大量的事务性工作。近年来，法院积极开发的各类智能化办案辅助平台，不同程度实现了立案风险主动拦截、电子卷宗文字识别、案件智能画像、庭审自动巡查、法条及类案精准推送、辅助自动生成文书、文书瑕疵自动纠错、裁判风险偏离度预警等智能辅助功能，促进审判质量效率有效提升。

一是法条及类案推送功能更加精准。最高人民法院牵头建设法信平台，汇聚法律法规、司法文件、案例、学术成果等法律知识资源，为法官办案提供全面、便捷、智能检索、智推服务。截至2019年10月31日，法信平台注册用户数达到93.7万人，访问量达1649万人次，浏览量达1.41亿人次。2019年6月中旬，最高人民法院上线了类案推送互联网版，通过对系统进行整体升级与完善，全案由搜索准确率由原来的63.7%提高至70%左右、标签与文书内容匹配度75%以上、案由搜索准确率95%以上；绘制了类案系统人工智能技术机理图，规划了系统3年的技术发展路径；同时，深度对接电子卷宗系统，具备从电子卷宗中自动提取案情要素、自动推送与案情和争议焦点相匹配的类似案例功能，类案系统已完成辽宁、苏州、台州、南京四个省市法院的对接工作。其中，安徽法院自主开发的类案推送系统，依托大数据资源，为法官查询、参考同类案件提供支撑，减少司法裁判和司法决策形成过程的不确定性和主观性，促进统一裁判标准。

项目组从是否支持简单条件的类案推送、是否支持主要案件类型基于案情的全要素匹配类案推送以及是否支持法条推送三个方面对全国法院的法条和类案推送功能进行了评估。评估显示，2019年全国支持简单条件类案推送的法院共有3107家，占总数的89.54%，支持法条推送的法院3015家，占86.89%，支持基于案情的全要素匹配类案推送的法院2815家，占81.12%。相比2018年，实现以上三项考察功能的法院数分别增加了259家、356家和487家。据统计，全国已有2775家法院同时具备法条及类案推送三项功能，占79.97%。

二是电子送达提高了送达效率。送达难一直是法院民事诉讼的一大顽疾，送达周期长、直接送达率低严重制约诉讼效率的进一步提升，也浪费了大量的司法资源。2017年，在新修订的《民事诉讼法》第87条增加传真、电子邮件等作为诉讼文书的送达方式后，中国法院大力完善电子送达机制，拓宽电子送达渠道，优化电子送达方式，推动送达模式重构。最高人民法院开发上线了全国法院统一送达平台，目前已在部分地方法院试点运行，通过该平台可以向当事人及诉讼代理人的电子邮箱、手机号码、即时通信账号等电子地址送达诉讼材料及文书。中国审判流程信息公开网也设置电子送达专栏，诉讼参与人可以通过证件号和唯一签名码，登录该平台获取法院送达信息、在线签收电子文书。各地法院大力建设专门电子送达平台，加大电子送达适用力度，促进电子送达规范化、标准化、集约化①。2019年3月，《上海市高级人民法院关于网上立案、电子送达、电子归档的若干规定（试行）》出台，明确了电子送达的适用案件范围、送达文件范围、电子送达与传统送达的衔接等问题。

福建统一司法送达平台融合直接领取、电子、电话、短信、邮寄、外勤、网格化协助、公证协同、跨域委托和公告送达等十余种送达方式，实现送达事务从发起到结果反馈的全过程网上办理。重庆法院的"易达"平台，实现送达方式智能推送、送达难度智能判断、送达地址智能选择、送达流程全程掌控、送达情况实时反馈。平台对接邮政公司专递管理系统、公证协会和律师工作平台，实现文书跨域现场签章打印、专递单自动打印、电子回执自动生成并回传至案件管理系统。目前系统共完成送达140余万次，其中法院专递420533次、电子送达364380次、公告送达74706次。浙江法院则升级开发打造了智能送达3.0版，实现了送达全流程智能发起、智能判断；建立法院送达地址库，智能推送被送达人地址信息并发起智能确认；对接邮政邮寄平台及浙江法院网公告平台，实现补充兜底；对接律师办案系统，方便律师业务开展；全程留痕、自动提醒，预留延迟时间可人工介入送达流程等。

---

① 中华人民共和国最高人民法院编《中国法院的互联网司法》，人民法院出版社，2019。

评估显示，2019年全国3062家法院支持电子送达，法院实现的比例相比2018年提升10.94个百分点。但是，总体而言，案件电子送达率①仍然不高。2019年全国法院16.95%的案件实现了电子送达，其中基层法院比例相对较高，占比17.64%。

三是辅助文书撰写减轻了法官文书制作负担。裁判文书制作是法官的主要工作内容之一，也是法官花费时间精力最多的一项工作。近年来，各地法院推进电子卷宗随案同步生成和深度应用，研发了一系列文书辅助生成系统，这些系统有些能够实现道路交通、物业、供暖、民间借贷、金融借款、信用卡、买卖合同等七大类案由裁判文书"当事人信息""诉称辩称""审理查明""本院认为"部分的自动生成。例如，北京法院研发的"裁判文书自动生成系统"2018年以来共生成要素式裁判文书66829件。有些能够在部分简单民事案件中探索实施"分离式裁判"，法官当庭认定案件事实、阐明裁判理由并宣判，裁判文书只载明裁判主文，不记载事实理由，通过"文书简化＋当庭宣判＋当庭送达"为审判提速，取得积极成效。还有些能够通过"标准化立案""要素式审理""结构化文书""智慧化监管"，促使要素审理更专业、文书生成更智能。

项目组从四个方面评估各级法院辅助法官批量生成格式化文书、制作编校裁判文书、公开裁判文书的能力。评估显示，2019年，全国有3368家法院支持裁判文书自动纠错，占比高达97.06%；3333家法院实现了裁判文书上网前敏感信息自动屏蔽，占比达到96.05%，支持法律文书主要内容自动生成的法院3265家，占94.09%；支持辅助生成法律文书的法院2858家，占82.36%。全国共有2788家法院同时支持以上四项功能，占总数的80.35%，比上年同期上升1.35个百分点。

四是量刑规范化辅助工作不断深化。该项评估旨在考察各级法院自动提取刑事案件法定和酌定量刑情节、自动推送量刑规范化的法律和司法解释、基于大数据分析相似案件量刑幅度并提供量刑参考范围，为法

---

① 采用电子送达方式送达文书的案件数量/法院受理案件总数×100%。

官量刑提供参考的能力。评估显示，全国法院支持刑事案件量刑规范化辅助三项功能的比例不断提升，其中支持自动推送量刑规范化司法解释的法院共有 2656 家，占 76.54%，支持提取刑事案件法定和酌定量刑情节的法院 2648 家，占 76.31%，支持大数据分析提供量刑参考的法院 2556 家，占 73.66%，分别比上年提升 21.64 个、21.51 个和 19.76 个百分点。据统计，全国已有 2490 家法院同时具备三项功能，占总数的 71.76%。其中，一些试点省份的量刑规范化辅助工作成效显著。例如，安徽法院的"206 工程"中，系统已覆盖 71 个常用罪名，录入刑事案件超过 2.5 万件，建设速度及应用深度都在逐步提升。

五是辅助办案功能融合度更高。智能化辅助办案机制的打造过程中，一些法院尝试将不同的辅助功能融合，打造智能辅助办案平台或者智能辅助办案中心。江西法院打造的"法官 e 助理"智能辅助办案平台以网上办案、电子卷宗同步生成等为前提，在案件信息、卷宗数据电子化网络化的基础上，借助大数据、人工智能技术，为法官阅卷、开庭、文书撰写、裁判等核心审判环节提供了智能化、一体化辅助服务台。吉林省法院全面升级智能辅助全流程网上办案系统，截至 2019 年 9 月，全省 93 家法院中 45 家建成智能办案辅助中心，该中心成为集约化、智能化、一站式的诉讼材料收转"集中区"，成立以来，集中送达次数达 51878 次，集中管理案件卷宗数量为 76758 次，法官直接工作量减少 30%，提升法官办案效率 50% 以上，促进审判团队更聚焦于审判工作。

六 "智慧审判"未来展望

综观全国法院"智慧审判"的各项评估结果，2019 年"智慧审判"建设富有成效，顶层设计进一步优化，服务审判、服务一线法官的理念逐步清晰，业务应用系统在运行中不断完善、各项辅助审判功能覆盖面不断扩大。但评估发现"智慧审判"仍然存在一些问题和不足，与 2020 年底人民法院信息化 3.0 版在全国法院深化完善的要求还有一定差距。

（一）提高认识，缩小地区差距

在肯定全国法院"智慧审判"建设不断发展进步的同时，也不应忽视该项工作发展不平衡，各地区、各法院信息化建设和应用能力水平仍然存在较大差距的问题。先进地区，如江苏、北京、江西等地法院，评估所涉及的审判辅助功能完成率接近100%，个别地区的法院信息化建设仍然停留在原地，各地的智慧审判水平发展很不平衡。缩小"智慧审判"的地区差距有赖于提升信息化保障的思想认识，切实从"科学技术是第一生产力"的高度，把信息化作为人民法院现代化建设的一项战略性、基础性和全局性工程；完善并充分发挥各级法院信息化建设领导小组对辖区法院信息化建设的战略统领和规划指导作用，构建全国一盘棋的管理机制，增强上级法院对下级法院信息化建设的管理和督促职责，确保各项任务落到实处。

（二）强化保障，促进协调发展

针对人民法院信息化建设涉及面广、研制难度大的特点，应进一步加强法院信息化建设转型升级的保障工作。一是加强资金保障，"智慧审判"的建设离不开资金保障，没有资金投入，法院信息化发展将是"无源之水"。因此，各地法院应积极推动各级法院信息化建设五年发展规划与地方经济和发展"十三五"规划的衔接，努力拓宽各类经费筹措渠道，保持建设经费投入。二是加强人才保障。法院信息化水平的进一步提升，离不开人才的培养。只有重点培养、引进、锻炼、选拔优秀信息化建设管理和技术人才，建立完善专业分类齐全、梯次结构合理、人员数量充足的人才队伍体系，才能为人民法院信息化建设提供坚强的组织保障。

（三）突出智能，提升用户体验

信息化的整体水平与审判业务快速发展的需求相比还存在较大差距。一些法院系统功能不够优化、应用体验不够友好、配套保障不够充分，有时出现问题无法及时解决，影响了使用效果。案件信息管理系统尚未全面满足

《最高人民法院关于深化人民法院司法体制综合配套改革的意见》对审判执行工作的相关要求,对上下级法院、跨辖区法院、法院同相关政法部门的业务协作支持能力不足;法院专网全网业务应用和审判支持系统服务法官辅助办案能力仍很欠缺,没有为基层法院案多人少的局面提供有力支撑;移动办公办案、涉密办公、电子公文交换和档案信息化管理能力亟待提高。审判应用系统在"可用"的基础上还有待继续向易用、好用发展。在系统和软件开发时要进一步重视用户思维,以法官为服务对象,以应用使用率、方便快捷度、业务支撑能力、系统智能化等为关注点,形成对审判工作有价值、法官接受度高的应用,使人民法院信息化应用成效持续提升、用户满意度不断提高。

(四)加大力度,开发关键应用

评估发现,在"智慧审判"各项指标均有所提升的同时,各指标的完成度参差不齐。总的来说,一些建设性的指标完成率较高,一些功能性、实用性强的关键指标实现度则差强人意。例如,全国受评估法院中 3255 家支持案卷同步生成,实现率达 93.80%,但是全国只有 72.06% 的案件实现随案生成电子卷宗并流转应用。全国支持电子送达功能的法院高达 88.24%,但是从应用层面看,全国法院案件的电子送达率仍然不高;全国拥有科技法庭的法院数量、比例较高,但是一些具体的功能应用实现比例较低。例如,实现庭审语音识别转录功能的法庭,仅占法庭总数的 30.77%。因此,建议加大对前沿技术研究的支持,重点解决促进审判质效提升和审判能力现代化发展中的关键应用的研发和普及。在推进电子卷宗随案同步生成过程中要以电子卷宗的深度应用为重点,完善电子卷宗全程网上应用和阅卷功能,支持电子卷宗汇聚至大数据管理和服务平台,实现案件上诉、移送、再审电子卷宗远程调阅。

(五)加速融合,建设统一平台

评估还发现,"智慧审判"各个应用之间系统集成度不高,信息化建设中的各种系统种类和功能繁多，集成度却不高，导致各系统各自为政，不能互联互通，严重制约信息技术放大、叠加和倍增作用发挥，造成数据资源的浪费。因此，建议建设一批贯通全国四级法院的统一业务应用系统，发挥最高人民法院主导作用，集中全国优势力量，提升全国法院智能化辅助办案能力，着力解决全国法院"调卷难"、业务协同难等关键问题，逐步建立全国法院"智慧审判"框架体系，包括建设人民法院类案推荐系统、规范量刑智能辅助系统，推进审判领域人工智能研发，为全国法院提供智能化辅助办案手段，促进"智慧审判"。

B.3

中国法院"智慧执行"第三方
评估报告（2019）

中国社会科学院法学研究所法治指数创新工程项目组*

摘　要：　2019 年，人民法院的执行工作进入了新的历史阶段，为巩固基本解决执行难成果，建立破解执行难的长效机制，最高人民法院和部分地方法院以融合和智能为导向不断优化升级执行系统，积极应用移动办公和无纸化办案模式，将大数据、人工智能、区块链等新兴技术成果应用于执行领域，建立执行财产评估系统和执行案件音视频统一管理系统，依托信息化推动执行指挥中心实体化运行、整合区域执行力量。2019年，全国各级法院执行信息化建设还存在平台智能化水平有限、系统集成度不高、新兴技术应用尚处于初级阶段、与其他社会治理平台有待进一步融合、信用联合惩戒机制须进一步加强等问题。未来，执行信息化应朝着融合、智能、集约与协同的方向发展，助力实现执行模式现代化。

关键词：　法院信息化　智慧执行　无纸化　联合信用惩戒

* 项目组负责人：田禾，中国社会科学院国家法治指数研究中心主任、法学研究所研究员；吕艳滨，中国社会科学院法学研究所法治国情调研室主任、研究员。项目组成员：王小梅、王祎茗、车文博、田纯才、冯迎迎、刘雁鹏、米晓敏、胡昌明、洪梅、栗燕杰等。执笔人：王小梅，中国社会科学院法学研究所副研究员。本报告在写作过程中得到最高人民法院以及北京、上海、江苏、广东、河南等地法院执行干警的帮助和支持，在此一并致谢。

一 背景：从基本解决执行难到切实解决执行难

2019 年是《人民法院第五个五年改革纲要（2019～2023)》的开局之年，也是新修订的《人民法院信息化建设五年发展规划》的实施元年，亦是人民法院从基本解决执行难到切实解决执行难目标切换的转折年。党的十八届四中全会作出了"切实解决执行难""依法保障胜诉当事人及时实现权益"的重大决策部署。对于法院而言，解决执行难并非一蹴而就，而是一项长期的系统工程。2016 年 3 月，最高人民法院提出"用两到三年基本解决执行难"的奋斗目标，经过全国法院三年的不懈努力，截至 2018 年底，人民法院的执行工作发生历史性变化，实现跨越式发展，在这一历史进程中，法院信息化发挥了至关重要的作用。近年来，在国家大数据战略的时代背景下，法院信息化工作突飞猛进，促进了审判执行模式的变革，也在一定程度上缓解了法院"案多人少"的压力。与审判相比，执行工作所涉地域广、碎片化事务性工作多，为信息技术发挥作用提供了更为广阔的空间，从执行财产的查询控制、执行案件的办理和管理、执行行动的统一指挥到财产的拍卖处置、对失信被执行人联合信用惩戒以及执行事项的异地委托等，信息系统均发挥着革命性作用，不仅实现执行工作的提质增效，更实现了执行体制和模式的变革，重塑了法院的执行生态。

（一）信息化是基本解决执行难之"利器"

执行难的成因是多方面的，根据是否可归因于法院可分为内部原因和外部原因，前者包括执行不规范（如拖延执行、选择执行）和执行不力（如查人找物能力不足、惩戒手段运用不足），后者主要指执行不能（如经济下行等原因造成的被执行人无财产可供执行）。应对执行不规范和执行不力，应提升执行工作的"一性两化"（强制性和规范化、信息化），应对执行不能，则应该完善破产机制和社会救助体系。近年来的执行实践证明，信息化是新时代推动法院执行工作的必然要求，也是实现执行规范化和提升执行强制性的必由之路,是基本解决执行难之"利器"。为实现基本解决执行难目标,全国法院建立起以执行指挥管理平台为核心,以执行办案系统和执行公开系统为两翼,以网络查控、评估拍卖、信用惩戒、执行委托等多个执行办案辅助系统为子系统的执行信息化系统,初步形成智慧执行工作格局。

1. 统一办案系统,基本消除拖延执行、选择执行

在传统办案模式下,执行案件由执行人员一人包办,在没有办案系统的情况下,案件办理进度不受监督,往往会出现拖延执行、选择性执行等执行不规范的情况。为规范执行案件的办理,最高人民法院依托信息化,在地方试点基础上建成全国统一的执行办案平台和指挥管理平台,所有执行案件纳入系统平台进行办理,从而实现对执行案件的节点管控和实时监督。

2. 网络查控系统,基本解决查人找物难

办理执行案件,查人找物是关键,为提升查人找物能力和效率,全国法院依托信息化构建了以最高人民法院"总对总"为主,以各地法院"点对点"为辅的网络查控系统,并不断拓宽联网查控的财产范围。2018 年,"总对总"网络查控系统进一步实现与银保监会、互联网金融等部门的信息共享。截至 2018 年底,银行财产查询扩大至 3883 家,银行财产控制扩大至 3866 家,通过该系统已可查询被执行人全国范围内的不动产、存款、金融理财产品、网络资金等 16 类 25 项信息,实现了人民法院财产调查方式的根本性变革。多数高级法院在辖区内建设了三级联网的"点对点"网络查控系统,扩大查控范围,形成了对"总对总"查控系统的有力补充。

3. 网络司法拍卖,基本解决财产处置难

司法拍卖是对被执行人的财产进行处置变现的首选方式。过去,这是执行工作中最容易发生权力寻租、滋生腐败的环节。互联网的发展,为人民法院探索司法拍卖新模式提供了更多可能。越来越多的地方法院开始在互联网上进行网络司法拍卖,大幅提升了成交率、溢价率,进一步压缩了权力寻租空间,实现司法拍卖"零投诉"。截至 2018 年底,全国法院累计网络拍卖量 104 万次,为当事人节约佣金 205 亿元。为简化评估程序、降低评估费用,2018 年,最高人民法院还出台了关于财产处置参考价的司法解释并专

门研发了全国法院询价评估系统，具备当事人议价、定向询价、网络询价和委托评估等功能。

4. 执行公开平台，提升执行权运行透明度

在执行过程中，申请执行人关心执行案件进行到什么程度、法院采取了哪些执行措施，而在"案多人少"情况下，执行人员无法做到与每个申请执行人进行充分沟通，因此须借助信息化平台，向当事人公开执行信息。2014 年，最高人民法院将全国法院失信被执行人名单信息公布与查询、被执行人信息查询、执行案件流程信息公开、裁判文书公开等信息平台有机整合为"中国执行信息公开网"，向当事人和社会公众公开与执行案件有关的各类信息。2018 年 6 月，最高人民法院对该公开平台进行优化升级，整合各类执行信息公开平台功能，拓展执行信息公开范围，推动实现执行案件流程节点信息、被执行人信息、失信被执行人名单信息、询价评估信息、司法拍卖信息、终本案件信息等在同一平台集中统一公开。

5. 联合信用惩戒，基本消除规（逃）避执行

"执行难"的一个主要成因是被执行人拒不履行或逃避履行义务等不诚信行为。为督促被执行人履行义务，最高人民法院建立执行公开平台，对失信被执行人进行曝光，并向社会其他部门推送失信被执行人名单，实现对失信被执行人的联合信用惩戒。2018 年底，最高人民法院已与国家发展和改革委员会等 60 家单位签署文件，采取 11 类 150 项惩戒措施，已公布失信被执行人名单数量为 881 万例，已有 351 万被执行人迫于压力自动履行义务。

6. 执行指挥中心，建立全国统一执行管理格局

与审判相比，执行工作呈现行政性、跨区域特征，更强调全国范围内执行统一管理、统一协调、统一指挥，形成执行合力。为此，最高人民法院以执行指挥中心为抓手，建立符合执行工作特点的四级法院"统一管理、统一协调、统一指挥"新机制，真正形成全国法院执行"一盘棋"管理格局。执行指挥管理平台是兼具监督管理、应急指挥、质效考核、综合分析等功能的一体化综合管理平台，是执行工作"三统一"实实在在的抓手。通过执

行指挥管理平台，实现对全国法院执行工作"扁平化、集约化、可视化"的一体化执行管理。"一站式"开展司法公开和诉讼服务，对不规范和消极执行行为进行"一键式"督办，"一竿子插到底"。截至 2018 年底，最高人民法院执行指挥中心完成了与 25 家高院共计 2990 个执行指挥中心的视频对接，实现了执行指挥中心终端在线和使用状态的实时感知、视频随点随播。

（二）切实解决执行难对信息化提出新要求

2019 年，法院的执行工作进入新的历史阶段，最高人民法院先后出台系列文件，对执行信息化提出新要求。2019 年 2 月，最高人民法院出台《最高人民法院关于深化人民法院司法体制综合配套改革的意见——人民法院第五个五年改革纲要（2019～2023）》（以下简称《人民法院第五个五年改革纲要》），提出"全面推进执行信息化、规范化建设，健全完善综合治理执行难工作格局，深入推进失信被执行人联合惩戒工作，推动完善社会诚信体系，依法保障胜诉当事人及时实现权益，推动完善和发展中国特色社会主义现代化执行制度，构建切实解决执行难长效制度体系"。2019 年 6 月，最高人民法院发布《最高人民法院关于深化执行改革　健全解决执行难长效机制的意见——人民法院执行工作纲要（2019～2023）》（以下简称《人民法院执行工作纲要（2019～2023）》），对进一步推进现代信息科技在执行领域的应用作出全面部署，提出"以信息化实现执行模式的现代化"，即"进一步推进现代信息科技在执行领域的广泛、深度应用，全面提升执行信息化、智能化水平，实现执行管理监督模式、执行保障模式、执行查控模式、执行财产变现模式现代化"。

执行工作从来都不是法院一家的事情，中央和地方党委政府高度重视执行工作，初步形成了综合治理执行难工作大格局。为进一步健全完善综合治理执行难工作大格局、确保切实解决执行难目标实现、深化执行联动机制建设，2019 年 7 月，中央全面依法治国委员会发布 2019 年"一号文件"《关于加强综合治理　从源头切实解决执行难问题的意见》，提出"推进执行信息化建设"，包括"完善执行查控系统建设""加强联合惩戒系统建设""建立健全司法网络询价制度""完善网络司法拍卖工作"，实现执行的网络化、自动化、信息化、智能化。

在新的历史时期，无论是中央全面依法治国委员会，还是最高人民法院，都深刻意识到，要切实解决执行难，建立执行长效机制，必须进一步推进执行信息化建设，并立足于执行信息化发展实际和执行工作的新进展，对执行信息化提出了新的要求。如果说过去信息化的主要成就是数字化和网络化，那么未来信息化的发展趋势是自动化、智能化、无纸化和移动化。

1. 自动化

自动化是信息系统发展到一定阶段必然具备的功能，否则，将无法体现执行案件线上办理的优势，反而会因为人工录入的烦琐和不准确而遭到执行人员的抵制。《人民法院执行工作纲要（2019～2023）》提出，要全方位升级执行办案平台，打通审判与执行办案平台数据接口，实现案件信息自动校验回填、执行节点自动提醒、执行文书自动生成、违规行为自动冻结、关联案件自动推送；要继续完善联合信用惩戒系统，实现与全国信用信息共享平台、国家政务服务平台"互联网＋监管"系统的互联互通，推动将失信被执行人名单嵌入有关部门管理、审批系统，实现自动识别、自动拦截、自动惩戒。根据最高人民法院的部署，2019年智慧执行重点建设项目包括全案信息自动回填、当事人自动关联、执行文书自动生成、执行措施自动启动、执行线索自动推送、执行公开自动完成、执行风险自动预警、执行节点自动提醒、违规行为自动冻结、终本案件自动巡查。

2. 智能化

智能化与网络化、阳光化共同构成智慧法院的三个维度，也是智慧法院发展到高级阶段应该具备的特征。《人民法院第五个五年改革纲要》提出，以深化执行模式变革为主线，切实提升执行工作智能化水平，包括完善四级法院统一的执行办案系统，提升执行办案智能化水平；建设完善执行查控、信用惩戒、网络评估、网络拍卖等系统，实现执行信息化全面升级。2019年，最高人民法院围绕全方位智能服务加强顶层设计，深化智慧执行建设，以执行案件流程管理系统再造为契机，实现执行智能化全面转型升级。另外，将人工智能、5G、区块链、大数据等现代技术运用于执行工作，是建立执行长效机制、实现切实解决执行难目标的时代选择。例如，利用人工智能等现代技术提高智能查控水平，实现对被执行人财产的自动查询、批量控制、智能筛选、深度发掘，为查控被执行人财产提供便捷高效的技术支持。

3. 无纸化

执行无纸化是指执行案件从移送立案到财产查控、强制执行、文书审批、结案归档等各个环节均在网上办理，电子卷宗随案生成，纸质卷宗不再流转，执行过程全程留痕。与传统依赖纸质卷宗材料处理执行事务相比，执行无纸化是一种新型高效的司法工作模式。在传统纸质办案条件下，执行事项的办理受制于纸质卷宗，卷宗流转到哪里，哪里才能开工，并且卷宗流转既耗费时间，又存在材料遗失等风险。在无纸化办案条件下，不同工种共享一个电子卷宗，不用来回流转，并且可以不受限制同时开工，有效提升工作效率。然而受制于理念、习惯和技术因素，很多地方的执行工作难以完全脱离传统纸质模式，而实行"双轨制"或"阶段性"无纸化办案模式。

随着电子卷宗随案生成的普及、材料数字化技术日趋成熟、现代化办案理念和数据共享机制的确立，无纸化办案模式将最终成为办理执行案件的必然选择。在无纸化办案模式下，所有执行环节网上流转，各类执行材料实时上传；执行工作全程留痕，自动形成电子档案；执行案件办理过程信息自动记录，自动生成执行日志；监督管理部门可随时通过查阅电子卷宗档案和办案流程节点信息，实现对执行案件的动态监管和流程节点控制。

4. 移动化

执行信息化建设除了朝无纸化办案方向发展外，移动办公也将成为执行人员的日常工作模式。《人民法院信息化建设五年发展规划（2019～2023）》提出，要依托移动微法院应用，实现执行案件网上立案、执行现场图片视频等信息掌上展示并回传执行办案系统。

自动化、智能化、无纸化、移动化是新时代执行工作对信息化提出的要求，也是执行工作进入现代化的标志性特征，它们互为前提、相辅相成。例如，要实现无纸化执行，前提是将执行案件的案件信息、财产信息、主体信息、法院工作人员相关信息、案款信息等各方面数据全面、详细、准确地录入执行办案的生产库，为此要运用人工智能技术，实现全自动信息录入。

二　成效：依托信息化探索切实解决执行难长效机制

2019 年，为巩固基本解决执行难成果，向切实解决执行难目标顺利过渡，最高人民法院以信息化助力执行工作智能化，各地法院也依托信息化探索建立执行长效机制。执行长效机制的建立导向仍然是凸显执行工作的"一性两化"，即依法突出执行工作的强制性，全力推进执行工作信息化，大力加强执行工作规范化。"一性两化"贯穿执行全过程，包括财产申报、财产调查、财产控制、财产评估、财产拍卖、执行款发放、纳入失信名单、现场执行记录等，并拓展和延伸至前期的财产保全和后期的执行转破产程序。执行的每个环节都离不开信息化系统，唯有信息化，才能将制度规定的程序用流程节点加以固化，并生成标准的文书模板，实现执行规范化；唯有信息化，才能提升查人找物能力，并提高执行效率；唯有信息化，将失信被执行人名单嵌入联动单位的工作流程系统，才能实质性推动执行联动，凸显执行强制性；唯有信息化，才能促进执行案件全程透明，扩大失信曝光面，提升宣传效果。

2019 年，最高人民法院以流程关键节点自动办理和流程节点违规操作自动监督为重点，规划建设覆盖案件信息填报、当事人关联案件分析、执行线索查找、文书生成、执行案件监督管理等业务环节的 10 项人工智能服务；研发上线区块链存证系统、终本案件动态管理平台，实现现代科技与执行工作的深度融合，切实发挥信息技术减负增效作用，并在 16 家高院及其辖区所有法院上线使用，让信息化成果为执行工作保驾护航。2019 年上半年，最高人民法院建设完成执行救助系统；建设完成全国统建询价评估系统一期，实现全国四级执行办案系统与询价评估对接上线，实现对 24 类财产的询价评估；推进全国法院区块链建设，完成最高人民法院三个节点的建设，完成最高人民法院中心库当事人数据推送上链；完成全国法院被执行人信息查询系统全量数据汇聚，深入分析国家电子政务外网数据内容，形成发展改革委黑名单信息、发展改革委事业单位登记信息等8项拟汇聚的国家电子政务外网数据清单；在上海松江法院试点建设智慧执行系统，已初步完成一期建设内容，形成了10个自动化和3个可视化的智能点推进思路，在此基础上完善了智慧执行框架方案，正在细化系统构架、业务需求及技术实现路径。

（一）优化系统：提升执行办案自动化、智能化水平

设计良好的执行办案系统不仅提升了执行案件办理的效率，还通过信息化手段约束执行权、规范执行行为。2019年，执行办案系统实现了关键流程节点数据自动回填功能，实现了办案流程全程在线、全程留痕、全方位多层次监控，实现了案件节点可视化、标准化监管，实现了流程节点自动预警等功能。评估数据显示，全国实现文书辅助自动生成功能的高院有27家，占比84.4%；实现执行平台和办案平台电子卷宗的对接及实现流程节点信息自动回填两项功能的高院，各有26家，占比81.3%；实现关联案件自动提醒功能的高院有23家，占比71.9%。

2019年，江苏法院对执行办案系统进行全面升级，新版系统设置了一些自动操作环节，减少了人工手动操作环节，进一步提升工作效率。例如，立案成功后即自动进行当事人身份验证，自动生成"一案一人一账号"系统虚拟账号信息，集中制作的格式化文书根据统一模板自动生成、自动签章并集成EMS封面套打；深度融合电子卷宗，支持材料集中扫描、材料OCR识别、要素自动提取、数据回填等功能。为优化用户体验，新版系统还进一步完善用户界面，增加了宽屏办理模式，与电子卷宗深度融合，实现"左看右办"，在同一个界面既可以阅卷又可以办理案件。新版系统还增设提醒功能，根据用户角色分别显示超/接近审限、超/接近查扣冻超期限、流程节点超期（催办）、超长期未结、督办以及查控结果提醒等状态。江苏法院新

版执行系统还新增一些模块，如执行案件标的物精细化管理系统模块，展现法官个人和执行局全局所有财产清单信息，对不同财产类型不同措施定义办理期限并跟踪期限，接近或超过处理期限分别以不同的颜色提醒承办人和执行局负责人。这一模块改变了以往以案件执行措施为主干的使用操作模式，变为以被查封的财产为切入点，将已查明的不同类型财产纵深导入流程，避免了执行人员财产处置的随意性和不可控性。江苏法院新版执行系统还改进"一案一人一账号"执行案款管理系统，设置了执行案款发放"五级把关"机制，即严格要求执行案款发放必须经承办人、执行案款管理专员、执行局负责人、财务部门负责人、具体办理发放财务人员五级把关，并要求线上线下必须进行双重审批，才可发放执行案款。

针对案款发放存在的管理风险，苏州法院在新案款管理系统中增加"我的案款"模块，要求承办人、院局长分级授权、分级监管。对承办人而言，一旦有案款进账，自动发送至"我的案款"模块，实时呈现该承办人所有案件未退款项；款项进账后20日内未退付的，系统自动予以警示，承办人或者立即退付，或者发起延缓退款的审批申请，由局长审批；案结报结时，所有款项必须清退完毕，如有合法原因不能清退的，需发起局长审批，待局长审批同意后方可报结；所有案款的退付，均在"我的案款"模块内操作。"院局长端"可以查看本院及基层法院三个库（所有未退付执行案款、超一个月未退付执行案款、结案后未退付执行案款），可以发起案款催办指令，进行案款退付的审批操作。

上海法院打造智慧执行系统，基本实现了全案信息自动回填、全案文书自动生成、执行过程自动公开、网络查询自动发起、当事人自动关联、执行线索自动推送、终本案件智能核查等功能。以当事人自动关联、执行线索自动推送为例，上海法院智慧执行系统依托全国法院案件大数据平台，自动关联被执行人历史案件信息，为执行法官推送被执行人相关涉诉涉执线索，具体功能如下。①被执行人画像：系统通过检索被执行人历史涉诉信息，结合案件基本信息、银联消费数据、工商数据等，对被执行人进行是否离异、特殊身份、"老赖"、犯罪情况等标签画像，使执行法官对被执行人的基本情况有充分了解。②被执行人执行风险评估：系统通过被执行人涉诉历史案件、当前案件查控财产、银联消费数据的挖掘，结合能力评估模型，为执行法官提供被执行人的履行能力、失联风险、送达风险、终本风险的评估。③涉诉线索挖掘：系统通过涉诉案件信息，根据案件办理状态、当事人法律地位、案件类型、财产查明方式等四类要素，对被执行人作为原告的在诉诉讼标的、作为被告的在诉诉讼标的、作为申请人的在执案件查明财产、作为被执行人的在执案件查明财产、作为原告的已结案件胜诉标的、其他诉讼中涉及的财产线索六大类涉诉财产进行挖掘。此外，还提供涉诉历史联系方式、历史送达地址等行踪线索的挖掘。④涉诉关联案件：系统对关联案件进行分类分析，为执行法官提供全国范围内被执行人在诉、在执的案件相关信息，辅助法官了解当事人的关联案件，制订执行方案。

2019年9月，焦作中院正式上线"执行案件全流程智能管控系统"，实现查封期限预警、冻结期限预警、节点期限预警、扣押期限预警、全案期限预警等5项预警功能。广州法院上线信用"云惩戒"系统，将全市46家职能部门纳入失信惩戒联动机制，将广州法院失信被执行人名单库自动对接全市信用平台，与户政、人社等职能部门实现13类70亿基础数据的双向共享，通过网络平台对交易、消费、授信、荣誉、市场准入、政策支持等生产生活全过程内容进行自动识别、控制、拦截，惩戒类别共计100多项，初步实现对失信被执行人身份、信用情况的大数据画像，实现"云惩戒"。

（二）系统融合：部分实现执行办案一体化、集成化

实践中，法院各执行工作系统的优化升级和信息化建设往往采用分散开发的方式，虽然各级法院系统建设和功能设置日趋完善，但功能融合不佳、互联互通不够，严重制约信息技术放大、叠加和倍增作用发挥。执行系统智能化的基础在于统筹规划，打造统一的数据平台和框架，实现所有信息数据共享互通，打破执行阶段各系统信息资源碎片化的管理模式。

目前与执行相关的系统有执行案件流程管理系统、执行指挥平台、总对总查控系统、失信平台、限高平台、当事人信息核对平台、全国法院执行信

息公开网、全国法院裁判文书网等十余个，有的属于最高人民法院统一部署，有的属于高院统一部署，有的则是中院单独部署，对外开放的标准和接口不统一往往造成不同系统不兼容，给用户使用带来诸多不便（执行法官需在多个不同的系统中查看、查找信息并进行分析），也不利于数据的跨系统融合。

信息化发展到成熟阶段，必然涉及系统融合问题。浙江高院针对系统碎片化、信息"孤岛"等突出问题，提出"方便实用、互联互通、全面智能"的工作标准，牵头制订了1100多页的智能化建设方案，着力打造全省统一的办案办公平台。2019年8月，浙江法院办案办公平台1.0版在全省上线试运行，打破了业务系统之间的壁垒，推动三级法院干警从"一张网办事"迈向"一个平台办事"。2019年，上海法院不断升级完善执行办案系统，初步建成了融合执行办案、网络查控、评估拍卖、信用惩戒等在内的一体化智慧执行系统。江苏法院打通审执系统，将执行办案系统与审判办案系统对接，实现信息共享：在执行立案环节，自动对当事人完全相同的重复案件进行检测，并自动引入原审判案件文书（包括判决书、调解书、裁定书等执行依据文书和送达地址确认书），同时与保全案件、相关诉讼案件进行关联；在执行办案环节，可查阅执行依据审判案件、保全案件、历次执行案件案卷（首次执行＋历次恢复执行案件）以及本执行案件的电子卷宗。北京法院创新在线执行模式，当事人可通过电子诉讼平台录入执行信息、填写收款账号一键申请执行，实现审判执行无缝衔接。江苏无锡中院将所有的信息化产品融合在一个系统中，一键登录，功能个性化配置。

深圳智慧法院一体化平台则是另外一种模式，其核心是在不改变法院现有系统和架构的基础上，仅根据现有系统的特性进行融合和赋能，为底层数据一体化、执行查控优化整合、智慧办案、智慧服务、数字决策乃至顶层综合门户的实现提供一体化平台。

（三）无纸化：结构性重塑执行权运行机制

2019年，浙江、江苏等地法院致力于推行执行办案无纸化。经过昆山市人民法院、徐州市泉山区人民法院近一年的试点，江苏法院于2019年开始向全省推广"854模式+执行无纸化"。从立案环节开始，通过电子卷宗智能编目系统，将所有案卷材料扫描成电子文档，纸质卷宗交由档案"中间库"保存；后续所有实施环节产生的执行材料均由各部门归类交由"中间库"工作人员扫描后归档，而且在各环节扫描材料时均在材料上打印唯一的二维码，做到案件各环节纸质材料的可追溯；案件执行完毕，"中间库"就可以将案卷整理归档。执行人员全程借助系统内的扫描件实现同步办案，无须过手纸质案卷。在"854模式"中，案件承办团队需要频繁下达指令给各辅助事务组，辅助事务组也要频繁将办理情况反馈给承办团队。按照传统模式，实务工作指令到哪里，纸质卷宗就必须移送到哪里，纸质卷宗流转频繁，常常因为纸质卷宗流转问题造成案件进程"梗阻"，也容易造成卷宗材料丢失，出现问题回溯追责也存在较大困难。实行"无纸化"之后，案件材料所有参与案件人员均可查阅，不仅免去了纸质卷宗流转和保管的负担，避免了"流而不转"的拖延，而且承办团队可以同时下达多项指令，不同辅助事务组可同时办理，从而使效率倍增。无纸化办案还真正实现了案件监管的全流程全覆盖。无纸化办公确保了办案节点同步录入、电子卷与纸质卷同步生成，而且执行局负责人、案件承办团队、各执行辅助事务组以及上级法院，均可查阅进入案管系统的电子卷和进入档案中间库的纸质卷，从而使执行案件办理流程和进展全部置于监管之下。推行"无纸化"之后，执行案件实现了全过程可掌控、全节点可查询、全进程可预期，真正可以实现全覆盖的实时、事中监管，而且可以避免承办人故意拖延甚至遗忘造成"抽屉案"的情况，同时也为实时向当事人公开执行信息提供了便利。

苏州法院依托无纸化办案，实现了执行案件的数字化转型：所有的纸质卷宗变为电子卷宗，所有的案件流程在网上流转，所有的团队协作、上下级法院之间的协同、平级法院之间的协助在网上完成。通过无纸化运行，实现了数字卷宗的共享，办案模式从"一人办一案"转化为"数人同时办一案"；通过无纸化运行，所有节点的工作指令、结果反馈均在办案系统进行，可实时呈现每个案件每个流程节点的推进状况，实现权力制衡；通过无纸化运行，实现了监管可视，任何事项未按规定期限办结，系统都会自动提示办案人员，而院局长也可实时监管全局所有事项的办理，亦可催办。

深圳法院积极进行无纸化执行的探索与实践。为保障无纸化执行有效运行，确保电子卷宗材料能有效代替纸质卷宗材料，深圳法院一是高标准实现材料数字化，所有的纸质材料转化为可以精准识别、信息抓取、精确查找、全程利用的数字材料；二是实现电子诉讼材料的自动排序；三是实现信息数字化全流程利用；四是提升电子材料的应用体验；五是实现各系统的互联互通。

广州中院继续深入推进"执必果"试点工作，坚持执行信息化建设思路，研发上线了执行全网通办案平台，实现标准化、智能化、集约化、无纸化执行。执行全网通办案平台以无纸化办案、移动办案为抓手，从源头提升执行能力。

（四）"微执行"：全面应用移动办案系统

与审判不同，办理执行案件的工作人员需要外出办案，以往执行办案系统仅能在内网台式机上使用，外出办案人员在办案现场既无法实时查询案件信息，也无法即时将现场音视频资料上传，降低了工作效率。为适应执行工作的实际需要，"微执行"或者"移动执行"应运而生。中国移动微法院已走向全国 31 个省、自治区、直辖市及新疆生产建设兵团分院。评估结果显示，2019 年全国共有 3251 家法院使用统建的中国移动微法院，占 93.7%；3259 家法院支持移动微法院与办案系统对接，占 93.9%。截至 2019 年底，中国移动微法院累计实名用户量 86 万余人，日均访问量超过 46 万次，办理网上立案 120 万余件，网上送达文书超过 386 万份。利用中国移动微法院，已经在 2019 年 9 月底前实现全国所有法院跨域立案。

江苏高院自 2018 年开始建设"微执行"系统，2019 年 7 月又根据执行系统上云要求进行改造，已全面投入应用。"微执行"是江苏微法院平台的重要模块之一，在充分保障信息安全的前提下，打通内外网信息交互壁垒，为执行干警提供移动办案、移动办公功能。借助"微执行"，执行干警在现场执行时可快速登记、拍照（图片、视频）上传，避免到院后再次上传证据材料，减轻干警的重复工作负担。执行记录和上传的信息会在5分钟内与执行系统进行同步对接，实现数据的共享统一。当事人和干警可随时添加举报信息，干警可查询线索来源、时间、描述、证据等信息，支持在线核实线索状态，并可进行"点对点"网络查询等操作。执行立案后，微法院小程序向当事人推送各个节点的执行信息，方便双方当事人及时了解案件执行的进展情况。

（五）推动大数据、人工智能与执行工作深度融合

习近平总书记在2019年中央政法工作会议上指出，"推动大数据、人工智能等科技创新成果同司法工作深度融合"。在国家大数据战略背景下，司法大数据是富矿，执行大数据更是极其宝贵的司法宝藏，通过对执行大数据的深度挖掘，不仅可以在微观层面精准把握被执行人财产的总体状况，及时有效地处置财产，实现债权人的合法权益，还可以从宏观层面揭露被执行人规避执行行为，精准打击被执行人的失信行为。人工智能是新一轮科技革命和产业变革的重要驱动力量，因此推动大数据、人工智能等科技创新成果同执行工作深度融合是新时代创新执行工作的必然选择。

无锡中院早在几年前就开始将人工智能引入执行工作，2019年，无锡中院研发了集智能谈话、智能办公、智能评估、智能管理等功能于一体的智慧执行系统，为法院执行业务提供更高效、更智能、更便捷的技术支持。以智能办公系统为例，无锡中院研发的智能办公系统是运用支持键盘、鼠标动作录制和回放功能，进而自动操作电脑的人工智能技术而设计出来的一套办公软件。智能办公系统根据具体事务，开发了"一键立案、批量文书生成、一键查控、一键拍卖、一键结案"等功能，基本实现了业务流程自动化，执行立案时间从原来的平均20分钟缩短到2分钟，执行查控从平均8分钟提效为1分钟，司法上拍录入时间从原来的平均180分钟降到3分钟以内，并且在5分钟之内即可自动生成执行过程中所有法律文书。智能办公系统确保各项数据录入的准确性，无须反复校对；还可以将相关操作预设时间进行

自动操作，避开工作时间网络堵塞等情况，灵活机动。智能办公系统的上线运行，真正实现了执行工作运行一键化、操作拟人化、功能模块化、使用便捷化。

执行事务自动拟人化操作系统由无锡中院率先试点启用之后，2019年5月，江苏高院在全省122家法院进行部署，截至7月15日已全部完成上线运行。截至2019年11月4日12时，江苏省122家法院累计启动程序36938次，执行任务数436444个，累计节约人工时间41234小时。不少法院原需多人加班加点才能完成的工作，现在只需一人就可以轻松完成。江苏高院目前正在"四个一键"基础上开发新的系统功能，包括执保案件裁定后的一键查控、对批量冻结的案件进行一键解冻、执行通知节点的自动流转、支付宝财付通等网络银行的冻结、人民银行自动查询。

（六）研究探索区块链技术在执行工作中的应用

2019年，最高人民法院注重利用区块链技术，基于人民法院大数据管理和服务平台，建成内外网一体化的司法区块链"司法链"平台，在法院专网建立了7个节点，互联网建立了27个节点，为全国法院提供通用的数据存验证统一服务。平台围绕"四智"业务类型，按照高可靠性数据、高公信力信息、高风险性操作三类数据标准对应用场景进行梳理分类，指导各级法院核心司法信息要素应存尽存。截至2019年底，已对电子档案、执行查控核心操作、系统操作日志、互联网诉讼服务以及公开信息等典型场景进行了存证验证服务，合计上链数据已超过3.33亿个，对区块链技术与产业创新深度融合起到示范引领作用。吉林三级法院都已试点接入内网和互联网端的"法链"平台，成为全国首个三级法院同步开展区块链应用的地区。针对执行业务中外勤办案管理难、终本结案可信度低等问题，最高人民法院组织研讨、试用区块链技术在执行业务中的建设与应用。2019年，最高人民法院借助区块链技术研发"终本智能巡查系统"，在终本案件审核确认、应恢复执行案件启动等关键环节设定智能合约节点，可以依法依规自动实现案件终本入库和终本案件恢复，并自动生成相关执行文书。另外，终本案件的相关办理信息、电子卷宗等均上链固化存证，实现了对执行立案、执行通知、网络查控、传统查控、限制高消费、终本约谈、案件报结等7个关键环节数据的防篡改。该系统功能已经相对成熟稳定，正在上海法院试点使用。最高人民法院还将区块链技术应用于移动执行，在执行移动平台已在全国上线的基础上，2019年9月，指导、推动湖南法院在移动执行平台上线区块链功能，将执行干警外勤取证、办案、收集执行线索等信息全部上链，固化存证，并向当事人定向公开。截至2019年10月底，湖南全省共上链法院143家，上链执行案件2454件，上链执行法律文书文件13720件，其中，视频8643个、图片4169个、录音915个。

2019年9月，北京互联网法院宣布，完成首例"公证机构+区块链"委托现场调查。在一起互联网小额借款合同纠纷执行案件中，为查明被执行人财产状况和履行义务能力，北京互联网法院对接北京市方圆公证处，引入公证机构助力执行现场调查，方圆公证处调查结束后撰写调查报告，连同视频材料回传法院，同时将全部材料上传北京互联网法院区块链电子证据开放生态平台"天平链"。北京互联网法院通过电子诉讼平台与"天平链"，构建"公证机构+区块链"现场调查机制，使得委托调查全过程及调查结果反馈及时上链，做到调查过程真实可靠、不可篡改、可追溯，也监督了公证人员从事司法辅助活动，保障公证参与执行工作程序规范化。

（七）建设并全面推行执行财产询价评估系统

2018年6月，最高人民法院通过的《关于人民法院确定财产处置参考价若干问题的规定》（法释〔2018〕15号）明确，在保留委托评估这一传统的确定财产处置参考价方式的基础上，新增了当事人议价、定向询价、网络询价三种确定财产处置参考价的方式。自此，财产评估方式迎来重大变革，将大数据引入评估定价环节，大大提升执行效率，降低评估成本，促使财产尽快变现，切实高效实现申请人合法权益。2019年全国法院上线运行询价评估系统，该系统与三家网络询价平台对接，在线推送财产信息、实时反馈询价评估结果，并与五家全国性评估行业协会进行系统对接，很快全国法院可以在线完成委托评估全流程。这一系统的上线使用，形成了人民法院确定财产处置参考价工作的新模式，确保评估环节公开、透明、高效。

无锡法院智能评估系统运用阿里淘宝拍卖及其所有合作商的大数据平台，实现对涉案房产、车辆、家电等财产的在线评估，准确率高达95%以上。同时，在线自动生成评估报告，报告中自动显示四个与评估标的最类似的近期拍卖实例，以进一步增强评估价格的可信度，有力提升执行财产处置效率。无锡两级法院在实际使用过程中，将询价过程全程录音录像，并将询价结果及时告知双方当事人，由于评估结果依托阿里大数据平台近期同地段、同地区相似标的实际成交结果，中间没有任何人为因素的干扰，使双方当事人对评估结果的客观性、公正性更加信服，至今没有出现对询价结果提出异议的案件，既省钱又省时，大大提高了评估工作效率。自2018年4月使用以来，无锡两级法院执行案件评估周期同比缩短70天，并且为清理超长期案件提供强有力的支持。

（八）建立执行案件音视频统一管理系统

为解决执行程序中产生的音频和视频数据存放、管理比较混乱，且未能挂接到执行案件管理系统的问题，江苏建立全省法院统一的执行案件音频、视频数据管理系统，实现音视频资料"找得到""用得了""管得好"。一是将图片、录音、文件等非结构化数据从数据库中分离，存储到FTP文件服务器、云存储OSS，空间上给数据库"瘦身"，减少数据库的IO，提高数据库的运行效率。二是执法记录仪音视频、4G单兵音视频、法官接待电话录音、执行110电话录音、车载音视频、无人机视频、"微执行"音视频等，整合为音视频一体化管理系统，与执行案件系统进行关联，实行集中管理、统一应用，并与其他业务平台互联互通，既能够为其他平台提供视音频数据支撑，也能够从其他平台调阅数据。

（九）信息化助力执行指挥中心实体化运行

与审判工作不同，执行工作强调全国一盘棋，重视上级法院对下级法院的监督管理，为此，最高人民法院以执行指挥中心为抓手，推动执行指挥中心实体化运作，打造现代化执行管理模式。评估结果显示，全国法院执行指挥中心信息化支撑较为全面，2019 年已有 3437 家法院建设执行指挥中心，占99.0%；3430 家法院实现了与最高人民法院执行指挥中心连通，占 98.8%；3345 家法院具备指导指挥、值班巡查功能，占 96.4%。从各级法院执行指挥中心建设情况看，全国所有高级法院均已建设，2019 年中级法院实现比例达到 98.8%，基层法院实现比例达到 99.1%，相比 2018 年提高 1.4%。就全国而言，虽然执行指挥中心"重建设轻使用""重硬件轻软件"的情况还较为普遍，一定程度上存在执行指挥中心"空心化"问题，但是也有一些地方在执行指挥中心实体化运行方面推动得力。例如，江苏法院打造执行指挥中心实体化运行"854 模式"，即由各级法院执行指挥中心集中办理 8 类事务性工作，全面提供 5 类技术服务，切实承担 4 项管理职责，为执行办案团队提供全方位系统支持，提升执行工作的集约化、精细化、规范化水平。为适应新型"854模式"的需要，江苏高院建设执行指挥中心实体化运行系统，彻底改变"一人包案到底"和"团队包案到底"的传统办案模式。再如，广州中院执行指挥中心建设通过模块化运作，集约化实施核对立案信息和初次接待、网络查控、执行通知、繁简分流、收发委托执行请求、流程节点监控、录入失信被执行人信息、网络拍卖辅助工作、终本案件审核、接待来访、接处举报电话等各类辅助性事务，服务执行实施团队。2019 年，福建法院建设执行协同指挥系统，以省法院执行指挥中心为龙头，全面加强统一管理、协调和指挥，从系统端到执法办案终端开展实时调度、监督，强化对终本案件的系统节点自动管理。

（十）依托信息化整合区域执行力量

对于基层法院而言，在现有的人、财、物条件下，其执行能力经过信息化和机制创新已经接近极限，要想进一步挖掘执行潜能，缓解案多人少矛盾，必须在更大范围内（全市乃至全省）实现资源统筹。传统的执行管理体制已经不能适应目前的工作形势，更需要一套区别于审判、能够满足执行管理行政性强的管理体制。为此，苏州法院全新升级执行案件管理系统，以资源统筹为切入点，实现了全市两级法院互联互通，真正形成了全市执行一盘棋的格局。

苏州将全市法院的资源通过案款管理系统打造成一张网，在横向和纵向两个方面实现资源管理的扁平化：纵向，实现上下级法院提级执行、指定执行、交叉执行；横向，实现兄弟法院之间的工作协调、争议解决、参与分配、协助执行、委托执行等跨区域的执行事务均可以网上办理，中院执行指挥中心一个指令即可实现数字卷宗网上流转和执行实施的精准指挥。苏州法院执行案件管理系统设置"事务提交"模块，全市 11 家法院可以互相派发工作指令，实现执行事务性工作的全市范围集约化。涉及同一被执行人的案件分布在不同法院的，由中院指令归并至财产所在地法院执行，或提级执行，实现全市案件的集约化。通过执行案件管理系统"统一管理"模块，苏州市范围内的提级执行、指定执行、交叉执行等所有指令及办理全部在网上实现，数字卷宗网上流转。苏州市范围内征求处置权、参与分配、协助执行、事项委托等全部在网上实现，如果发生争议需中院协调的，亦在网上办理，从而避免线下协助时因邮寄材料未收到、分配已完成而造成申请参与分配的法院工作被动。

三　问题：执行系统的智能与融合功能有待彰显

2019 年，执行信息化朝着融合和智能方向发展，取得一定成效，但是全国总体发展不平衡，各地区之间、各法院之间的信息化建设和应用能力水平仍然存在较大差异。有些地方将机制建设和信息化作为推动执行工作的两轮驱动，通过优化升级系统最大限度发挥机制创新的效能，但也有不少地方在执行信息化方面停留在巩固层面，鲜有突破。总体而言，2019 年执行信息化建设还存在平台智能化水平有限、系统集成度不高、新兴技术应用尚处于初级阶段、与其他社会治理平台融合不够、信用联合惩戒机制须加强等问题。

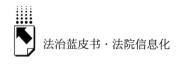

（一）平台的智能化水平有待提高

2019 年无论是顶层设计还是部分法院实践，在推进执行信息化建设方面主要围绕优化升级系统以提升系统的自动化、智能化展开，但是在实际应用中，系统的智能化水平有限仍是不争的事实，大量的重复性事务类工作仍需要较多的人工干预，自动化、批量处理能力不足，很大程度上制约执行案件办理的规范度和效果。

（二）执行信息化系统集成度不高

2019 年执行信息化顶层设计虽然也意识到执行系统之间的融合问题，地方也进行了部分集成，但是执行信息化系统繁多的状况普遍存在，各个系统功能融合不佳、互联互通不够，也造成数据割裂，未来应进一步增强应用系统的完整性、适应性。

（三）新兴技术成果应用仍处于初级阶段

2019 年可谓区块链年，经过几年的蛰伏、沉寂，区块链技术在 2019 年受到追逐、大放异彩，各行各业都在尝试从中寻找增长点，司法工作也不例外。但是综合来看，区块链以及近些年一直强调的大数据、人工智能等新兴技术成果在执行工作中的应用尚处于初级阶段，还没有完全适应形势任务发展需要，在未来有很大的提升空间。

（四）信用联合惩戒机制要进一步加强

现阶段，综合治理执行难大格局已基本建立，联动机制在基本解决执行难阶段性目标如期实现中发挥了重要作用。但各联动部门需进一步加强配合，推动实现联动机制的常态化和自动化。要继续推动联合惩戒单位将失信名单嵌入业务系统，实现对失信被执行人的自动识别、自动拦截和自动惩戒。

（五）推进与其他社会治理平台的进一步融合

破解执行难是社会治理体系的一环，在推动构建和完善社会综合治理机制层面，法院的执行平台要继续加强与其他社会治理主体业务平台的有机融合、互相促进。

四　展望：打造执行信息化精品工程

法院信息化建设是有发展阶段的，早期从无到有走的是粗放型发展道路，不同的系统平台大量上线，重复建设不可避免，执行信息化发展到今天必须要走集约化、精品化的发展路径。未来，执行信息系统平台应朝着融合、智能、集约、协同的方向发展，推动司法领域核心技术全面实现迭代升级，建成一体化、集成化精品工程。

（一）全方位升级执行办案平台

要提升执行办案的智能化水平，必须全方位升级执行办案平台，打通审判与执行办案平台数据接口，实现案件信息自动校验回填、执行节点自动提醒、执行文书自动生成、违规行为自动冻结、关联案件自动推送、案件质量智能巡检等功能。加快人工智能、物联网技术在执行领域的创新发展，实现执行通知、网络查控、信用惩戒等程序性事项"自动批处理"，财产变现、听证约谈等常规环节全部集约线上流转，传统查控、执行联动等重要业务实现网络发起、反馈，执行公开、结案归档等事务性工作一键式完成，打造新的智慧执行模式。

（二）推进司法领域各平台系统的深度集成

平台一体化、集成化是当下信息化发展的趋势。党中央、国务院高度重视全国一体化在线政务服务平台建设，2019 年 4 月，《国务院关于在线政务服务的若干规定》明确了一体化在线平台建设的目标要求和总体架构。人民法院也应该以此为契机，不仅推动执行领域各平台的集成融合，还应该理顺各司法平台之间的逻辑关系，推动司法多平台融合，建立一个入口、一个密码的统一司法办案平台，省去在各个系统、不同网络之间切

换、流转，提高司法效率，也有助于信息共生共享，建立一体化的司法大数据。

（三）加大新兴科技成果的应用力度

目前，法院的执行工作处于新的历史时期，应抓住时代带来的科技发展机遇，将区块链、人工智能等人类最新科技发展成果应用到执行领域，进一步优化执行联动机制和被执行人财产发现机制。例如，针对"总对总"网络查控系统存在的财产覆盖范围有限、跨行不能在线划拨、部分银行账户余额为 0 不能冻结等问题，应不断扩大财产查控范围，提高系统反应速度，利用人工智能等现代技术提高智能查控水平，实现对被执行人财产的自动查询、批量控制、智能筛选、深度发掘；畅通各系统、平台间的数据对接，确保数据交换及时、全面、准确，推进数据深度开发应用，着重强化被执行人下落和被执行人财产画像功能，推动查人找物能力有质的提升。

（四）自上而下推动失信名单嵌入联动单位系统

要继续推动联合信用惩戒工作，必须借助信息化，继续完善联合信用惩戒系统，推动失信被执行人名单嵌入联动单位的管理和审批系统，实现自动识别、自动拦截、自动惩戒。

（五）主动融入社会综合治理体系

2019 年 10 月，十九届四中全会将国家治理体系和治理能力现代化提到前所未有的高度。法院的执行体系是国家治理体系的重要组成部分，人民法院应以此为契机，继续融入社会综合治理体系，从源头上治理执行难。执行信息化建设既要着眼于满足执行办案的需求，更要着眼于继续把执行工作通过网络方式融入整个社会治理体系，继续与综合治理体系内其他板块形成合力。

B.4

中国法院"司法大数据"应用第三方
评估报告（2019）

中国社会科学院法学研究所法治指数创新工程项目组*

摘　要： 中国各级法院不断提升数据质量，推进数据共享，推动司法大
数据的各项应用，提高司法大数据服务社会的能力，增强了智
慧管理水平。司法大数据的发展也为法院管理带来了新模式，
为司法资源分配带来了新变化，为各方参与诉讼带来了新策
略。但目前中国司法大数据建设仍然面临数据孤岛、数据安全
风险、数据偏见等障碍，未来应当进一步加强数据融合、强化
数据分析、提高数据安全性、深挖数据价值、破除数据偏见。

关键词： 司法大数据　审判管理　社会治理　第三方评估

一　司法大数据应用进展

2019年，各级法院狠抓数据质量，保障数据的准确性、安全性，不断
提升数据共享能力，深入推进司法大数据应用，为司法大数据服务社会管理
创新、加强法院智慧管理提供保障。

---

* 项目组负责人：田禾，中国社会科学院国家法治指数研究中心主任、法学研究所研究员；吕
艳滨，中国社会科学院法学研究所法治国情调研室主任、研究员。项目组成员：王小梅、王
祎茗、车文博、田纯才、冯迎迎、刘雁鹏、米晓敏、胡昌明、洪梅、栗燕杰等（按姓氏笔画
排序）。执笔人：刘雁鹏，中国社会科学院法学研究所助理研究员。

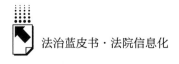

（一）全面提升数据质量

数据的稳定性、全面性、真实性以及安全性是司法大数据的生命，全国各级法院在不断提升数据质量上取得了一定的成绩。在数据稳定性方面，截至 2019 年底，全国各级法院基本按照《人民法院信息系统技术系列标准(2015)》（以下简称"2015 法标"）实现了全面升级。升级后的信息化系统，能够完成 31 家高院及新疆生产建设兵团人民法院基于"2015 法标"的数据切换，完成大数据平台向"2015 法标"的切换，保障数据汇聚管理和服务的平稳过渡，为人民法院司法统计和大数据分析服务提供稳定、可靠的基础数据保障。在数据全面性方面，最高人民法院信息中心在全国法院分三批开展裁判文书覆盖率提升工作，实现"2015 法标"下全国裁判文书覆盖率从 30% 大幅提升至 96% 以上、各高院均达 95% 以上的目标。在数据真实性方面，最高人民法院信息中心修订了《人民法院数据管理和服务技术规范》，开展全国法院数据质量提升工作，确保案件覆盖率整体稳定在 99% 以上，保障了司法统计数据整体可信可用。"评估发现，全国高院向大数据集中管理和服务平台汇聚案件的置信度普遍较高，2019 年平均置信度达到99.8%，其中有 12 家高院达到 100%，最低值为 98.6%。"在数据安全性方面，各级法院制定了数据备份的各种规范，组织完成了最高人民法院 61 个法院内网信息系统和 22 个互联网信息系统数据备份及相应数据恢复测试工作，实现重要信息系统数据的全备份，全面提升最高人民法院本级数据安全性。

（二）提高数据共享能力

近年来，最高人民法院以本级为重点，不断提升数据共享和关联服务能力。目前，最高人民法院已经完成中国审判流程信息公开网、中国裁判文书网、中国庭审公开网等 21 个最高人民法院本级核心应用系统数据向大数据平台的数据汇聚，数据完整性达到 99%。数据资源目录体系初步建立，并同步建设完成数据审计机制，建立定期审计源系统与平台数据一致性机制，具备向外部单位提供多种数据资源的能力。实现审判、执行、信访等各环节的案件全生命周期关联，初步建立案案关联、人案关联数据模型。最高人民法院已具备从国家电子政务外网获取外部数据资源的能力，目前基于国家电子政务外网已获取 3 项外部数据资源。同时，上线高级人民法院在最高人民法院审理案件、失信被执行人信息等接口，为提高审判质效、加快执行工作提供支撑，共享交换服务能力进一步提高。

（三）深入推动专题研究

法院对其自身拥有的数据进行大数据研究，一方面能够深度挖掘总结司法规律，另一方面能够推动司法大数据的诸多应用。从最高人民法院到基层法院都在利用手中掌握的数据，进行某领域或者某专题的大数据分析。目前，最高人民法院已经形成涵盖 95 项指标的司法指数框架，研发完成司法指数系统、知识库初版系统，初步建立数据到知识的转换生成及应用机制；初步尝试落地区块链核心攻关技术，在大数据平台试点电子卷宗数据上链，为下一步全面开展电子卷宗防篡改应用服务提供技术支撑。2019 年，大数据平台向全国法院干警和各应用系统提供超过 4 亿次服务，日均服务超过100 万次，为立案庭、刑庭、民庭、司改办等业务部门提供 200 余次统计数据，并为有关部门提供了《"扫黑除恶"案件分析报告》《近几年案件数量快速增长分析报告》等专题分析报告，充分发挥了大数据平台的共享交换和统计分析服务作用。同时，最高人民法院聚焦社会热点重点问题，形成近160 项专题研究成果，《高空坠物伤人案件特点和趋势》《2018 年中央企业风险管理司法指数评估报告》等多篇报告为国家大政方针的制定奠定了数据基础。评估发现，除最高人民法院之外，2019 年全国高院开展的大数据专题分析共有 175 篇，平均每家 5.5 篇，部分高院开展大数据专题分析篇数在全国位居前列。例如，上海高院 25 篇、天津高院和吉林高院各 23 篇。

（四）服务经济社会发展

地方各级法院通过司法大数据，能够智能统计分析案件的数量、类型、内容等当地党委政府关注的案件信息，可以生成表现直观的柱状图、地理分布图等提供给党委政府，充分发挥司法诉讼社会矛盾"晴雨表"的功能。通过司法大数据可以分析诉讼中折射和反映的突出问题，法院据此提出司法建议，为党委政府推动经济社会健康发展提供支撑。例如，重庆高院引入"数据智能"技术进行全面升级，全力打造"数智说"，形成盗窃、毒品、金融借款等数十项挖掘分析报告。以盗窃案件分析为例，运用电子卷宗和裁判文书智能标注工具，提取非结构化信息，对盗窃案件总体态势、高发月份、高发时间、高发场所、涉案标的等进行多维度研判，为公众提升防盗意识提供有益参考，为社会综合治理提出司法建议。除了社会治理之外，司法大数据还能从诉讼角度发现经济发展的问题。例如，广西高院聚焦东盟和边境贸易提供司法大数据服务，针对广西社会发展的焦点、难点、热点问题和老百姓关心的问题进行分析研究，为广西经济持续健康发展和社会和谐稳定贡献更多法院智慧和法院作为。

（五）提升智慧管理水平

各级法院不断提高司法大数据的管理和应用能力，提升数据治理水平，强化数据的利用价值。通过海量的司法大数据完成各项智能应用，以提升司法智慧管理的决策水平。一方面，在司法大数据管理应用上，升级完善国家司法审判信息资源管理和服务平台，构建司法信息知识库体系和司法信息知识管理体系，实现基于司法大数据的知识提取和转换，提升司法信息智能应用水平，为全国法院干警提供更贴近业务需求、方便快捷的司法信息资源服务。另一方面，在信息化运维管理应用上，建设人民法院质效型运维平台，采集人民法院基础设施、应用、数据、安全、运维五类信息化数据，实时智能监测分析，实现最高人民法院信息化运行态势全方位监控展示，实现对全国法院核心业务系统的自动监测，促进信息系统运行质效提升。

（六）量刑辅助刑事审判

刑事司法裁判中，法官可能因为裁判尺度不一，导致判决不被接受。司法大数据能够通过分析相似案例并提供量刑的参考范围，最大程度地降低类案异判的风险，从而提高司法公信力，增强司法权威。全国大部分法院积极开发应用量刑规范化辅助功能，该功能能够自动提取刑事案件法定和酌定量刑情节，能够自动推送量刑规范化的法律和司法解释，能够基于大数据分析相似案件量刑幅度并提供量刑参考范围。

二 司法大数据应用带来的变化

习近平总书记在 2019 年中央政法工作会议上指出"推动大数据、人工智能等科技创新成果同司法工作深度融合"。近年来，司法大数据对法院的影响不可谓不深远，法院已经成为政府之后，汇聚信息最为完整、最为多样的公权力机构。在当今大数据时代，谁掌握数据谁就拥有话语权。大数据建设为司法机关带来的不仅是管理方式、资源分配的变化以及诉讼策略的变化，未来甚至还可能影响权力分配。

（一）管理方式的改变

司法大数据为司法管理提供了新思路、新方式和新依据。首先，繁简分流更加科学。在全面深化司法体制改革的大背景下，繁简分流是顺应改革趋势、遵循司法规律的必然选择，是缓解巨大审判压力的主要方式，是推进全面司法改革的有效切口，是提升国家治理水平的重要体现，是满足人民司法需求的关键途径。在司法大数据的加持下，繁简分流工作变得更具有科学性和可操作性。有的法院通过大数据辨别案件简易程度，同时分析法官工作饱和度，科学合理地搭配简易或者复杂案件数量，提高案件审判效率，保障案件审判质量。例如，遵义市中级人民法院通过大数据技术研发民商事法官审判工作量饱和度分析系统，在精准识案、科学分案、均衡结案、示范办案等方面落实司法责任制，有力地提高了审判效率，保障了案件质量。精准识案推动繁简分流。在该系统的加持下，繁简分流效率大幅提升，原本分流 12 万件案件需要耗时 1.5 万个小时，如今仅需要 180 个小时就可以完成上述工作。

其次，评价法官绩效更加全面。虽然法官的主要工作是审判、管理和执行，但在日常工作中，很多审判、管理以及执行的关键要素和节点无法正常体现。例如，有的法官一年审理 300 多件案子，但是平均每件案卷材料不超过 10 页，而有的法官一年仅审理 50 件案子，但是平均案卷材料超过了 800 页，不能简单地认为审理 300 多件的法官工作量比审理 50 件案件的法官大。这就需要将法官日常工作的诸多内容均纳入考核范围，方能全方位、多角度评价法官绩效。例如，广东法院依托大数据平台汇聚 1304 万件案件数据，存储诉讼文书 5894 万份，建设法官档案系统、审务督查系统，借助大数据对审判人员进行全方位综合评价、审判管理、绩效考核和法纪监督。

最后，执行能力有效提升。法院执行工作一方面有赖于执行法官及干警的辛勤付出，另一方面则依靠大数据的发展与应用。被执行人的房产、股票、存款、第三方支付、保有车辆、债权文书等相关信息分别被国土住建、证监会、银行、支付宝或微信支付、车管所等部门掌握。没有大数据，执行法官和干警无法快捷方便地查询被执行人的财产。例如，长沙中院搭建执行大数据分析平台，该平台以数据可视化的形式动态描述被执行人的社会关系、资金往来、财产流转、生活消费等状况，综合判断其是否"欠钱不还"；如果被执行人存在转移、隐匿财产等违法行为，这套系统还能对其账户的往来明细作分析，看是否存在隐匿、转移、共有财产。失信被执行人一旦被锁定，系统会查询其教育、供水、供电等方面的数据，分析其是否存在违法高消费、虚假申报财产等行为，及时固定证据，为法官追究其刑事责任提供有力的技术支持。

（二）资源分配的改变

大数据影响的不仅仅是法院系统内部的资源调配，而且还可以影响法院与仲裁机构、民间调解、社会组织之间的资源分配。首先，为平衡法院系统内部的资源配置提供参照。从每 10 万人拥有法官数量来看，德国 24.46 个，美国 10.59 个，日本 2.73 个，中国 9.4 个，中国拥有的法官数量并不少。美国、日本的法官年人均办案数量高达百件甚至上千件，并没有出现严重的"案多人少"矛盾。在中国则出现了大量"案多人少"矛盾，其实质并不是中国法院绝对意义上的法官数量少、案件数量多，事实上从全国执结案件数量与法官数量来看，2019 年上半年，各省份法院共有 12.6 万名员额法官，新收案件总数 1493.3 万件，人均新收案件 118.5 件，案件数量并没有多到无法承受。中国出现的"案多人少"矛盾实质上是案件与法官分配不均。在北京、上海、广州、深圳等地的部分法院，收案量超过 10 万件，远远超过了法院能够承受的极限，但是在西藏、青海、内蒙古等边远地区的部分法院，每年收案数量则少于百件。"案多人少"矛盾在很大程度上是由于全国法官资源分配不均，编制配置与案件数量不匹配，法官数量与工作强度不均衡，这就造成了法院系统内部不同法官忙闲不均。通过司法大数据一方面可以将案件合理调配给每个法官，避免法院之间的忙闲不均；另一方面可以提前预测案件数量走向，为调配书记员、司法辅助人员、专业审判团队等提供参考和依据。

其次，司法大数据为多元纠纷解决机制资源配置提供参考。推动多元纠纷解决机制建设，是尊重纠纷解决规律的必然要求，是满足人民群众维护合法权益需求的重要路径，是国家治理体系和治理能力现代化的重要体现。多元纠纷解决机制的构建不仅需要协调各个部门，而且包括机构、选定场所、设置人员、配套技术在内的资源都需要参与其中，这就要求合理配置各方资源，以期多元纠纷解决效果最大化。司法大数据能够科学合理地分配资源，整合各部门力量，形成符合案件特征的多元纠纷解决机制。例如，广州互联网在线纠纷多元化解平台以大数据、人工智能、区块链等前沿技术为基础，高度融合了律师、仲裁、行业协会等法律服务要素以及大湾区专业化、国际化司法调解资源，集"智能咨询""智能评估""智能调解""智能确认""智能管理"等多项功能于一体，通过"预约调解、远程调解、异步调解、跨境调解、联合调解、邀请调解"＋"自行和解"＋"司法确认"＋"在线诉讼"的"6＋1＋1＋1"纠纷化解模式，真正实现多元纠纷化解全流程、

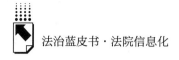

全业务、全时空，实现"让数据多跑路，让群众少跑腿"。

最后，司法大数据为调动律师资源提供参考。司法大数据不仅帮助法院内部实现资源最佳利用，重塑多元解纷结构，而且还对律师业务产生影响。随着裁判文书网信息的不断深挖，一些律师所擅长的领域、诉讼的胜负率、辩护能力等内容均可通过大数据进行分析。如此一来，律师业务能力无须通过头衔、年龄、外貌等进行判断，直接通过大数据就可以得出结论。部分律师为打造某行业排名靠前的品牌，就会参照数据结果刻意选择特定的案件。此外，通过司法大数据分析，很容易得出某一区域内擅长某一领域的律师数量与案件数量比，让新入行的律师或外地律师谨慎选择业务领域，不仅可以发现未开发的领域，更重要的是避开竞争较为激烈的业务，实现律师领域的资源配置。

（三）诉讼策略的改变

诉讼策略对于当事人、律师而言至关重要，选择最佳的策略能够帮助当事人和律师实现最大收益，减少因诉讼带来的不确定性和损失。司法大数据是记录司法行为最佳的"账本"，不管法律法规多么清晰明确，仍然会有法官的自由裁量权和主观判断，通过司法大数据分析可以将法官的主观想法和判断具象化，成为呈现在当事人以及律师眼前的图景。

首先，司法大数据可以让当事人预判审判结果，进而选择最佳的诉讼策略。"纸上得来终觉浅，绝知此事要躬行"，对于大部分当事人而言，一生中进入法院的概率很小，他们从现有的法律法规条文中无法想象最终可能会出现的判决结果，依靠司法大数据，当事人可以了解类案的判决结果，一旦胜诉率不高或者结果不太理想，可能会从诉讼转为调解。

其次，司法大数据可能让律师针对法院以及法官选择不同策略。部分律师在开庭之前会搜集受理案件所在法院以及主审法官的相关案例、判决，通过大数据分析类似案件的审判思路以及结果，从而制订特殊的诉讼策略。

最后，司法大数据可方便律师针对对手制订特殊策略。律师可以通过裁判文书网、庭审直播网以及其他公开渠道搜集对手律师之前的诉讼记录，通过研究对手常用的诉讼策略、常用程序策略和对抗策略，在此基础上进行案件模拟推演，对可能的诉讼焦点作出应对方案，有针对性地梳理所需要的法律依据和证据依据。

三 司法大数据应用面临的障碍

尽管全国范围内司法大数据应用取得长足进步，产出了一系列成果，带来了一系列变化，但与充分发挥司法大数据价值还有较大差距，造成这种情况有多方面的原因。

（一）数据融合以及分析利用有待加强

最高人民法院大数据集中管理和服务平台整合全国法院各类司法统计数据、汇聚电子卷宗等多项数据，汇聚案件信息的置信度达到99.9%，2348家法院达到100%，80余家法院2019年开展并形成了共计81项大数据专题分析报告。但从实践来看，大数据平台整合的数据内容还不够，目前对已有数据的分析利用还不够，影响司法决策和与经济社会发展密切相关的大数据深度分析能力还有待提升。究其原因有以下几个痛点。首先，技术仍存在瓶颈。当前在大数据应用和建设过程中充分应用了图像识别、语音识别以及其他深度学习技术，但是时至今日分析利用仍然停留在弱人工智能时代，技术的发展仍然落后于普通大众的期待，大数据分析所依赖的各项技术受到了技术发展的限制。其次，思维仍然固化。司法大数据不能将数据局限在案件信息的范畴，但改变这一思维定式尚需时日。在有的地区，多数大数据分析还是围绕司法统计，分析案件收案趋势、结案均衡情况、审判质效及态势等。当务之急是要改变观念，跳出思维定式，探索融合、整体和真正智能、自动的司法大数据分析。再次，对象存在痛点。人民法院尤其是地方各级法院，受限于数据来源渠道，现阶段的司法大数据分析更多是对案件信息进行分析，缺少与外部数据的融汇关联。分析的数据多数仍局限于采集、汇总的结构化信息，对裁判文书和电子卷宗等非结构化内容的分析，虽然已经起步，但由于技术、投入等多方面原因，远未达到预期。最后，成果转化存在痛点。司法大数据要真正落地，需要在确保数据安全的前提下，将数据转化为服务和产品，才能真正服务公众、服务经济社会发展大局。人民法院是维护公平正义的最后一道关口，获取信息有迟滞性，时效性数据分析成果转化性价比不高。

（二）法院内外数据"孤岛"现象仍然存在

尽管在最高人民法院的领导下，法院系统内部的数据孤岛正在逐步消除，但是大数据在法院系统内部的流转以及在法院与其他部门之间的数据共享仍然存在障碍，"孤岛"仍然存在。在司法大数据形成过程中，针对自身需要各地建设了自己的系统。例如，天津建立了"刑事速裁案件管理系统"，重庆开发了"类案智能专审平台"。这些系统为法院提供了从立案到执行的全方位支撑，但不同系统的数据无法有效互联互通，最高人民法院为统筹全国数据，建立了全国通用的管理平台，却发现该平台的数据与地方法院的数据存在些许出入。要么存在数据遗漏，要么发现数据重复，无法做到数据完全一致，可见法院系统内部信息共享仍然存在纰漏。对于法院与其他部门而言，法院与一些金融机构、公安、检察院之间的信息共享仍然不畅。例如，杭州互联网法院作出互联网金融审判大数据分析报告，发现互联网金融数据"孤岛"仍然存在，法院可以通过互联网金融数据的共享直接对电子数据生成与传输的各个节点进行审查，进而对互联网金融法律关系作出精准、高效的评判，真正实现数据在司法环节的处理价值。该院虽然具备相应的数据处理能力，但由于数据资源包含巨大的经济利益、数据共享存在安全风险以及共享技术仍有壁垒等，金融主体、监管单位与法院之间的数据"孤岛"仍然存在。

（三）数据安全对司法公信力造成威胁

"互联网＋"时代打破了信息系统独立运行、各自为政的局面，实现了法院业务系统的可视化、综合化管理。法院所掌握的信息，包括当事人的姓名、性别、电话、地址、职业、工作单位、开户行、个人经历等关键信息。信息汇聚的优势是可以进行大数据分析，劣势就是数据一旦遭到入侵和泄露就会造成指数级的灾难。例如，企业将其财务账册、经营账簿等营业秘密作为证据资料提交而遭泄露，诉讼参与人身份资料被盗用而形成虚假诉讼等。尤其是大数据环境下，数据的互联互通、新型运算法则乃至人工智能的发展，使得数据库中的元数据形成巨量累积并大大降低交叉分析的难度，由此形成准确而详尽的个人数据，且极有可能为政府部门或社会组织所掌握，成为辅助其作出相应决策的技术依据。一旦诉讼参与人察觉到法院可能是其隐私流出的渠道，不仅可能引发信访风险，亦将威胁司法公信，有损法院公正、中立的形象。

（四）对司法大数据应用存在些许偏见

学界和司法界对司法大数据各项应用的偏见偶有发生。一方面，法院内部个别法官对信息化及司法大数据应用有抵触情绪，尤其是一些业务能力较强的老法官，判案经验丰富，但对信息化和大数据接触不足，无法像年轻法官一样得心应手地掌握信息化系统和各类大数据应用，于是出现了抵触情绪，不情愿接受信息化培训，不愿意使用系统。另一方面，在法院系统外部，部分学者和社会大众认为数据的应用会对司法平等产生影响。例如，技术壁垒可能强化诉讼能力的不均，进一步拉大公民与司法的距离，形成新的数字鸿沟[①]。事实上，不仅大数据自身可能存在技术不成熟及应用成本偏高的问题，法院亦可能因近水楼台而扩大与当事人的信息不对称，甚至在诉讼参与人之间，掌握更多技术和经济资源的一方往往能更好地获取数据的辅助决策支持，从而加剧策略博弈过程中的"马太效应"，并进一步分化诉讼参与人寻求司法救济的能力。这说明，在未来司法大数据应用推广过程中，一方面需要在法官中普及相关知识，让各种信息化应用更具有可操作性；另一

---

① 马靖云：《智慧司法的难题及其破解》，《华东政法大学学报》2019 年第 4 期。

方面则要消除学界和社会对司法大数据应用的顾虑，加强相关内容的理论研讨和宣传，让社会公众明确诉讼不平等并不是大数据或者信息化带来的，有些人精通法律知识，有些人则属于法盲，有些人懂得如何规避法律风险，有些人则无视法律规定，这些都构成了诉讼中的不平等，法院信息化以及大数据的应用并非要产生上述不平等，或者加剧上述不平等，而是要消除或者削弱不平等。

四　司法大数据应用展望

时至今日，中国司法大数据的应用进一步拓展，司法大数据对司法工作的影响已经初步显现，未来应当认真总结中国司法大数据的实践，充分认识存在的问题，不断奋力前行，助力法院信息化建设，为实现公开权威高效的司法添砖加瓦。

（一）进一步提高核心数据质量

数据是司法大数据的基础，核心数据质量的高低直接决定着司法大数据的生命。为进一步提高核心数据质量，确保智慧审判系统数据的真实性，建议各级法院从以下几个方面着手。首先，扩大数据范围。在数据采集范围上，不仅要采集案件基本信息，而且要在条件具备的基础上进一步扩大数据采集范围。例如，当事人的基本情况、案件的案由、标的、诉求等信息，在条件允许的情况下，可以进一步搜集当事人对判决的满意度、自动履行情况、社会舆论对案件的反应等边缘信息。上述信息的采集能够为法院提高审判质量、推动社会信用体系建设、引导社会舆论提供分析基础。其次，数据清洗常态化。中国新法律出台、旧法律修改、新司法解释应用等多种因素导致一些原有的数据会存在瑕疵，进而影响大数据分析的可靠性，同时一些被推翻的冤假错案也会导致大数据分析失真，应当及时剔除瑕疵数据。最后，重点保障核心数据。在众多的司法数据中，一些核心数据是分析司法工作的"晴雨表"，是判断经济社会发展情况的"显示器"，应当尽量做到真实可靠，为此应当将部分数据作为核心，各级法院应当重点保障。例如，各级法院诉讼类型、总量、标的额等信息可以用于分析法院工作量增长情况、经济发展的重点和难点，这些数据不准确极有可能导致对法院未来工作以及经济社会发展形势作出误判。

（二）进一步深度挖掘数据价值

汇聚各方数据的目的是通过分析数据为法院综合管理提供依据，为实现公正审判提供参考，为高效执行提供指引，为社会治理提供参照，为大政方针制定提供资料依据。为进一步深度挖掘大数据价值，建议法院从以下几个方面着手。一方面，强化司法大数据培训。对于法院而言，拥有一手大数据资料却不能加强数据应用，关键是因为缺少大数据思维。建议今后加强各级法院的大数据培训，推动大数据应用脱离简单的数据统计分析阶段，进阶为通过大数据进行预测、通过大数据研判未来改革方向。另一方面，加强同科研院所合作。司法大数据不仅能够助力法院审判管理，而且还能够推动法学学术研究的进步和长足发展。相对法院而言，科研院所专业知识优势较强，不仅会聚了法学专家，而且还有一批社会学、计算机、经济学的学者，可以从多个角度共同分析司法大数据，所取得的效果可能会超越法院一家单打独斗。

（三）进一步打破系统数据壁垒

打破系统数据壁垒既要法院内部努力，也要法院与其他相关部门协同。在法院系统内部，打通数据壁垒的关键还在于完善与数据分享有关的规则制度，设定数据共享的标准，摸索数据共享的经验，探索破解法院系统数据"孤岛"的实践。在规则制定方面，应当尽快研究法院内部数据共享的相关细则，完成信息共享的"最后一公里"，破除体制上存在的各自为政现象。在数据共享标准方面，应当进一步以最高人民法院发布的《人民法院信息系统技术系列标准（2015）》和《人民法院数据管理和服务技术规范》为遵循，打磨细化不同类型数据共享的标准，推动各级法院之间、不同应用之间、不同系统之间的数据无障碍共享。在数据共享经验和实践方面，收集地方推动数据共享的实践，总结地方数据共享的经验，并以《人民法院信息化工作通讯》《人民法院报》等为载体在法院系统内宣传。在法院系统外，打通不同机构之间的数据壁垒是一条漫长且艰辛的道路，因为大数据建设不是仅由法院一家努力就可以完成，而应当上升至国家战略的高度。事实上，大数据是改变未来社会的重要支点，是提高国家治理能力的重要手段，是探索经济转型的重要途径。大数据建设不仅需要立法确定各个机构的权力和职责，而且需要机构之间签订数据共享协议，还需要机构部门之间确定数据共享的细则，故当下应当加大对数据共享的理论研究与实践探索，摸清数据共享过程中存在的障碍和难题，为今后立法奠定实践基础，为不同机构及部门签订协议、制订细则提供经验。

（四）进一步保障数据安全稳定

习近平总书记指出："国家关键信息基础设施面临较大风险隐患，网络安全防控能力薄弱，难以有效应对国家级、有组织的高强度网络攻击。"① 中国是互联网大国，也是世界上受到黑客攻击最多的国家。司法大数据一旦成形，必然会成为世界各国黑客围攻的对象。各级法院今后要始终把安全保密贯穿始终，一手抓大数据建设，一手抓大数据安全，以数据信息安全保障信息化深入应用。为进一步保障数据安全，防止数据泄露、遗失、被盗、篡改，建议最高人民法院建立健全数据安全运维保障体系，从对外和对内两个方面、技术和管理两个层面，加强安全风险防范，提高信息安全防护能力。

（五）进一步破除偏见和疑虑

司法大数据建设最终的受益者是法官和群众，针对目前部分法官对司法大数据的偏见，应当尽快加强对法官的信息化培训，增强法官大数据思维，

---

① 习近平2016年4月19日在网络安全和信息化工作座谈会上的讲话，中国新闻网，http://www.chinanews.com/gn/2016/04-25/7847543.shtml，最后访问日期：2020年4月15日。

强化法官应用智能操作系统的能力，进一步破除其对法院信息化、智能化、数据化的偏见，培养一批善于使用信息化系统、善于进行大数据分析的专业法官。针对目前部分群众对司法大数据可能泄露个人隐私等的疑虑，应当加强司法大数据的宣传，建立对司法大数据信息安全的信心。同时针对学者提出的大数据可能会造成算法歧视的担忧，应当加强法院同科研院所的交流与沟通，部分精通信息化、大数据的法官应当积极发声，破除学术界对司法大数据的种种疑虑，保障司法信息化建设稳步推进，保障司法大数据健康发展。

信息化提高审判质效

Informatization Improves Judicial Efficiency

B.5
法官办案智能化、团队化的加速器

——江西法院"法官 e 助理"平台建设应用报告

江西法院"法官 e 助理"课题组*

摘　要：　为推进电子卷宗深度应用，提升办案的智能化水平，更好地为司法体制改革背景下法官团队化办案工作模式提供信息化支撑，江西法院打造了"法官 e 助理"智能辅助办案平台。"法官 e 助理"以网上办案、电子卷宗同步生成等为前提，在案件信息、卷宗数据电子化网络化的基础上，借助大数据、人工智能技术，为法官在阅卷、开庭、文书撰写、裁判等核心审判环节提供智能化、一体化辅助服务，是具有江西特色的智能辅助办案应用体系平台。

＊　课题组负责人：柯军，江西省高级人民法院党组成员、副院长，二级高级法官。课题组成员：匡华，江西省高级人民法院司法技术处处长；杨崇华，江西省高级人民法院司法技术处副处长。执笔人：吴顺华，江西省高级人民法院司法技术处主任科员。

关键词： 电子卷宗深度应用　办案流程重塑　智能化　团队化

为提升人民法院审判执行信息化水平，促进审判流程再造，破解人民法院"案多人少"困境，进一步为司法体制改革背景下的法院审判执行团队化工作新模式提供有力的技术支撑，江西法院结合本省实际，以电子卷宗随案同步生成和深度应用、深化智能化建设为主线，以为法官减负赋能为目标，打造以"法官 e 助理"智能辅助办案平台为依托的智能化、团队化办案江西模式。

一　建设背景

（一）政策背景

2016 年 7 月，最高人民法院印发了《关于全面推进人民法院电子卷宗随案同步生成和深度应用的指导意见》，推进诉讼电子卷宗随案同步生成，全面开发和支持电子卷宗在案件办理、诉讼服务和司法管理中的深度应用。2017 年 4 月下发的《最高人民法院关于加快建设智慧法院的意见》明确了"网络化""阳光化""智能化"工作目标和总体要求，其中对"智能化"建设的要求是"运用大数据和人工智能技术，按需提供精准智能服务"。在2018 年的中央政法工作会议上，习近平总书记再次深刻指出，要"深化智能化建设"。2018 年 4 月，最高人民法院下发《最高人民法院网络安全和信息化领导小组 2017 年工作报告及 2018 年工作要点》，其中关于 2018 年工作要点是：要"围绕智慧法院建设特别是深化智能化建设的目标要求，固强补弱夯根基、扑下身子抓落实，推动智慧法院深化完善再上新的台阶"，强调要"进一步推动电子卷宗随案同步生成和深度应用，实现电子卷宗同步上传办案系统、电子卷宗自动分类、原审卷宗调阅、诉讼文书自动生成和类案智能推送应用覆盖全国各级人民法院"。

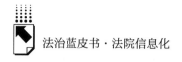

（二）现实背景

近年来，法院信息化建设飞速发展，取得了显著的应用成效。但是，由于历史原因，法院信息化普遍存在应用系统繁多且相互独立、业务流程复杂、信息化应用方向重管理轻服务等问题，特别是直接服务于审判执行的办案系统问题尤其突出。

1. 流程复杂

由于信息化发展的阶段性，江西法院现有的办案系统存在操作复杂、流程烦琐、界面人性化不够等问题。法官在办案过程中需要面对多种系统和繁杂的界面风格，既影响工作效率，也影响使用体验。一些系统设计初期对司法改革发展估计不足，业务流程设置烦琐，加大了法官使用难度。不经过多次培训，多次应用熟悉，法官难以熟练操作使用现有信息系统。

2. 团队化办案协作功能弱

司法改革后，法官员额制、司法责任制、团队化办案等改革新形势新要求，对法院信息化建设提出了新的需求。在法院传统工作模式下建设推广的系列业务系统与司法改革后的新要求存在差距，涉及一些核心业务流程和业务场景的变化。比如，原有信息系统中没有法官、法官助理、书记员角色分工，没有团队化协作的概念，在实践中各种角色功能混淆、团队化沟通协作困难，严重影响应用效率。

3. 重管理轻服务

法院信息化建设初期，对以审判执行为核心的法院业务进行了大刀阔斧的数字化、网络化等信息化改造，法院信息化取得了迅速发展，但客观上造成了法院信息化普遍存在的"重管理轻服务"这一不足。现有系统大多是从管理角度出发设计建设的，以关键数据的收集、关键节点的留痕、关键事项的监控实现为主，较少考虑对作为审判执行工作主体对象的法官和法官助理的技术支撑服务。

另外，经过近年来的努力，江西法院信息化工作全面提升，智慧法院建设取得较大进步，网上办案全面彻底落实，电子卷宗同步生成和深度应用成效显著，材料自动识别、案件信息自动回填、文书自动生成、文书自动纠错排版逐一上线应用，具备解决上述问题的现实基础。

二　建设思路

加快推进智慧法院建设，是新时期人民法院破解工作难题、服务经济社会发展的必然选择，也是提升司法公信力、让人民群众有更多获得感的有效手段。最高人民法院反复强调，要加快推进智慧法院建设，促进审判体系和审判能力现代化。江西高院高度重视智慧法院建设，按照"扩面、提速、增效、集成"的争创工作总要求，全省法院主动拥抱新一轮科技革命，在前期网上办案、电子卷宗随案同步生成与深度应用、"收转发 e 中心"等工作全面深入推进、取得较好成效的基础上，瞄准"智能化"新目标，推动了全省法院"法官 e 助理"平台的统一建设部署。

"法官 e 助理"平台是根植于江西法院实际、衍生于"收转发 e 中心"体系、自主研究开发的智能辅助办案平台，是江西智慧法院以减负赋能、流程重塑为工作方向的全方位智能化建设的根本着力点。"法官 e 助理"从服务审判执行、服务法官理念出发，通过对案件信息和电子卷宗的全面整合和深度分析，借助信息技术手段提供核心审判能力输出，为法官的核心审判工作提供智能化辅助，进一步减轻法官工作负担、提高审判质效，为审判能力现代化提供技术支撑。在"法官 e 助理"具体工作推进中，以下建设思路贯穿始终。

一是以"法官 e 助理"为着力点继续推进电子卷宗随案同步生成和深度应用。江西法院通过"收转发 e 中心"建设应用，有力推进了全省法院电子卷宗随案同步生成工作，取得了突出成效，获得最高人民法院的肯定并在全国推广。在此基础上，继续在电子卷宗深度应用上发力，建设"法官 e 助理"智能辅助办案平台，拓展挖掘电子卷宗在法官办案全流程的全面深度应用。

二是将"法官 e 助理"打造成法官办案的团队化、智能化一站式辅助平台。聚焦员额制、司法责任制、团队化等新需求要素，针对法官办案过程中阅卷、开庭、文书撰写、裁判等核心审判环节，根据团队化、场景化工作模式，为法官及法官助理打造提供智能化、一体化辅助服务。

三是尊重法官主体地位，突出平台服务特性。从角色设置上突出法官在办案中的主体地位，按照实际办案要求增加法官助理角色，并突出团队化协作相关设计。从功能上围绕办案中的主要事项，为法官提供关键能力辅助服务，包括卷宗材料自动归目、智能辅助阅卷、智能类案推送、智能文书生成、智能案件关联分析、智能裁判文书辅助等。贴近工作实际场景，通过模块化、事件化的方式打造流程简洁、操作方便、配置灵活的系统呈现形式。

三 平台体系架构

"法官 e 助理"以网上办案、电子卷宗同步生成为前提，在案件信息、卷宗数据充分电子化、网络化的基础上，利用大数据、人工智能技术，为法官在阅卷、开庭、文书撰写、裁判等核心审判环节提供智能化、一体化辅助服务，是具有江西特色的智能辅助办案应用体系平台。"法官 e 助理"所提供的核心审判能力支撑，是对案件数据、卷宗数据的深度智能化应用，在促进办案网络化、流程规范化的同时，推动审判工作智能化，契合智慧法院建设"三全三化"的工作目标，是江西智慧法院建设的关键创新，是审判流程科学再造的重要探索。

（一）"法官 e 助理"是"收转发 e 中心"的拓展延伸

"收转发 e 中心"是江西智慧法院建设的主线，表现为"3+N"模式的江西智慧法院体系架构：包括以诉讼材料收转发流程再造为手段的 3 类收转发应用，目标是减负，侧重管理；还包括在此基础上衍生的 N 种以诉讼材料利用为目的的智能化应用，目标是赋能，侧重服务。"法官 e 助理"继承"收转发 e 中心"以诉讼材料为中心、以审判流程合理再造为手段、以减负赋能为目标、以促进审判能力现代化为目的的理念，在"收转发 e 中心"收转发 3 类基本应用的基础上，重点针对法官的核心审判工作环节，提供全方位的智能化辅助服务，进一步减轻法官工作负担、构建便捷高效的审判能力支撑体系。"法官 e 助理"是"收转发 e 中心"的拓展延伸，是其体系中 N 种智能服务的具体实现。

（二）"四个自动"是"法官 e 助理"现阶段建设的重点

"法官 e 助理"是辅助法官办案的智能化能力平台，是一个开放的应用体系，"四个自动"是根据江西智慧法院建设总体规划，结合本省法院实际，确定的现阶段"法官 e 助理"建设的主要内容，即自动归目、自动关联、自动生成、自动类推。

自动归目，指的是针对电子卷宗同步生成工作中的材料分类归目环节，解决分类不准确、归目效率低的难题，利用文字识别、图像分析等技术，采用标题检测、篇章检测、图像识别等方法，对扫描后的诉讼材料进行智能电子卷宗制作的自动分类和自动归目。

自动关联，指的是针对立案、审判、执行中法官关注的虚假诉讼、系列案、关联案相关需求，通过原被告名称、身份证号码、联系方式或者其他关键信息，自动对数据库中所有案件进行相关性分析，将分析结果和关联案件主动推送给法官，提供智能、高效、准确的关联提示预警服务。

自动生成，指的是文书自动生成功能，通过对电子卷宗材料，尤其是起诉状、答辩状、庭审笔录、一审裁判文书等材料的文字识别、语义分析、归纳总结，自动生成相关法律文书。文书自动生成包括两个部分：其一是程序性文书的一键生成，对格式化的程序文书基本实现完全自动生成、盖章，着力减轻法官的文书编写负担；其二是裁判文书的辅助生成，实现客观事实部分自动生成、主观说理部分智能辅助撰写，通过争议焦点梳理、归纳总结、行文参考等方式，提高文书撰写质量和效率。

自动类推，指的是围绕法官办案全流程的主动式智能推送系统。该系统利用自然语言处理技术，对案件及卷宗信息进行深度分析，主动为法官推送法律法规、指导案例、相似案例、图书期刊等知识服务，并能实现询问指引、裁判指引等案件深度指引功能。系统实现场景化推送，根据不同案件进展阶段推送不同内容，并自动对法官操作过程、标注信息等使用痕迹进行二次分析，训练因人而异的推送模型，充分体现每位法官的个性智慧，以满足法官的精准化推送需求，促进类案同判和审判规范化。该系统系江西省法院首创，推送精准度已大大超越了相似案例推送或法律法规查询等传统类案推送系统。

（三）平台功能

"法官 e 助理"是一个能力平台，它的功能可以不断拓展增加。目前，它已实现"四个自动""审判协作"和"办案分析"等功能。

1）卷宗自动归目：对诉讼材料扫描后，通过自动识别、智能分类，形成电子卷宗，支持民事、刑事、行政各审级案件的自动归目。

2）格式文书自动生成、自动盖章：支持所有格式性文书100%自动生成、自动盖章，并回传电子卷宗。

3）裁判文书辅助生成：通过电子卷宗的复用、审判信息的自动抓取，辅助生成裁判文书。

4）类案自动推送：通过分析案件要素，主动推送法律法规、典型案例、类案文书、法信等法律资源。

5）案件自动关联：针对与审理案件一方当事人信息一致的涉案文书进行自动推送，预防虚假诉讼。

6）审判协作：提供司法送达、材料收转等辅助性审判事务的在线处理和结果反馈。

7）办案分析：具备诉审判一致性分析、裁判文书预警、裁判尺度分析、同类案件裁判结果分布统计等功能。

8）当事人背景分析：通过分析全省案件当事人的诉讼数据，为法官提供重复诉讼、是否为被执行人等当事人背景预警信息。

四　平台特色创新

"法官 e 助理"突出法官的办案主体地位，以服务法官为基本理念，强调智能化能力对审判核心工作的辅助输出，平台以审判工作事件为中心，突出团队协作，以场景化方式为法官提供审判执行工作能力辅助，以模块化方式体现平台的开放性和扩展性。"法官 e 助理"是对以审判流程管理为目的、以工作流程为中心、以人工录入制作案件数据和电子卷宗为特色的传统办案系统的突破，是司法综合配套改革和信息化深度融合的新尝试。

一是贴近实际，重塑办案流程。平台突破传统办案软件以流程为中心的做法，围绕实际应用问题形成专题场景，在保证关键节点管理需要的前提下，以事件为驱动，以消息为纽带，营造一个由使用者完全控制的应用环境。

传统办案软件为"强流程"模式，从管理角度出发，强调办案流程的网上记录，软件流程未能考虑或适应各类应用场景，办案法官必须以软件设定的流程进行案件流程登记，系统才能记录案件办理过程，不仅未能帮助法官提升办案质效，在一定程度上反而增加工作量，系统对于办案人员来说成为一种负担。

"法官 e 助理"坚持以服务法官为出发点，进而实现"静默式"管理。通过扁平化的处理方式，弱化流程，由用户掌握流程动向，系统则自动记录用户使用的真实流程情况。点击案件后，系统呈现给用户的是以审判为核心要义的案件信息、适用法律、类案推送、关联案件、电子卷宗，以及辅助性事务（如送达、文书、消息）等内容，用户根据所需点击相应模块，展开更详尽的内容。系统自动记录使用情况后，根据管理目的分析真实办案情况，在不干扰用户使用的前提下，体现科学化的管理理念和司法改革背景下办案模式的变革。

二是突出智能，实现模块化构建。智能化是平台的技术实现目标，通过模块化、组件化的构建方式，形成一个致力于审判工作智能化辅助的高效开

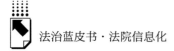

放平台，为办案人员提供卷宗管理、阅卷、案情梳理、文书生成、类案参考、案件关联分析等多方位的智能化能力辅助，同时具有优良的可扩展特性。

平台每一个智能化辅助办案设计都是一个独立的模块，模块和模块之间仅在后台服务端进行业务对接处理，用户操作层面则采用前后端分离技术，通过动态数据获取机制强化技术交互，同时也将复杂的逻辑运算放在云平台完成，无论从业务功能还是技术接口的角度来看，都大大降低了模块之间的耦合度，既能向用户提供不断优化、扩展的智能化辅助办案功能，也能根据用户的办案场景不断调整既有模块。例如，司法送达系统在"法官e助理"上线之前已经相当成熟，是审判团队不可或缺的办案工具，针对这种情况，e助理平台采用模块对接的方式解决了送达系统复杂的业务逻辑如何融入平台的问题，同时也保留了用户的原有操作习惯，既能够保留送达系统完整的功能，又能让送达系统融入e助理平台的办案场景，一举两得。

针对电子卷宗随案生成后如何深度利用电子卷宗的命题，e助理平台也以模块化、智能化的思路重构了电子卷宗系统。点击电子卷宗，用户可以查看由收转发e中心随案生成的全部卷宗材料，为方便操作，降低学习成本，系统采用了Windows文件资源管理器的设计语言，以Tab菜单+工具栏的方式融合了20多项操作，用户不但可以对卷宗进行加工处理，还能借助智能化辅助开放平台查看卷宗内容的分析结果，直观地查看当事人视图与材料属性视图，结合全文检索功能，为用户提供了强大的阅卷视图。

三是注重协作，支撑团队化运作。平台借鉴优秀互联网应用简洁、灵活的设计理念，通过场景凝练、事件驱动等技术手段，为办案提供便捷的团队化协作支撑，如文书生成、制作、送达等工作，可在统一应用场景中通过团队多个角色的互动，按照团队内部需要灵活完成，支撑多角色共同参与、团队长全程灵活管理、无限定流程事件驱动。

无论是承办法官，还是助理、书记员，每一个角色都能够在相应的场景中处理自己的工作，点击制作文书，一键生成本案全部格式文书，全选送达，系统将按照诉讼地位、当事人进行划分送达任务，统一流转到集约送达中心进行电子送达。

四是尊重主体，贯穿服务意识。区别于传统办案系统以审判流程"管理"为主的思路，"法官 e 助理"从设计之初就贯彻了以审判智能化"服务"为主的理念。平台所有功能都是以辅助为目的，以减负赋能为初衷，以提高审判工作效率为落脚点，从管理角度来看，主要系统模块对办案人员是"可选项"而不是"必选项"。

在审判过程中，法官需要借助智能化辅助能力的时候，只需点击相应服务，如点击类案推送，后台会自动分析类案要素，供用户快速掌握类案与本案的要素差异，继而完整阅读类案"本院认为"部分内容，借鉴同类案件引用的法律依据。

五　建设过程及应用成效

2017 年上半年，江西高院在积极推进电子卷宗随案同步生成和深度应用工作的同时，着眼长远发展，积极探索大数据和人工智能技术新应用，从审判工作智能化方向谋篇布局，先后与相关合作方开展电子卷宗深入分析、卷宗智能归目、庭审智能核查、法信智能推送、智能语音转录等多方面的探索。2017 年 7 月，在江西高院指导下，鹰潭市两级法院启动了智能辅助办案试点。2017 年下半年，确定以电子卷宗应用深化拓展和审判工作智能化为方向，针对办案系统应用中存在的问题和不足，以为法官减负赋能为目的、以服务审判执行核心工作为手段，打造江西法院特色的智能化审判辅助平台——"法官 e 助理"，并开展前期调研摸底和技术研发工作。

2018 年 4 月 2 日，江西法院"法官 e 助理"试点部署会召开，对前期在鹰潭两级法院的先期试点进行了总结，并部署启动会后全面试点工作。全省法院踊跃报名，试点范围覆盖十地市共 39 家法院，"四个自动"先后在试点法院上线应用。2018 年 12 月 5 日，全省法院电子卷宗随案同步生成和深度应用暨法官 e 助理推进会在赣州召开，会后启动"法官 e 助理"全面上线应用工作。2019 年 1 月，在江西法院收转发应用大数据平台上线"法官 e

助理"专题，针对全省法院"法官 e 助理"应用情况进行专题数据统计和多维度分析，以图表等直观形式向全省法院提供应用情况分析展示。

"法官 e 助理"以事件化、场景化方式为办案人员提供智能化能力输出和团队化协作辅助服务，是对传统办案系统强调流程管理、缺少功能服务的一种探索创新和有益补充，是对司法改革新形势下办案系统重塑的大胆尝试。"法官 e 助理"平台自试点上线以来，根据实际工作中出现的新问题和新需求，不断改进完善，截至 2019 年 6 月底已经完成了 30 多次系统升级，目前平台运行稳定，应用情况良好。

截至 2019 年 12 月 31 日，全省法院共登录"法官 e 助理"1053916 人次，格式化文书自动生成 923396 篇，裁判文书辅助生成 125659 篇，自动智能类推共 50714 次，自动案件关联查看 24331 次，自动归目完成 339571 个案件的卷宗自动归目，处理图片共 9168417 张。随着全省法院全面应用工作的推进，应用数据正在迅速增长，应用成效将越来越明显。

六　问题与展望

目前，"法官 e 助理"在江西全省法院整体运行情况良好，在应用过程中根据各类需求历经多次迭代，对用户体验、使用流程进行了优化完善，建设的初步目标和预期应用成效基本实现，但从深化审判智能化、探索司法改革背景下办案系统新模式的角度来看还存在不足，主要面临两个方面的问题。

（一）技术方面

一是与传统办案系统软件的融合程度不足。江西法院现有的办案模式是传统办案系统与"法官 e 助理"并重，鉴于信息化发展历史过程，原有办案系统在审判执行信息化中仍发挥重要作用，包括原有的重要审批节点、电子卷宗主要模块、文书系统主要模块等都依赖传统办案系统。但是，由于传统办案系统技术架构、设计理念的先天局限，两个平台在案件信息、卷宗、文书共享上存在部分技术障碍，限制了"法官e助理"相关功能的深化拓展。二是"法官e助理"平台的智能化辅助模块有限。目前主要智能化辅助功能为自动归目、自动关联、自动生成、自动类推，对庭审、质证、合议、记录转写、速裁等审判过程其他环节的智能化支撑不足，且"四个自动"也有待进一步深化。

（二）应用方面

一是应用的深入问题。一些法院或法官对"法官e助理"意义和内涵理解不深，不愿改变传统办案习惯，仍固守老观念、老方式，认为"法官e助理"是另一个"管理"类软件，置之不理，未深入了解应用。例如，部分办案人员阅卷时仍沿用纸质材料为主的习惯，对"法官e助理"关于卷宗左看右写、检索、笔记、标注等辅助功能不了解也不应用；文书（特别是裁判文书）制作时习惯手动方式，对"法官e助理"文书自动制作对案件客观部门信息的提取生成功能利用不充分。二是应用的拓展问题。"法官e助理"是"收转发e中心"的延伸，是电子卷宗深度应用和审判智能化的深化，其具有的相关智能化功能模块应该向诉讼前端、电子档案、多元化解等方面拓展应用场景。比如，案件结案阶段的信息全面回填校验、旧存电子档案的电子化自动归目分类、立案时当事人诉讼背景分析预判、调解案件的卷宗管理和文书辅助等。

"法官e助理"是江西法院电子卷宗深度应用的深化延伸，同时也是审判工作智能化工作的重要举措。下一步，江西法院将按照最高人民法院的工作要求，结合前期工作的经验和反馈，从以下几个方面深入推进"法官e助理"工作。

一是立足现有框架推进功能完善。按照为办案人员减负赋能的目标，进一步完善卷宗自动编目、语义分析、关键信息提取、文书自动生成、多维度案件关联分析、类案法条自动推送等关键技术应用，针对法官阅卷、文书制作、案情分析、类案参考等应用进一步进行场景化凝练，为法官提供方便高效的服务。

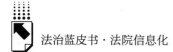

二是结合实际需求推进功能扩展。推进全案信息回填校验、卷宗深度分析梳理、智能语音转写等通用能力拓展；推进刑事案件精准智能辅助、速裁案件类型化智能辅助、疑难案件智能辅助等拓展，延伸审判智能化功能；推进庭审、合议、质证等办案环节的智能化辅助能力拓展，涵盖办案全流程所有重要环节。

三是继续推进应用的深入与拓展。在不断完善拓展"法官 e 助理"平台功能的同时，继续大力推进平台的应用深入，引导办案模式转变，规范平台应用管理，确保应用的全域全员全面深入。根据实际需求，积极推进平台通用化智能辅助能力输出，在诉讼前端、电子档案、多元化解等方面拓展应用场景。

B.6
吉林高院行政审判一体化
建设调研报告

吉林省高级人民法院课题组*

摘　要： 人民法院行政审判工作在保护人民群众合法权益、推进全面
依法治国、护航经济社会发展、促进实现国家治理体系和治
理能力现代化中，占据重要地位。吉林省高级人民法院从
2018年开始对行政审判一体化进行探索，建设了行政审判大
数据分析平台、行政审判调研和对下指导平台、行政机关协
同办案平台、相对人诉讼服务平台，充分利用信息化手段全
面推进《行政诉讼法》实施、全面落实立案登记制改革要
求、全面深化司法改革，为当事人、行政机关、行政办案法
官提供更为便捷的行政诉讼服务。平台的建立形成了司法和
行政良性互动机制，落实行政诉讼便民措施，提升行政审判
质效，强化吉林省行政纠纷网上集约化、一体化、智能化全
流程网上办理，打造了行政案件一体化审判模式。

关键词： 信息化建设　司法改革　行政审判　审判效率

自党的十八大以来，党中央高度重视信息化建设工作，最高人民法院多
次强调全面深化司法改革、深入推进信息化建设的重要性。充分利用信息化

---

* 课题组成员：郭岩，吉林省高级人民法院行政审判庭庭长；张立华，吉林省高级人民法院技
术处处长；何欣，吉林省长春汽车经济技术开发区人民法院政治部主任。执笔人：张立华。

手段改革和管理审判工作，不仅是贯彻落实党中央信息化发展战略部署的重要行动，也是促进法院自身发展，有效化解社会纠纷、践行司法为民理念的必然要求，更是顺应时代趋势、突破发展瓶颈、增强司法服务能力的有效途径。

2015年行政诉讼法改革后，吉林省行政案件数量大幅增加，并且呈现逐年增多的趋势，其中群体性案件和新型疑难案件显著增长，审理难度和复杂程度急剧上升，涉及官民矛盾、民生问题、营商营商、软环境问题等，社会影响巨大。

吉林省高级人民法院（以下简称"吉林高院"）顺应经济社会飞速发展和人民群众日益增长的司法需求，梳理统计全省行政案件办理情况，认真总结了当前吉林省行政审判工作中存在的主要业务痛点，并对当事人、行政单位及办案法官的实际需求进行深入的调研分析，通过建设行政相对人诉讼服务平台、行政机关协同办案平台、行政审判大数据分析平台、行政审判调研和对下指导平台四大平台，不断加强对庭审、合议等业务场景的智力支撑，建设了具有吉林特色的行政案件一体化审判模式，行政纠纷实现了集约化、一体化、智能化的全流程网上办理，更好地推进智慧法院建设，方便群众诉讼、服务法官办案、维护社会稳定。

一 与人民群众司法需求相适应，推行行政诉讼"一站式"网上办理

行政相对人在行政法体系中占有极其重要的位置，保障相对人行政行为的主体地位和合法权益，是推动民主行政和合法行政的有效途径，也是更好地实现以人为本、构建和谐社会的客观要求。随着行政诉讼保护范围的不断扩大，行政相对人实际需求日趋复杂化、多元化。吉林高院建设了行政相对人诉讼服务平台，以减少行政相对人的诉讼成本、提升诉讼活动便利性、更好地辅助其开展诉讼活动为出发点，实现了相对人行政案件诉讼的全流程网上办理，解决了行政相对人最关心、最直接、最现实的利益问题。

在当前司法环境下，行政相对人诉讼意识依旧比较淡薄，不知诉、不会诉、不敢诉、不愿诉的现象较为普遍，同时诉讼活动耗费的时间、精力给相对人造成很大负担。诉讼活动中，行政相对人为准备立案材料、参加举证质证需要频繁往返法院，难以随时了解案件情况并与法官进行沟通联络，也无法利用碎片化的时间进行诉讼事务处理，参与行政诉讼投入时间长、过程沟通难、事项办理难。为此，吉林高院启动了行政相对人诉讼服务平台建设。平台开通运行后，当事人可以通过互联网办理行政诉讼业务，打破了时间和地域限制，群众及诉讼参与人通过互联网办理行政诉讼业务，可随时随地参与诉讼活动，既缓解了到法院参与诉讼活动的紧张焦虑情绪，又节省了大量往返法院的时间和费用，真正实现了司法便民的开放、动态、透明。

行政相对人诉讼服务平台通过互联网、微信、一体机实现行政案件诉前评估、网上立案、网上缴费、网上举证、证据交换与质证、网上阅卷等全流程网上办理，为人民群众以合法、理性的方式表达利益诉求提供了有效途径。网上立案为当事人提供了24小时全天候、跨地域的远程自助立案、电子缴费、管辖法院推荐、诉讼材料指引、在线诉状生成等多项一站式、人性化的诉讼服务，当事人按照系统提示操作，不来法院也可立案，使行政相对人有了更多的考量时间和空间，缓解了相对人"不敢诉、不愿诉"的抗拒心理，解决相对人"不知诉、不会诉"的难题，有效减少相对人诉累。同时，在法院的组织下，相对人可依据自己的情况在举证期限内灵活参与举证质证，不必局限于法院与行政机关的时间安排。相对人还可随时登录系统了解案件进展情况，利用空闲时间查看案件审核意见、缴纳诉讼费、签收文书，给法官留言或进行异步沟通，表达自己的案件诉求，不必亲自到法院，有效降低相对人诉讼的时间成本。

二　与行政机关业务协同相适应，打造行政机关"全联通"信息共享

在行政诉讼活动中，行政机关作为被告人承担着举证责任，这不仅是履

行法定义务，更是化解行政争议的有效方法。行政机关只有及时了解行政诉讼案件的进展情况，积极参与行政案件的应诉机制、法律适用、争议化解等活动，才能与法院共同提升行政执法和行政审判能力。建设行政机关协同办案平台的初衷，就是打通行政机关与人民法院的信息壁垒，畅通行政机关与人民法院的交流渠道，建立健全法院与行政部门的联动机制，改进司法与行政良性互动的工作模式，以共同促进依法行政与公正司法。

在以往的行政案件审判活动中，政法协同的方式仍以传统手段为主，信息化手段尚未有效辅助政法协同工作，多数行政非诉执行案件的立案和诉讼事务的办理，还主要依赖政府法制机构工作人员线下奔走处理。同时，行政机关在参与案件审判过程中，案件往往分散在不同的办案法官手中，难以共享案件信息，想要了解本行政机关整体涉诉情况，需要广泛协调各行政机关资源，工作量大、历时久，不能及时掌握涉诉情况，不能及时发现、定位和解决问题，对案件数据进行收集、汇总，费时费力，还会存在数据不准确、丢失的情况，致使协同工作效率不高。为实现政法协同的信息化、智能化，吉林高院通过搭建新的平台加强法院与行政机关的沟通，实现案件信息共享，提升政法协同效率。

行政机关通过行政机关协同办案平台的网上立案、案件查询、材料提交功能可以满足线上立案需求，减轻了行政机关办案人员来回奔忙的负担，而网上阅卷、沟通交流、服务申请等可以使行政机关及时了解案件进展，并通过留言或异步群聊的方式，与法官、行政相对人就案情进行沟通，提升协同办案效率。同时，行政机关可以通过证据交换（举证质证）功能在法院的组织下在举证期限内异步参与举证质证，不受相对人、法院时间安排限制，灵活安排工作，提升办案效率，还可自动采集本单位、下辖单位、各行政机关案件情况、司法建议发出与回复数据以及行政机关负责人出庭情况数据，并实时进行汇总统计，减轻行政机关数据统计工作负担，还提供涉诉情况和败诉情况统计分析，协助行政机关查找涉诉高发原因和规律，为行政机关在线应诉、申请非诉执行、接收和回复司法建议提供便利，辅助行政机关实时掌握情况并有针对性地调整工作。

三 与提升审判工作效率相适应，实现行政案件 "跨地域" 网上庭审

审判法庭是人民法院严格按照法律规定的诉讼程序依法开庭审理各类案件的法定场所。在行政诉讼中，相对人需要前往行政机关所在地管辖法院参与庭审，对于外地的相对人而言十分不便，对于无法参与开庭的相对人，管辖法院法官还需要前往相对人所在地法院开庭审理。特别是在当前吉林省对行政案件实行部分案件集中管辖后，相对人不便前往法院参与庭审的情况将会逐年增长，大大增加了当事人的诉累和管辖法院的办案压力。吉林高院建设的远程庭审系统利用互联网技术为诉讼参与人提供不受时间和地点限制的网上调解和庭审平台，采用全新途径辅助当事人完成相关诉讼活动，更好地服务诉讼群众、服务行政审判，进一步促进审判活动的公正与效率。

远程庭审将固定的法庭场所扩展到互联网应用平台，同样依照法律规定的诉讼程序，完成调解和庭审相关业务环节。远程庭审系统包含了音视频接入、语音转录、签字捺印等功能，支持多地多诉讼席位的调解以及庭审业务的音视频在线交流。在审判环节，法官通过系统能够组织远端的当事人通过共享电脑桌面进行证据交换、法庭辩论和案情讲解，使双方当事人、法官以及合议庭成员对案件案情有直观、切身和全面的感受。庭审后，当事人可通过签字板和指纹采集器对笔录进行确认签字，庭审全程支持语音转录，能够实时记录法官和当事人的发言，实现有言必录。同时，可通过运用数字视频技术，完整地记录和存储庭审过程中各个阶段的图像和声音，做到全程留痕，保证了资料的完整性。后续通过再现庭审过程，可以为法院提供审判监督、案例参考、法官考核、案例学习等素材，提高庭审管理能力，便于社会公众监督行政审判过程，进一步提升司法透明度和公信力。

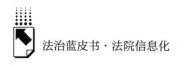

四　与强化审判工作效果相适应，推动行政审判
"深入化"案件评议

合议制运行的实际效果直接影响法院对案件的处理是否公正，影响司法权威的树立，合议环节是法官在案件审理过程中观点碰撞、思想交流的重要步骤，也是决定裁判最终结果的关键环节。

在以往的合议环节，合议前，书记员需要提前为与会的各位法官准备审理报告、案件卷宗等各项材料，会议准备费时费力。会议讨论时主要依据分发给与会法官的材料，不能实现会议聚焦讨论内容的同步共享。会后书记员进行笔录校对后，需要同与会法官逐一确认笔录并签字，无法确定何时能完成确认工作，一旦有内容调整，过程还将反复，效率低下。为此，吉林高院在行政审判专业化合议庭建设方面进行了积极探索和创新，建设完成并投入使用了行政案件无纸化合议室，为优化司法机关职权配置、强化智慧法院建设提供了有益的探索，法官通过无纸化合议室，实现了案件评议的集约化、智能化、数据化。

行政案件无纸化合议室配备一个交互式大屏、多台智能法官终端及鹅颈式话筒、一台书记员记录电脑、一台语音识别一体机，整个合议室都进行了网络化功能设计，将电子卷宗、审理报告、法律法规查询、类案推送等功能集中在一台智能终端上，结合多媒体展示、语音转录、无线投屏、智能阅卷、同屏翻卷等智能化、信息化手段，融合现代电子设备通信技术对案件信息进行共享。法官可以使用智能终端将相关材料及自己关注的内容进行投屏展示，通过触屏控制大屏显示器，展示、翻阅案件的诉讼材料，同时可在大屏上进行书写、标注，为其他合议庭人员讲解案情，让在场的每一个法官都能清晰直观地了解自己的观点内容。每位合议庭人员都可通过触屏控制终端，实现案卷材料及审理报告的查看、标注功能，完成多个事项的同步处理，同时每个法官可以自主选择所关注的内容，省去打印传阅环节，改变传统合议时轮流查看卷宗材料的模式。无纸化合议室的终端内置智慧合议系统，法官可根据案件的案由等相关信息，查询法律条文及行政法规等内容，同时还可以查看同类案件全国、全省及全市的审判结果，辅助法官对案件作出裁定。语音识别一体机可自动识别法官口述意见，并转写成文字，同时提供热词辅助、文本学习等应用功能，记录更加准确，系统还提供笔录模板自动生成功能，提取案件要点信息自动生成笔录等内容，使笔录内容更加丰富、完整，提升书记员的记录效率。此外，还提供了电子签名功能，在书记员记录完成笔录后，通过笔录校对提示，使每位法官都能对自己的意见进行核定，核定无误后直接签字，真正实现整个合议过程、会议过程的线上运行，形成了无纸化、信息化、智能化的合议模式，真实、客观地反映法官办案动态过程，使合议工作更规范、高效、透明。

五　与全面助力依法执政相适应，形成行政审判"特征化"态势分析

随着互联网等信息化技术的飞速发展，大数据正逐渐转化为国家基础性战略资源，深入挖掘和运用大数据的巨大价值和能量，也是人民法院综合水平不可或缺的组成部分。吉林高院通过数据深度分析，高效利用行政案件长期积累的大量信息资源，建设了行政大数据分析平台和行政审判态势分析系统，全面、准确、系统地汇聚法院受理的行政案件情况，通过行政案件态势分析提升审判质量和效率，辅助科学管理司法，同时归纳行政机关在行政执法工作中存在的突出问题，为国家治理和决策提供必要的参考意见，助力国家加快实现治理能力和治理体系现代化。

行政案件态势分析基于司法统计系统和质效评估体系，将行政审判的各种因素相互匹配加以研究，从而得出相应的结论、对策，实现对行政案件审判执行的精细化管理。随着人民法院评估体系的逐步完善，行政案件态势分析工作将不再仅仅是行政审判执行工作的"晴雨表"，还将成为推动行政审判科学管理的重要方式。吉林高院建设的行政审判态势分析系统，以行政审判业务数据为基础，汇聚了行政案件的整体运行情况和关键指标，涵盖了案

由、诉前、立案、审理、结案、归档、执行等环节，并展示趋势、同步、环比等数值和指标的态势，辅助审判决策者通过业务运行态势掌握行政案件审判的整体情况。在汇聚业务运行信息的同时，系统会主动对业务异常进行摸排、过滤，发现最新问题、跟踪已存问题、查找潜在问题，在发现数值和指标异常后，会有效展示各院案由的变化和增量情况，并从案由、院庭室等维度指标进行问题分解，辅助定位问题，为审判管理者提供初步的问题判断以及优化司法措施的基本方向。通过数据分析，审判管理者可直观了解行政审判业务部门案件整体情况，为审判管理决策提供高效实时的支撑，助力针对性地优化审判管理方式，提高审判质效。

为捕捉人民群众司法需求，辅助各行政机关发现工作问题，向省委、省政府提出全面行政司法相关建议，辅助领导科学决策。吉林高院通过行政大数据分析平台，基于大数据的海量数据管理能力，将全年法院受理的行政案件整体情况形成统计结果，展现全省行政审判工作情况，全方位、多维度分析挖掘行政机关在行政执法工作中存在的突出问题和原因，不仅服务于法院系统、服务于政府和社会、服务于人民群众，更为国家治理体系现代化提供基础数据和决策支撑。行政审判大数据分析平台有效利用全省行政案件全年数据，对行政案件结案情况、新收旧存案件情况、在办案件情况、行政机关胜败诉情况、行政机关涉诉案由分布、各级行政机关/政府涉诉情况、行政机关负责人出庭情况等进行可视化统计分析，并总结分析审判执行工作的运行态势、特点和规律，进行行政案件大数据分析、专项分析、专题分析，揭示行政机关涉诉原因和规律，辅助法官向行政机关提出司法建议，为社会治理和经济社会发展提供立法建议、司法建议和决策参考。此外，目前正在研发白皮书自动编写模块，以多种可视化方式展示分析结果，为审判管理工作解决白皮书制作费力耗时、无法统计分析结果、追溯基础案件记录的问题，更好地服务于地方法治建设和行政决策。"用数据说话、用数据管理、用数据决策、用数据创新"，为推动吉林省政府决策科学化、社会治理精细化、行政服务高效化提供了有力的数据支撑。全省法院 2017 年向行政机关提交司法建议 13 件，2018 年提交司法建议 73 件，截至 2019 年 9 月 25 日提交司法建议 91 件。

六 与审判能力整体提升相适应，倡导三级法院 "畅享化"经验交流

为实现省高院行政庭对下的工作部署、监督指导，以及中基层法院间行政审判工作的经验交流、知识分享，根据行政审判案件特点，吉林高院建立了全省行政审判系统干警的工作分享和交流平台，即行政审判调研和对下指导平台。平台可通过开放式知识管理，对行政审判工作的先进经验、独到观点和经典论述进行有效的共享和沉淀，减少因人员流动而导致的知识断层，构建完整的行政审判智库，让零散的知识、经验归集在一起，提升跨部门、跨地域的沟通交流，实现了行政案件讨论零距离。

行政审判调研和对下指导平台建设之初，吉林省高级人民法院便明确了"自由、平等、开放"的原则，平台内可自由发表言论、上传经验、分享知识，不设置审批等限制。除行政庭干警外，全省法院干警都可以浏览平台内容，了解平台动态，鼓励将工作经验和裁判观点分享到平台中，积极参与讨论，共享工作经验。平台满足了调研工作的集中管理、统一调度需求。针对行政调研薄弱的问题，建立了"一支队伍、一个平台、包干负责"的调研制度。将吉林全省行政战线上调研能力突出的法官组织起来，省高院选派1名行政庭法官、各中级法院选派2名法官作为调研法官组建一支调研队伍，形成调研合力，在带队法官的指导和参与下，每名调研法官选定一个研究方向，对相关法律法规、案例、前沿问题进行深入研究，撰写相关文章、案例，并承担日后的培训工作，调研任务均在平台上发布，调研结果也需要及时上传，保证调研完成情况的实时公开，解决了"干与不干一个样、干多干少不知道"的问题。同时，平台还支持自定义上传案件经验。全省各院行政庭法官可将审判工作中形成的经验做法上传至平台，通过专题标记，分门别类地展示各类案件的经验，系统提供收藏功能，保证法官们可以收藏保存重要经验，以备随时回看，法官们通过相互借鉴，实现共同成长。对于把握不准的案件，法官可以在平台上提出讨论议题，并在线交流，法官会议功

能真正实现从一个院和上下级法院单线交流，扩大到全省三级法院法官平台交流。此外，平台建立了近年来最高人民法院裁判观点数据库，供法官办案时参考，各级法院的法官平等对话、互通有无、评论、点赞、收藏一应俱全，营造了论坛式案件研讨平台平等对话、自由开放、轻松活跃的讨论氛围。行政审判调研和对下指导平台自 2018 年 11 月开通，极大增强了各级法院干警业务讨论的活跃度。截至 2019 年 9 月 30 日，累计进行案件研讨和交流 50 余次，形成裁判观点 1800 余个，上传裁判观点 1000 余份，通过相互学习、观点碰撞、资料积累，统一裁判尺度，为法官的审判和量刑提供了大量的参考案例，大大提高了行政审判质量。

七　当前存在的问题及下一步工作计划

当前吉林省行政审判一体化建设正逐步完善，但依然存在一些不容回避的问题。一方面，行政机关出于信息安全意识和自我保护意识，不太愿意通过互联网填报和提交本单位的涉诉信息和应诉材料。同时由于调研未能深入行政机关，导致系统易用性不足，部分系统功能与实际应用场景存在偏差，不能完全契合行政审判需要。例如，法院从审判维度对案件进行统计，行政机关从涉诉情况进行统计，双方管理统计维度不同，统计成果难以共享并据以沟通协同，降低了行政机关单位对报表的利用效率。另一方面，法院内部传统的线下审判办案模式成为行政审判信息化变革的阻碍，部分干警因工作习惯和长期观看显示屏影响视力等问题，网上办案的积极性不高。

针对以上问题，吉林高院积极统筹和协调，寻找最佳的突破点，有针对性地解决各方问题和顾虑，以确保行政一体化审判的顺利开展。下一步，将从以下三个方面开展工作。一是深入法院行政审判干警工作一线，让其认识到网上办案是不可抗拒的时代进步，调研现行办案系统使用中存在的问题，结合全流程智能化改造工作，进行软件易用性和实用性改造，指导干警正确使用信息系统，创造更理想的应用环境。同时由省高院行政庭牵头，在全省范围内推广行政审判网上办案模式。二是与省政府司法厅共同研究和确定信息保护要求和措施，以及法院数据适合行政机关需要的案由统计方法，在顶层设计上修正协同办案功能需求，并从行政机关自上而下的管理和组织需要出发，面向全省行政机关推广网上协同办案平台使用。三是挑选部分有代表性的行政案件，跟踪基层行政机关在案件审理过程中的诉讼行为，总结行政机关共性的修改意见，从行政机关使用者需要出发进行系统优化，使行政机关网上办案获得更便捷和顺畅的体验，促进行政机关自觉使用。同时向基层行政机关主动展示相关行政案件数据分析结果，使基层行政机关认识到公开透明是大势所趋，系统地整理分析存在的问题，客观面对、针对性调整行政行为和引导策略，快速扭转工作被动局面、加快和谐社会构建。

将信息化技术与审判工作结合，使法院工作与时代同频，更好地服务于社会发展，既是司法工作的客观需要，也是信息时代的现实要求。未来，吉林高院还将加快推进行政审判信息化工作的战略部署，坚持建设与应用并行，依法妥善解决行政矛盾纠纷，充分发挥行政审判职能，着力解决行政审判中的突出问题，进一步完善行政诉讼体制机制，推动行政审判工作不断取得新进展，保护人民群众的合法权益、监督行政机关进行依法行政，为建设法治社会贡献力量。

B.7

构建现代化"司法供应链"体系

——崇州法院全流程无纸化网上办案实践调研报告

四川省崇州市人民法院课题组*

摘　要： 四川省崇州市人民法院深度融合科学技术与审判执行、诉讼服务、司法管理等工作，克服经费匮乏，推动理念创新、制度创新和技术创新，研发智能庭审示证模式，服务当事人"最多跑一次"甚至"一次都不跑"，服务法官"左看右写""简易文书智能生成"，服务管理决策"自动提示、自动预警"的"静默化监管"，构建集智能服务保障、智能监管运行、智能沟通协调于一体的司法运行平台，打造全链条、全节点、全流程无纸化办案的"崇州模式"，为基层法院提供"小投入，大实用"的实践样本。

关键词： 电子卷宗深度应用　无纸化　智能庭审示证　司法供应链

四川省崇州市人民法院（以下简称崇州法院）以被最高人民法院确定为"电子档案为主、纸质档案为辅案件归档方式改革"试点单位为契机，大胆探索，形成了以电子卷宗随案同步生成及深度应用为基础的无纸化审判模式。与苏州"千灯方案"和浙江"玉环模式"相比，崇州法院克服经费

* 课题组负责人：张静，四川省崇州市人民法院党组书记、院长。课题组成员：易凌波、闫宇飞、李飞、李玉玲、徐婷婷。执笔人：易凌波，崇州市人民法院审判管理办公室（研究室）主任；李玉玲，崇州市人民法院审判管理办公室（研究室）法官助理。

不足、硬件设施不到位困境，因地制宜探索"小投入、大产出"的崇州模式，在探索电子卷宗深度应用的同时，同步推进两个"一站式"诉讼服务中心改革、纸质档案管理改革、审判辅助事务集约化改革等举措。精简纸质档案，除必要原件外当事人无须提供纸质材料，用"智能中间柜"的替代性措施解决存放纸质档案问题，停止纸质档案与电子档案并行的双轨制。流程透明可视、节点随时掌控、诉讼网上办理、审判辅助事务集约集中的无纸化办案"崇州模式"有效解决了当前人民法院面临的新问题，回应群众司法需求，为全国经济相对欠发达地区的基层法院提供了参考样本。

一 背景解析：基于高效、便捷司法需求的回应

深度融合司法审判与信息技术，推进审判体系与审判能力现代化，建设"智慧法院"，是传统法院顺应司法现代化的必然途径。多年来，法院信息化主要集中于司法管理领域以提高司法效率、降低司法成本，较少涉及提升司法能力、审判能力等司法核心业务领域[①]，制约了智慧法院建设的高度。推进全流程、全节点、全链条无纸化办案，重塑司法审判模式，是从末端无纸化的结果标准倒逼审判前端、中端同步变革匹配，广泛应用现代信息科技，实现审判体系与审判能力现代化，建设"智慧法院"的重要方式。

在建设智慧法院的大背景下，崇州法院进行无纸化审判改革主要有以下需求。一是提升审判质效、缓解人案矛盾的现实需求。2017 年，崇州法院受理各类案件 7515 件，结案 7008 件，人均办案 206.09 件，同比上升110.47%。2018 年受理各类案件 8743 件，审结 8206 件，人均结案 241.35件，同比增加 17.11%。相较 2016 年，2018 年崇州法院收案数增长45.54%。"案"增的同时，员额法官数量却因离职、退休等多种因素在减少，且受限于地方编制数量和经济发展情况，法官助理、书记员等审判辅助

---

① 左为民：《关于法律人工智能在中国运用前景的若干思考》，《清华法学》2018 年第 2 期。

人员配备也无法达到1∶1∶1的理想状态，制约了审判效率的提升。传统单纯增加人员数量并不能有效缓解和解决人案矛盾突出问题，重塑审判流程，优化司法供给，提高司法生产力才是根本解决之道。二是推进基层法院档案信息化发展、加强档案深度应用的需求。法院的诉讼档案是国家最基本的档案之一，是国家档案的重要组成部分之一，作为法院开展审判业务、进行审判监督以及维护当事人合法权益的重要凭证，诉讼档案的有效利用与保管十分重要。传统的档案管理以人工管理为主，收集、整理、查阅都费时费力，且重复劳动、反复扫描，不利于档案的优质利用和提高司法审判工作的质量和效率。三是人民群众对便捷高效诉讼的需求。在信息化时代大背景下，人民群众越来越适应网上办事，很多法院推出司法为民新举措，当事人可以通过"网上诉讼服务中心""移动微法院"等立案或者递交材料。但是当事人往往还需要到实体的诉讼服务中心确认或者递交纸质材料，即使是电子合同、电子发票等电子证据也需要打印出来，不能满足当事人对诉讼方便快捷的需求，难以实现"只跑一次"甚至"一次都不跑"。

二 实现路径：重塑全链条、全节点、全流程无纸化新模式

崇州法院所有案件实行无纸化网上办案，从末端倒逼中端、前端，确保电子档案的完整性、真实性、可溯源性。末端电子档案标准要求中端、前端与之适应和匹配，极大地重塑了审判流程，颠覆了传统审判模式，使审判工作发生了巨大变化。

（一）重塑司法审判模式，打造"全链条"无纸化办案流程

探索将互联网、人工智能、大数据分析三大技术贯穿于调解、立案、审理、庭审、合议、裁判至结案归档等各个环节，以电子卷宗随案生成、纸质卷宗暂停流转为基础，构建了全链条无纸化网上办案体系（见图1）。

1. 立案阶段

在诉讼服务中心设立集中扫描中心，实现对当事人提交的纸质材料集中

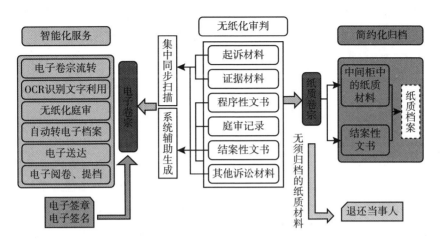

图1　崇州法院"全链条"无纸化网上办案流程

扫描和自动编目，完成纸质卷宗到电子卷宗的转变，将不必要的纸质材料退还当事人，必要档案的纸质材料暂存在中间库，电子卷宗随案件全程流转，再应用 OCR 识别、大数据、机器学习等先进技术，在可自动提取诉讼材料中的案件信息回填立案卡片的同时，通过全省法院的信息共享，依据当事人信息智能识别关联案件并提取信息回填立案卡片，提升立案效率。分案时，为避免"定人办案""点案承办"等人为因素影响，从源头上杜绝"人情案""关系案"发生，通过对审判团队收案范围的预配置，综合考虑法官收、存案件数量等因素，对已立案件自动进行分案，大幅缩短分案时间。

2. 庭审阶段

为实现庭审过程中文档、图像、音视频等电子证据材料的实时调取、同步显示，作为四川经济欠发达地区，崇州法院本着"小投入、大成效"的理念，研发了兼具实用性和经济性的简易版电子质证系统。以书记员为轴心，对诉讼参与各方的证据展台、阅卷电脑进行切换，当事人可将证据原件放置在证据展台展示，也可在庭前申请调取案件电子卷宗在当事人端展示，法官只需利用电子卷宗系统即可展示案件电子卷宗，实现电子举证、质证，确保了庭审环节的高效、有序、无纸化开展。疑难复杂案件可以使用庭审语音识别系统，利用人工智能技术将语音自动转化为文字，自动区分庭审发言对象及发言内容，法官、当事人和其他参与人均能实时看见转录文字。全程使用电子签名终端，庭审结束时各方诉讼参与人可直接在电子签名终端上实时签字、按捺确认庭审记录。上述技术的应用，实现了电子卷宗与全景语音的深度融合，大幅提升庭审效率。

3. 案件审理阶段

一是依托智能审判系统，将审限变更、裁判文书审签、审委会笔录会签、裁判文书电子签章等与案件有关的审批、会签、电子签章植入案件流程中，实现审批流程电子化流转，审批、签章均以电子化形式留痕。二是依托审委会系统、专业法官会系统，对提交审委会、专业法官会议讨论的案件，实现从申请、审核、排期、材料提交到讨论记录的全程电子化管理，同时借助电子卷宗实现评议过程无纸化。三是依托智能电子卷宗系统，法官在撰写裁判文书时，通过调用系统预置的文书模板、法律法规库以及系统自动抓取的电子卷宗信息，实现所有程序性文书自动生成和结案性裁判文书辅助生成，法官可利用文书"左看右写"模式复制、粘贴电子卷宗信息，借助说理库、计算工具等进一步完善裁判文书。四是依托文书纠错系统，将文书信息与案件电子卷宗信息进行一致性比对，将文书格式与文书模板格式进行规范性比对，同时对裁判文书中重要因素进行智能分析，发现人工评查容易忽略的逻辑错误、遗漏诉讼请求、法律条文引用错误、错漏字及标点符号差错等问题，提醒法官甄别修正，提升文书质量。

4. 结案归档阶段

结案阶段，通过审判系统自动抓取电子卷宗信息回填结案卡片，实现秒"报结"。归档阶段，法官助理将审判过程中随案产生的电子卷宗进行分类编排，自动形成电子卷宗正、副卷移送至档案部门的中间柜管理员。收到报结提醒时，以电子卷宗的完整性来判断是否符合结案标准，符合结案标准案件，将中间柜中存放的纸质卷宗整理归档，同时应用智能电子卷宗系统中一键转档、一键编目功能对电子卷宗进行电子归档，不再二次扫描档案卷，极大提升归档的效率和电子档案的完整性。

各业务部门分别梳理必要的纸质档案目录，对当事人提交的非必要纸质材料在扫描后予以退还，对于在审判中生成的过程性材料进行纸质卷宗归档。以一起房屋买卖合同纠纷案件为例，电子档案页数为457页，纸质档案页数为59页，纸质档案减少了87%。

（二）重塑司法运行平台，打造"全节点"智能型生产模块

针对制约司法运行效能的难点、堵点，重塑生产关系，集中资源、集中人力实行集约化服务，构建集智能服务保障、智能监管运行、智能沟通协调于一体的司法运行平台。

1. 集约管理审判辅助事务，实现司法服务难点智能疏通

打破"一案包到底"的惯性做法，设立送达中心、材料扫描中心、速录中心、档案数字化中心和书记员管理中心等5个辅助性事务中心，实现集约化服务和保障。送达中心通过大数据服务平台，连接审判团队和送达小组，送达任务、送达文书、送达回执一键即达，主推电子送达，智能识别推送送达地址，根据案件审限和法官日程安排系统，兼顾法官个性需求进行智能定制化排期。材料扫描中心集中将当事人提交的纸质材料电子化。速录中心将庭审速录员集中管理、集中派遣、自动匹配。档案数字化中心利用智能电子卷宗系统实现一键转档、智能编目，不再二次扫描。书记员管理中心按照结案、质检、公开、上诉等事务类别流水线作业，无缝流转、限时办结。试点以来已完成送达任务3849次，邮寄送达和电子送达成功率分别为84.52%和60.61%，平均每天扫描卷宗356页、OCR识别文件446份，集中排期1080余次，速录平均每分钟录入190字，2000余件案件卷宗一键归档。

2. 卷宗数据结构化处理，实现审判管理节点智能运行

在以电子卷宗为基础的无纸化办案模式下，案件办理全程网上留痕，各类诉讼材料实时上传并同步转化为可复制的双层PDF，进一步深化静默化监管，监控指标自动生成，流程管理自动预警，案件评查线上办理，统计数据实时抓取。试点以来，发出预警信息1823条，线上评查案件315件，并定

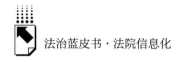

期进行评查情况通报。

3. 建立覆盖全节点制度规范，实现内外沟通协调顺畅运行

制定《崇州市人民法院电子卷宗随案同步生成和深度应用工作实施细则》《诉讼档案管理办法》《电子印章管理规定》等覆盖司法运行全节点的制度文件十余份，常态化召开法院部门间，法院与技术公司、第三方服务公司间的问题反馈会 5 次，院领导随访会诊 4 次，确立简单问题会上解决、复杂问题会后限时解决原则，形成会议纪要五份，解决运行中存在问题 80 余个。

建立内外沟通协调运行机制，实行"清单 + 时限 + 奖惩"，梳理扫描人员、送达人员、庭审速录员、集约化书记员、法官助理的工作职责清单，明确职责分工，规定各节点的完成时限，定期通报各类人员完成情况并予以奖惩考核，确保各节点衔接顺畅、规范高效。

（三）重塑司法服务体系，打造"全流程"体验式供给端口

在司法大数据有效整合基础上，提供全流程在线诉讼服务体系，案件审理全程可在互联网上运行，大幅降低当事人及律师的诉讼成本，借助人工智能技术应用提升诉讼服务智能化水平，在司法信息推送、审判流程告知以及法律信息宣传等多方面优化服务体验。以全流程无纸化线上审判为抓手，积极建构良性互动的司法公共产品供给体系，增强人民群众的体验感和获得感。

1. 全流程线上运行，体验诉讼流程便利化

借助成都法院网上诉讼服务平台、四川移动微法院，对诉讼活动进行电子化升级，将业务流程由线下搬到线上，实现网上立案、网上证据交换、电子送达、网上开庭、网上调解等网上诉讼服务功能，大幅减少当事人在诉讼中消耗的时间成本，实现服务群众"零距离"。

将审判系统向当事人端延伸至预立案甚至纠纷产生时，构建覆盖诉讼全过程的线上诉讼服务体系。当事人、律师在人脸识别、声纹识别后，即可轻松完成线上立案、诉讼材料提交等，无须再携带纸质卷宗线下立案；另外，

当事人只需在移动微法院平台中留下电子签名、电子指纹，即可实现法律文书签收、捺印；在案件审理过程中，当事人只需输入案号或身份证号即可查询案件信息以及电子卷宗，同时以案件为单元，与案件承办人员建立聊天窗口，法院可在线上调解和开庭。

2. 全新打造智慧诉讼服务中心，体验诉讼事务自助化

整合法院内网、互联网、智能机器人"小崇"、自助服务终端，打造集智能问答、自助查询、自助文印、自助立案、自助阅卷等功能为一体的智慧诉讼服务中心。升级"小崇"法律问答机器人，提供涵盖九大案由模块的法律咨询服务，既可为当事人提供免费法律咨询，又可根据问答情况生成诉讼风险评估报告，引导当事人理性诉讼。研发"崇小立"立案预审一体机，当事人通过扫描上传起诉状即可准确匹配案由，再结合当事人对案情的描述自动生成案件预审报告，并快速回填立案卡片上传至法院收立案系统，实现法院审查立案快速高效办理。配置"崇小印"自助服务终端，当事人可自助复印、打印案件审理所需的纸质材料。引入自助阅卷终端，当事人只需扫描身份证即可预约查档、阅卷，诉讼服务人员后台审核后，当事人便可在自助终端上阅卷，并可手机扫码迁移至移动终端上浏览。依托以"小崇"法律问答机器人为核心的自助诉讼服务终端，立案、复印、问询实现了"秒办"。

3. 扩展司法公开平台，体验审判流程可视化

司法公开模式从信息提供向业务参与转变，从个别流程参与向全流程参与转变。细化过程性与实体性司法公开内容，为当事人提供多元化法律服务，最大化实现审判流程的可视化。

当事人可通过中国审判流程信息公开网、网上诉讼服务中心、四川移动微法院等多个互联网平台获取立案、庭审、结案、执行等流程信息，实现案件办理节点信息的"即操作、即公开"。当事人可通过中国裁判文书网、中国庭审公开网等平台即时查阅裁判文书、庭审视频，崇州法院还拓展12368短信平台功能，自动向当事人推送案件相关信息，如审判组织变更、审限变更等信息；法官还可应用四川移动微法院主动向当

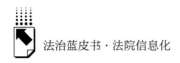

事人推送案件关键信息，当事人通过平台实现与法官互动，实现双向司法公开。

三 样本观察：理念与制度突破带来的生产力变革

（一）实践探索

1. 理念转变带来生产力爆发

电子卷宗为主、纸质卷宗为辅的改革试点工作，对法院软件信息化水平、硬件设备仪器配置、试用人群综合素质等方面要求都较高，传统模式下此类改革试点多在社会经济较发达地区的法院开展。四川属中国的西部地区，经济发展相对落后，而崇州法院地处城市郊区，是成都市22个基层法院中经济基础较弱的法院，属成都的"三圈层"法院，是西部地区中的"西部法院"。没有充裕的改革资金支持，不具备丰富的改革经验，也没有高素质的试用人群。在先天条件不足的情况下，崇州法院转变理念，突破传统"圈层"意识，资金不足、队伍不先进、试用人员素质不高，这些虽是崇州法院改革的劣势，但同样也是全国大多数法院的现状。将改革劣势转化为改革动力，因地制宜开展改革，取得的成效才更具有可复制性，才更具有意义。改革理念转变后，改革生产力爆发，以价格更低的人工保管方式替代购买价格高昂的智能中间柜；以负责信息技术工作人员同时作为法院助理参与案件审理，边试边用边改解决研用不同步问题；召开审委会，资深法官集中研讨，决定纸质卷宗必要归档范围确保权威性等等，种种接地气的改革方法在一次次的问题反馈会、应用改进会、座谈交流会中应运而生。

2. 制度构建提供运行规范

"欲知平直，则必准绳；欲知方圆，则必规矩。"完善的制度构建，是改革规范运行的保障。试点之初，崇州法院便制定了《电子卷宗随案同步生成和深度应用工作实施细则》，确定电子卷宗的采集、流转、查阅、归档操作规范，明确各部门间职责划分，确立责任追究机制。同时制定相应的责任分工方案，细分任务内容，划定牵头部门和责任部门，限定完成时限。实施细则和责任分工方案的制定，初步搭建了改革框架。随后，涵盖档案管理、中间柜管理、集约送达管理、审判辅助事务外包管理等环节的管理办法或实施细则相继出台，确保了试点工作的全流程、全节点有据可依。同时，制度的构建也是一个循序渐进的探索过程，边试边立，以立促试，良性循环。

3. 细节打磨决定改革成败

改革试点大的框架搭建好以后，需做好综合配套，从细节上对大框架进行打磨完善、精加工。试点过程中，召开意见反馈座谈会 11 次，操作培训会 6 次，明确"简单问题会上现场解决、复杂问题会后限时解决"原则，对法官、法官助理、书记员、外包服务工作人员在使用中的细节问题进行逐一排查解决，如试点之初"多张纸质材料扫描后，其中一张扫描错误，补扫之后无法进行顺序调整""庭审笔录需每页签名，耗时且容易卡死"等影响使用效率的细节问题，均由会上即时解决。细节的打磨让电子卷宗系统更加完善，试用人群的试用体验感提升，试点铺开的阻力也逐步减少。

4. 完整链条组装合格产品

"电子档案为主，纸质档案为辅的案件归档方式"改革试点，并非只是案件归档方式从纸质档案为主变为电子档案为主的改变，而是以末端的档案无纸化改革，倒逼审判前端、中端的同步变革，重塑审判全流程的改革。审判全流程的变革包含了立案、审理、结案、归档各个节点，每个节点的变革是形成改革完整链条的基础，是生产合格改革产品的保证，各个环节一个都不能少。

（二）样本特点

1. 基本无纸化

崇州法院的全流程无纸化网上办案，对司法审判而言是无纸化审判，对当事人而言是无纸化诉讼，对法院管理而言是无纸化管理，是较为彻底的审判模式的变革。法官从接收案件、庭审审判到文书起草均依靠电脑系统完成审判，当事人立案时只需提交电子证据、审判中只需出示必要的证据原件即可完成诉讼，大量法院内部因履行程序产生的传票、送达证等文书只需留存电子存根或者电子副本、电子稿件即可完成程序流转。归档时，以电子卷宗形式作为全面的档案记载，纸质卷宗仅为档案的印证与补充。

2. 相对低成本

崇州法院梳理了法院内部产生和应用纸质卷宗的环节，以低成本投入实现电子卷宗代替纸质卷宗，达到了电子卷宗转电子档案的目标。一是引入第三方档案管理公司人员管理纸质卷宗中间柜，相较于高投入的智能中间柜系统，节约经费30余万元；二是自主研发当事人阅卷系统和证据展台，实现庭审电子质证，相较于语音唤醒、证据随讲随翻等专业庭审系统，节约经费100余万元；三是全面实行无纸化网上办案，大量的过程性文书无须打印签字盖章，大量的法院内部审批过程通过网上流转无须另行打印入卷，纸张用量减少了近70%，节约经费10余万元。

无纸化网上办案更促成了无纸化诉讼的实现，大大降低了当事人的诉讼成本。当事人可选择通过四川法院网上诉讼服务中心或移送微法院进行自助立案、网上缴费、远程开庭等，切实保障了当事人"一次也不跑"的诉讼体验。同时，崇州法院也提供高效便捷的线下诉讼服务，当事人手写材料，通过诉讼服务窗口服务转写为电子版本，或者手持纸质材料扫描转换为电子材料，非原件材料直接退还当事人，从源头上减少了纸质材料的流转。当事人只需携带一部手机即可进行立案登记、诉讼费缴纳、电子阅卷等，实现了线下诉讼"只跑一次"。

3. 流程高效化

以无纸化网上办案倒逼电子卷宗随案同步生成，实现电子档案为主、纸质档案为辅的案件归档方式试点要求。相较于传统审判模式，法官需待纸质卷宗流转到后才开始办理，无形中拖延了案件办理的进度，如今各审判环节的人员只需点击鼠标就实现了案件的流转，加快了案件审理的节奏，提升了审判质效。全面推广电子诉讼，当事人通过手机即可便捷地进行诉讼活动，提升了群众参与司法案件的获得感。

4. 四项电子化

一是签名电子化，配置电子签名终端，实现立案、庭审、送达环节的电子签名、捺印；二是送达电子化，引入集约化送达平台，实现所有过程性文书的电子送达，当事人只需点击短信链接即可签收法律文书；三是签章电子化，所有法律文书应用电子签章系统加盖印章，无须再次打印，减少纸质材料；四是阅卷电子化，为当事人提供网上诉讼服务中心、移动微法院、阅卷平台等多渠道的电子阅卷平台，并可以实现终端迁移。同步配置移动办公终端和宽屏显示器，提升电子阅卷体验。

四　直面问题：数据风险管控与制度完善尚待改进

实行全流程无纸化网上办案以来，通过电子卷宗随案同步生成和辅助事务集约化管理，实现了从立案、审理、裁判、结案归档等各环节网上办理，书记员事务性工作减少80%，纸质档案卷宗材料减少70%，法官办案效率得以提高。随着无纸化办案系统的深度应用，电子档案稳定性与安全性已成为普遍关注的问题。如何提高电子档案的安全性，成为无纸化办案过程中急需解决的问题。

（一）司法部门之间尚未完全实现数据共享

"小崇"法律机器人可根据纠纷类型和当事人需求为其推荐辩护人，并自动匹配擅长相关领域的人民调解员或行政调解员，与司法局、市场监督管理局、仲裁委等机构的调解组织对接，通过"小崇"直接进入人民调解或立案调解。但目前崇州市公、检、法、司之间尚未搭建统一的数据共享平台，部门之间数据壁垒仍然存在，法院挖掘利用司法大数据服务审判工作仍面临许多障碍。

（二）深度利用大数据服务审判功能还需改进

自无纸化网上办案推行以来，通过建立可储存海量法律法规、关联案件、参考案例及实用计算工具的数据库，方便办案人员检索或为办案人员直接推送相关信息，有效缓解了办案压力，避免了"同案不同判"，提升了审判的效率和质量。但由于对司法大数据的收集和应用能力还不够，尚未真正做到深度运用司法大数据成果，数据信息"孤岛"与割据现象仍然存在。例如，在类案推送中，虽然能精准提取案件要素，但推送的案例和法条却难以达到精准，甚至一些推送案例与法官办理的案件差异较大，由于推送相关案例过多，法官无法有效辨别案例的参考价值，导致案例推送功能效果不明显。

（三）电子证据遗失和被篡改的风险依然存在

相比纸质档案，电子卷宗虽然更易存储和管理，但遗失和被篡改的风险依然存在，尤其在信息化技术高度发达且广泛应用的今天，电子证据的安全性已成为全社会普遍关注的问题。崇州法院推行无纸化网上办案后，尚未利用区块链技术进行存证，电子证据材料无法保证其真实性和完整性，如当事人电子签章，如果被不法分子截取应用到违法犯罪活动中，不仅对当事人造成损失，也会影响法院公信力，引发社会舆论恐慌。

（四）支撑无纸化办案的各类系统用户体验有待提升

信息化、智能化的推进能够让当事人亲身体会到司法服务质量改善，用户体验好坏直接影响对无纸化办案的认同。受到政策资金等因素的影响，一些系统的用户体验还有待提升。如用户在庭审笔录上进行电子签名，目前尚未对所有庭审笔录一次性签章，当事人只能在最后一页电子笔录进行说明并签字捺印，相比纸质笔录签字，只体现了签字确认的方式不一样，但无法显示电子笔录的高效便捷。同时，推行庭审语音转文字系统后，当事人庭审发言内容都会事无巨细地记录到庭审笔录中，虽然实现了庭审记录的准确性和完整性，但也导致了用户体验感不佳。

（五）档案精简后与目前档案法规存在冲突

无纸化网上办案的一大特点为精简卷宗材料，仅保留部分影响案件公正审理的必要性纸质材料，其余大多数电子证据材料及程序性文件仅保留电子版材料。但由于无纸化网上办案改革尚未在成都市全面推开，精简后电子证据材料不符合现有档案法规规定，如在上诉案件中，上级法院按照传统工作流程，往往要求当事人或辩护人提供相应纸质材料原件，以确保上诉材料的真实性。同时，在电子证据材料与纸质证据材料不一致情况下，纸质材料的证明力往往较电子材料更高，导致部分法官对电子证据材料证明力存疑。因此，全面推广无纸化网上办案、彻底剥离纸质卷宗材料还需要进一步探索完善。

五 展望未来：完善现代化"司法供应链"新体系

智慧法院建设是以审判执行工作需求为实体，信息技术为载体循序渐进、不断深化的过程。崇州法院无纸化办案系统虽已经初见成效，但在大数据应用和智能服务等方面仍存在较大提升空间。在后续建设中，崇州法院将以无纸化办案系统作为推进智能化应用的孵化器，进一步拓展无纸化办案系统应用的广度和深度，深化大数据、区块链、云计算、人工智能等新技术在审判实践中的运用，构建一套完整的"司法供应链"体系。

（一）三个层次：优化无纸化办案应用体系

坚持集约共享原则，由公检法司共享链、法院专网私有链两部分组成，分为技术支撑、平台拓展、用户体验三个层次。

1. 技术支撑

提供更为完善的技术支撑服务，包括数据固化、文件流转全流程追溯、跨网互信、数据验真、电子存证等相关子服务。可覆盖立案登记、调解、分案、庭审、审委会、裁判文书、结案、归档、上诉移送、执行查控、执行措施、再审、申诉信访等各项审判执行业务，每一项业务数据都将通过无纸化办案系统中的区块链①应用平台完成识别记录。流转电子材料可通过系统自

---

① 区块链（Blockchain）是一种由多方共同维护，使用密码学保证传输和访问安全，能够实现数据一致存储、难以篡改、防止抵赖的记账技术，也称为分布式账本技术（Distributed Ledger Technology）。区块链的特点是去中心化、公开透明、不可篡改、可信任。

动存证，监管者可根据链上的信息追溯发生问题的环节，为保障传输数据的安全，将以国产数据库重建数据备份系统，全面优化数据安全保护措施，以区块链技术建设电子卷宗流转及存储防篡改系统。

2. 平台拓展

进一步拓宽电子卷宗同步生成渠道，积极与公安、检察院、司法局、律师事务所等系统对接，建立协作共享办案平台，实现跨部门、跨行业电子卷宗流转与共享，避免卷宗材料重复录入，针对安全性不足导致的各类问题，尝试通过信息技术解决，如与公证、鉴定等机构合作采用电子公证书、鉴定报告等电子司法文书的在线申请、审查、生成、验真等司法辅助服务。

3. 体验升级

全力整合升级案件流程管理、庭审语音识别等软件系统，不断优化升级电子卷宗即时扫描和庭审音字转换系统，持续推进当庭电子卷宗查阅、电子质证、电子笔录查看和批注、电子签名等无纸化办案软件功能的运用。不断优化扫描和识别程序，实现诉状、证据等诉讼材料在接收时即时进行同步数据转化，确保其可使用性、可流转性，真正实现电子卷宗和纸质卷宗同步归档。

（二）三大应用：提升无纸化办案数据的安全性、真实性、可靠性

1. 区块链存证

为增强社会公众对司法公开数据的认同、信赖，下一步崇州法院将通过区块链技术把审判流程、庭审活动、裁判文书、执行信息的全部数据固定，形成防篡改、可验真、可追溯的闭环式电子诉讼，确保司法数据的生产、存储、传播和使用全流程安全可信，使当事人和律师获取司法信息渠道更加安全。目前，绝大多数当事人、律师已经可以熟练使用成都法院网上诉讼服务系统、移动微法院，但电子诉讼行为在法律层面的认定和定性还比较模糊，下一步探索应用区块链技术将网上立案、电子送达、网上缴费、在线证据交换、网上开庭等20余项诉讼服务过程中涉及的电子材料、业务数据、用户

身份等信息进行固定，通过 SHA256 算法①计算后将哈希值存入区块链，纳入现有的共识体系，为法官及诉讼参与人提供验真服务，可对相关数据进行实时核验，确保数据的真实性。

2. 多生物特征识别

结合正在升级改造的智慧诉讼服务中心，建设来访人员生物特征采集系统，采集首次来院办事群众的指纹、声纹、人脸三项生物特征信息。后续的案件审理过程中只需利用已采集的人体固有生物特征进行个人身份认证，如果当事人对电子签名或者电子指纹有异议，可通过比对事先采集的生物特征来鉴定其真实性，确保了电子签名、捺印的不可篡改。

3. 多种档案备份方式并行

由于崇州法院试点了最高人民法院下发的以电子档案为主、纸质档案为辅的案件归档方式改革，确保电子档案的安全性尤为重要。目前，法院系统的电子卷宗系统基本都是中院部署或者是省法院部署，因此基层法院和上级法院应共同做好电子档案的数据安全存储工作，采取多种备份方案，确保电子档案的安全性。一是建议基层法院本地定期下载电子档案，备份增量数据。二是建议中院或者省院采取本地备份与异地备份结合、离线备份与在线备份结合、完全备份与差分备份结合的方式，确保电子档案的数据完整。三是建议最高人民法院建立统一的电子档案管理系统，实现各级法院电子档案的一体化管理，确保电子档案的安全。

（三）深挖场景：促进无纸化办案生态系统智能化发展

继续深入挖掘审判执行业务场景，形成成熟的接入技术规范，扩充无纸化办案系统的新功能。

1. 证据对比

目前，法官在运用无纸化办案系统查阅电子卷宗材料时，经常需要将两

---

① SHA256 算法：安全散列算法 SHA（Secure Hash Algorithm）系列算法之一，其输入长度为256 位，输出的是一串长度为 32 字节的随机散列数据。安全散列算法是区块链中保证信息不被篡改的单向密码机制。

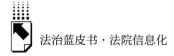

份或多份证据进行对比，下一步，将在办案系统中新增证据比对功能，法官只需选择要比对的证据材料份数，被选中的证据材料便可通过简单拖拽在窗口并列摆放，供法官对证据进行比对。

2. 精准智能

在对法官实行类案推送中，精准提取案件要素，精准推送案例和法条，有效辅助法官辨别案例的参考价值并作出判断。同时，对法官辅助法律文书智能生成方面，除了智能生成诉辩意见，也能根据庭审质证认证证据，智能生成"本院认为"的事实和理由，更适应法官个性化文书需求。

3. 审判数据可视化

研发数据可视化功能，实时抓取全院审判情况的最新数据，生成可视化图表，工作情况一览无遗。对办案人员的全部审判行为实现网上留痕，对留痕的审判数据进行实时抓取和统计，以同比、环比形式及相关走势图予以展示。升级后的数据可视化系统，可做到数据采集精确到个人，对办案人员使用系统进行阅卷、开庭、文书流转情况实时反馈，对工作耗时及完成情况一目了然，实现审判数据可视化、审判管理透明化、态势研判科学化。

信息化加强审判监督

Information Strengths Judicial Supervision

B.8

新型审判监督管理应用创新探索

——以宜宾法院"全院全员全程"监管平台为例

宜宾法院"全院全员全程"监督管理课题组*

摘　要： 自从本轮司法体制改革全面推开以来，宜宾市中级人民法院创新构建全院全员全程审判监督管理体系。以涉众涉稳、疑难复杂、类案冲突、违法审判等"四类案件"监管，"敏感案件"自动标识预警，专业法官案件"会审"，业绩考核为着力点，充分应用信息化技术，将制度管理与现代科技应用建设深度融合，着力构建"全院全员全程监督管理系统"应用框架。通过平台的应用，实现审判管理的清单化、组织化、平台化行权，提高了案件静默化管理水平，实现了对绩效的

---

* 课题组负责人：杨玉泉，四川省宜宾市中级人民法院党组书记、院长。课题组成员：吕伟、何俊、黄洁、黄俊杰等。执笔人：黄俊杰，宜宾市中级人民法院技术室副主任。

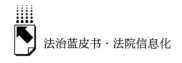
精确管理，取得了良好的实践效果。

关键词： 智慧法院　审判管理　全院全员全程监督管理

审判监督管理关系到法院的审判质量、效率和效果，可以说审判监督管理是审判管理的重要部分，是审判管理的核心和灵魂。从五个"五年改革纲要"设定的审判监督管理改革目标以及实施效果来看，人民法院审判监督管理逐步从主导型管理向自治型管理转变，从指令型管理向指导型管理转变，从权力型管理向科学型管理转变，从由人管人向制度管人转变，渐进推进。四川省宜宾市中级人民法院（以下简称宜宾中院）以"四类案件"、"敏感案件"、专业法官智能"会审"为切入点，加强信息化在服务人民群众、服务司法审判、服务司法管理、服务廉洁司法功能中的应用，积极探索全院全员全程审判监督管理（以下简称"三全管理"）平台化的建设及应用。

一　"三全管理"智能监管平台建设的重要性

司法改革后，在实际落实"让审理者裁判、由裁判者负责"要求过程中，院庭长与承办法官之间的主要管理矛盾日渐突出。不愿接受监管，部分员额法官将"去行政化"错误理解为"去监督管理"，以独立审判为由，不愿接受监管；不敢监管，有的院庭长担心被误解为领导干部干预司法，不愿履行监管责任；不会监管，司法改革文件对审判监督管理的职责内容、权力行使规定较为原则、抽象、分散，有的院庭长对"管什么"感到茫然，如何监管面临普遍困惑；监管方式不具体、不规范、留痕难，院庭长观望情绪较普遍。诉讼执行工作涉及面较广、矛盾争议大、社会关注度高、涉及社会稳定、处理难度大的重大敏感案件，若不能妥善处理，有效化解矛盾，将影响社会稳定。入额法官法律知识储备、研究方向不同，审判经验程度也不同，在这种特定的环境下，完全放任独任法官或者合议庭审理案件，可能出现同案不同判、裁判效果不理想、案件质量不高、案件效率低下、案外因素干扰等诸多问题。

针对上述司法改革难点和痛点，宜宾中院及时制定《全院全员全程审判监督管理办法》《"四类案件"监督管理办法》《重大敏感案件监督管理办法》等，明确各主体的职责、范围，强化层级管理和条线管理关系，同时运用现代化信息手段，将制度嵌入管理平台，实现了管理的公开、透明，让监管制度在平台上刚性、高效运行。

二　重点举措

宜宾中院及时成立课题组，并由技术管理部门牵头，同审判管理部门一起仔细解构"三全管理""四类案件""敏感案件"及相关监管制度。

按照监督目的、功能要求，对需监管案件的类别进行梳理，整理从立案到结案，从一审法院到二审法院，案件信息交换中产生的信息、特征关键词以及后期将进一步使用的数据。结合宜宾法院实际，按照刑事、民事、行政案件类型，分级对需监管案件应监管范围及负面清单进行"树型"处理，形成列表清单，并按照数据规范明确字段属性。通过分类综合分析，设置刑事列表二级 21 项，民事列表二级 20 项，行政列表二级 20 项。设置"敏感案件"范围清单 15 项，案件风险 3 级。

将计算机信息交换手段与监管信息交换方式进行同类比较，确定"智能监管为主，人工监管为辅"的监管原则。努力实现案件的智能识别、智能标识、智能预警、智能判断、业务推送等；将计算机不能对案件进行"含义"思维分析和思维判断等问题，采用"智能监管提示，人工监管确认"的方式，通过"人与机"的对话交互，逐步完善案件智能监管学习模型。

三 "三全管理"监管平台的主要功能

（一）智能识别标注功能

通过计算机对案件信息进行数据获取、数据处理、特征提取、生成对应特征属性并与已定义特征属性进行匹配，确定案件所属类型；并对数据进行定型化加工，进行信息标注，提高人机信息快速交互速度。

对于已定义需监管案件的识别，监管平台实行"自动＋人工"模式。在系统中预定义了三个智能库：案由库、人员库、其他库。在立案诉讼服务环节，系统自动对高清扫描的诉讼材料进行自动光学字符识别（OCR）生成双层 PDF，然后逐一比对智能库，对符合设定要求的案件进行识别提示，待人工确认后（随着识别率的增加，逐渐减少人工工作），进入下一环节。加强对卷宗内容的深度应用，按照要素特征码识别模式，定位识别特征信息，对个案当事人 5 人以上的案件系统自动将其识别。同时，系统后台将诉讼当事人案件进行检索关联，对同一被告存在 3 件以上同类诉讼的，也将自动识别，预防引发连锁诉讼。提前对不同案件设置关键期限标准——2/3 法定审限时效，系统按照标准对案件审理天数进行实时检查，并采用倒计时的方式提醒，若实际审理天数已超过设定标准，系统自动对该案件进行识别。系统采用促发式检查，对个案进行操作后将促发检查功能，对电子卷宗中涉国家安全、外交，涉国家利益、社会公共利益，涉群体性纠纷，可能影响社会稳定，可能或已经引起社会舆论关注的进行识别提示。

平台通过三个层面构建标签服务。清洗并提取案件原始数据，去掉重复数据及异常数据；将加工、提取的案件数据按照标签设计体系进行分类管理；提供最终的特征标记服务，对已识别、已监管的案件进行标签化。系统设置灵活标注符功能，对已识别的案件根据"三全管理"要求进行个案标注。为清晰、明确提供案件监管特征，根据案件被监管情况，对自动识别为"四类案件"和尚处于提请监管中的案件系统自动分别标注红色"四"字特征标记，同时在案件信息中标注所属"四类案件"类型、发现主体、监管主体信息。对于经审核确定监管的案件，系统自动分别标注橙色"监"字特征标记和关键信息。对于识别为"敏感案件"的，系统自动分别标注蓝色"敏"字特征标记和关键信息。通过对案件进行标签化，方便了院庭长和承办人直观辨识案件状态，另外，院庭长可以通过标签蕴含信息快速选择实际监管方式，有针对性地进行后期监管。

（二）层进预警监管功能

通过计算机建立上下级法院之间高效的联动监管预警。各法院根据所在区域的实际情况预先定义敏感案件的敏感程度，系统在自动识别预警的同时，系统将纳入敏感的案件自动层进预警到上级法院（见图1）；上级法院再根据所管辖区域的实际情况对案件进行等级判断，对于需要进行监管的案件，由上级法院审管办通过系统下发监管指导意见或按业务要求交至审判业务部门、研究室、"三同步"工作会议进行监管（见图2）。层进预警监管提高了对敏感案件的报告效率及上下级法院之间的联合监管信息交换效率，让预防更及时，让案件处理效果更佳。

（三）全程监管功能

通过计算机实现对立案、审理、执行等全过程的"四类案件"监督管理操作。从立案识别到归档结案的每个环节，立案诉讼部门、承办人、院庭长、审管办等主体均可"一键启动"监管程序，通过技术有效消除监管渠道不畅通问题。

立案环节，平台根据扫描数据及录入数据，自动识别、自动关联案件对诉讼人数、敏感词进行判断，辅助立案人员发现监管案件。

审理过程中，系统根据预设判断信息对疑难、复杂的关键词进行筛查，给承办法官信息提示，承办法官再结合审判经验对案件进行最终判断、认定，若认为疑难、复杂程度高或者可能与其他类案发生冲突，通过发起案件监管申请程序，启动监管流程。办公室、研究室、纪检监察、信访等部门发

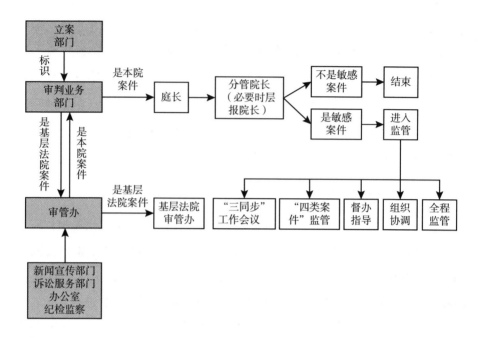

图1　本院案件监管流程

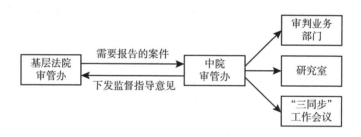

图2　对下级法院案件监管流程

现举报法官违法审判或违反党风廉政纪律，或涉舆情监控负面影响的案件，通过程序启动监管告知流程，系统根据业务流程自动流转。日常案件评查过程中，审判管理部门发现案件存在理应监管的情形，一键启动监督管理程序，呈报分管院长监督管理。

考虑到监管审定的科学性，"三全管理"平台程序上设置了提请上级、指定监管流程。副院长、庭长审查后认为属于上级监管范围的，报上级审查决定；院长、副院长接到审查申请后，可以直接决定是否进入监管程序，也可以指令下级进行监管。同时，为防止互相推诿，指令监管操作只能使用一次，但发出指令后发现需要自行监管的，可通过程序提回自己监管；院庭长经审查认为不属于"四类案件"的，不应纳入监督管理，院庭长可以直接中止监管报请流程。同时，对纳入监管的案件，系统自动启动静默监管程序。对特殊"敏感案件"，建立上下级法院联动监管机制，信息自动进入联动监管应用。

（四）节点控制功能

通过计算机对监管案件重要流程环节进行跟踪和实时行为对照，对不合规"动作"及时采取措施。

为确保监管工作在限定边界内科学、有序运行，"三全管理"系统严格设置时限管理和节点数量。将案件监管工作各必要性事项，按照启动的时间先后划分为若干环节，前后环节之间通过连接点进行连接，非必要节点统一通过系统在后台运行。在监管流程中设置时限明确的流程节点，对纳入监管案件流程运行情况进行实时、动态跟踪，并进行倒计时管理，在期限届满前予以警示。对未在规定时间内报告案件进展和评议结果或提请专业法官会议、审判委员会讨论的案件，系统自动根据 PDCA（计划—执行—检查—行动）控制模式，对节点的实际状态进行实时对照，自动提醒、自动预警显示、自动催办等。对逾期节点，系统自动进行逾期冻结操作，将后续审判流程冻结；案件节点被冻结后，案件承办人必须在完成院庭长监管要求操作以后，发起解冻流程并主动报告情况说明原因，待监管主体审批后方能解冻案件。规范地进行节点控制，让控制具有可靠性和时效性，有效排除了控制上的人为因素，避免了人在控制时的"人情"因素，让整个控制更精准。

（五）全程留痕功能

通过信息化手段，将线上监管全过程中产生的数据信息，监管动作信息等都实时保存，以完整反映案件监管工作。"三全管理"系统采用了信息递进保留技术，对必须保留信息的环节，每一步监管操作都将实时记录，避免以听取汇报、口头过问等形式对案件进行监督管理的不全面也不阳光情况。

初查识别阶段，系统完整记录案件类型、案号、当事人基本信息、承办法官或合议庭成员等信息；审定阶段，系统完整记录各类发现识别主体识别提请"四类案件"监管的原因、理由；监督过程中，详细记录院庭长采用的具体监督方式，以及静默化监管、推送类案案例、要求报告案件进展情况和评议结果、要求提交专业法官会议或审委会讨论等信息；监管结束后，系统及时汇集院庭长对案件监管的结论等。系统自动、完整地完成监管记录，为后期事件查询提供了基础条件，确保了线上监管有迹可循，为怠于监管、不当监管责任倒查提供可靠依据。

（六）信息回填功能

通过计算机对诉讼材料、法律文书等进行文本识别、分析，自动提取所需各项信息，并自动填入对应数据信息表。在"三全管理"系统中，系统按照案件监管基本信息表进行 PDF 回填设计。将监管过程中形成的数据，通过结构化、特征识别、文本抽取技术、信息校验处理后保存到数据库相应字段。在信息表生成环节，系统自动从数据库提取对应字段信息，通过信息组合形成完整的表单材料。例如：对于院庭长已要求提请专业法官会议行使监管的案件，从院庭长发出通知起，系统就开始自动保留关键信息。承办人提请专业法官会议，通过法官专业会议系统进行案件讨论的记录信息，系统将按照预设特征码进行识别保存，对讨论观点、各专业法官意见及最终的会议结论进行结构化处理，最后将案件类型、案号、当事人基本信息、承办法官或合议庭成员、"四类案件"类型、监管方式、监管结果、监管结论等相关信息按需组合到预设表中，生成 PDF 文件，保存到智能卷宗系统对应卷目当中。

（七）自动检索功能

通过大数据手段，根据起诉状、证据材料、审理笔录、审判文书初稿等，自动生成案件检索报告。对于纳入监管的案件，系统根据业务需求流程对本案中的证据材料进行初步分析，提取案件特征；对案件特征词汇进行语意转化；对特征词汇进行模式化组合，过滤无关信息，缩小案件范围。结合案件检索需求、相关的问题，再有针对性地进行背景信息收集、整理，对照系统中的案件大数据库，精准发现类似案例或关联案例；根据所预定的维度及概率分布，生成案件检索报告。为提高案件检索报告的使用率，系统自动对相似度或影响力进行排序，同时在检索案例中同步显示适用的法律法规、实务信息。自动检索为审判人员及监管人员提供了较为精准的参考依据，明显提升了监管效果、案件质量。

（八）统计查询功能

通过信息化手段，按照特定数据统计查询请求，根据条件匹配算法对查询范围内数据进行快速整理、分类、筛选，得到有用数据。"三全管理"系统以审判管理需要为基础，对各类型案件、各条线监管案件、跨类型案件进行查询统计及分析。设置按案由、敏感等级、承办人、分管部门、监管方式、监管主体、平均监管时间、发现主体、监管后平均办案时间、案件判决偏离度等进行可视化显示，并设计根据审判管理部门要求进行公式自定义设置查询统计及可视化显示。

（九）决策参考功能

通过信息化手段，对系统内监管数据按算法进行抽取、转换处理，发现数据内部价值，为监督管理者提供可视化分析及预判辅助。

"三全管理"系统专门设置数据分析平台及业绩分析平台，为院庭长、审管办提供及时的在线数据分析。在实现复杂查询统计的基础上，通过设置算法对系统结构化数据、监管流程节点信息、案件关联信息等进行深度分析，挖掘信息背后的数据。以采取柱状图、饼状图、折线图等可视形式对各类监管案件的数量分布、启动主体、监管事由、审理时限、案件监管比例等数据情况进行直观展示。同时，系统自动将各类审判、监管数据同步折算到工作业绩中，为院庭长、审管办实时提供可参考的高质量业绩数据分析报告。院庭长、审管办也可以通过系统的预测辅助分析功能，对监管情况进行模拟判断、分析，监管决策更科学、高效。

（十）案件评查

对纳入"三全管理"监管案件，建立案件评查机制。通过计算机对视频数据、裁判文书数据，对照审判标准进行合规性审查评定。系统设计采用自动（＋人工）方式进行案件（质量）评查，对裁判文书的格式、用语规范，事实部分叙述、理由分析、裁判结论、技术规范等进行智能化评查。人工确认评分后，根据预设等级进行评定。同时，评查部门可以通过系统评查形式对案件进行人工分发评查、自动汇总。对评查中发现案件存在需要监管的情形，纳入系统进行监管。对已监管的案件，系统随时按照业务设定，对审理情况进行动态评查。

四　创新成效

（一）实现了"三全管理"从理念倡导到现实操作的转变

平台的应用使全院全员全程监管成为可能。同时，深化了各监管主体的管理意识，使审判团队的自律管理、院庭长的主责管理、审管办的专责管理、综合部门的协同管理变得看得见、摸得着。

2019年1～8月，宜宾法院院庭长纳入监管的"四类案件"共计811件，占全市法院诉讼案件收案数的2.81%。其中，结案525件，占监管案件数的64.73%。从审判条线看，刑事案件99件、民事案件470件、行政案件242件。从发现途径看，立案诉讼服务部门发现提请监管的272件，承办人发现提请监管的399件，院庭长发现要求监管的136件，纪检监察、信访、审管办等综合部门发现提请监管的4件。其中，承办人申报提请监管的"四类案件"较多，占比49.20%。从案件类型看，以群体性纠纷案件居多，为514件；重大疑难复杂案件次之，为291件；其他类型较少，可能引起类案冲突案件 5 件，反映违法审判案件 1 件。从监管层级看，院长监管 49 件，副院长（含审委会专委）监管 488 件，庭长监管 274 件。监管主体为副院长的占绝大多数。从监管方式看，纳入监管程序的"四类案件"，院庭长主动办理 309 件，采取静默化方式监管 337 件，要求报告案件进展或评议结果 333 件，类案推送 41 件，提交专业法官会议讨论 148 件，提交审判委员会讨论 121 件。

（二）实现了对审判行权从随意化、行政化、碎片化到清单化、组织化、平台化的转变

再造后台管理，严格控制访问权限、使用权限。对全院全员各流程过程中各自所行使的公权力进行严格的权限设置。部门权限、个人权限、审管权限、庭长权限、分管院长权限、院长权限，在系统中均以清单勾选的形式对行权主体按其责任设置不同的操作权限，严格区分权力边界，让院庭长与承办人、审管办与承办人、审管办与院庭长之间监管职责边界更加清晰，有效杜绝随意性操作。

去除逐级审批，改变了过去院庭长以个人名义监督指导个案的做法。通过与数字会议系统平台（专业法官会议、审委会会议）功能的融合，实现对纳入监管案件实体部分监管的组织化行权。

以业务驱动为主的"三全管理"系统，通过再造监管流程，化繁为简，抓住管理中的二八之分，严格设置监管平台关键点，严控运行层次，杜绝责任"踢皮球"现象，有效减少内部环节流转，避免多头管理，自由裁量不规范问题，以提高效能。平台中设置清晰的操作流程图，对职责进行提示，各主体对各自的职责更加清晰，实现"三全管理"工作照单办事。各类案件通过平台智能进行识别提示并层进预警。院庭长通过监管平台推送类案、要求报告案件进展情况、将案件提请专业法官会议或审委会讨论方式对案件进行监管，并只能通过监管平台在会议中发表对个案的实体意见；承办人通过平台直接报告案件进展情况，启动提请专业法官会议或审委会讨论，同时各类信息通过回填后直接进入案件卷宗。案件的监管数据根据紧急程度及管理权限

自动推送给院庭长和相应的管理部门。平台化的应用，有效解决了因协调缺失与整合不足导致的大量碎片问题。后台静默自动管理与前台主动案件评查有机结合，任何的补录、漏录现象，不履行职责现象，都被系统实时记录了下来，让各责任主体在使用平台办案、监管时更加认真，实现了案件信息的及时准确录入，提高了平台运行质量。同时对不履行职责的主体，系统根据预设，及时发出警示提醒，反馈给监管主体，并将数据反馈到审判业绩考核模块。

（三）实现了对"三全管理"从粗放式到精准化的转变

"三全管理"系统的应用，让案件的监管都在"二维表"＋"控制"的环境下运行，依托系统的十大功能，有效解决了以前采用台账方式不能对案件进行深度管理、管理数据也不能及时进行统计、审判系统与管理系统数据脱节的问题。立案时，由于有了智能识别提示，免去了以往因文书冗长发现识别效率低的问题，也提高了识别的准确度。审理过程中，由于有了系统的静默化监管，及时准确的信息推送，及经系统筛选分析以后的案例报告，有效提高了办案质量，提高了对案件分析推理把控的准确度。审判管理部门可以方便地根据系统监管数据，分类查询，倒查数据到具体个案，及时有效地按月跟踪、统计、分析"三全管理"监管各类情况，并可以根据可视化工具实时掌控全市各法院案件监管情况，预测态势。在精准化管理下，宜宾法院及辖区各基层法院未发生一件因院庭长管理疏漏而导致的群体性纠纷，对"敏感案件"把控也更加精准、更加及时。同时，平台的层进预警提示、静默管理功能也更好地协助监察部门对法官是否存在违法审判行为的监察，强化了廉政风险的防控，有效提升了法院的公信力。

五　思考与展望

（一）增强功能迭代，提升用户体验

现阶段"三全管理"平台虽然较好地解决了案件必要业务管理、信息

静默监管、统计查询、决策辅助等功能，但是对于新形势下审判执行工作运行的新需要，功能上仍需继续完善。平台与原有审判系统之间数据交换模式还不灵活。后期将加强系统的逐步迭代，构建以审判管理为框架，以法官、法官助理、书记员为对象的大数据、中台、服务前台的多服务应用模式，实现业务畅通、管理内嵌、服务创新、数据共享，切实发挥信息化在法院工作中的"轮、翼"作用。

（二）增强智能化功能，提高识别精准度

加强平台智能化优化，逐步实现从流程、业务驱动到数据驱动的转变。加强数据应用，构建智能审判、智能监管"神经网络"，实现案例推送的准和精。用科学的算法去推、推得准，实现递进式的推、分级的推。同时，实现更智能化的类案检索，精准、智能展示各类案例观点及比例、所用法条及比例，对现有情况进行高斯分布分析等，并自动进入卷宗。

（三）增强数据利用，提高监管决策质量

进一步完善覆盖审判执行的审判信息资源库，确保数据无遗漏。进一步加强对立案、审理过程中案件的识别、预警、风险提示。探索区块链技术应用，加大对结构化、非结构化数据的储存和管理，完善数据分析平台，实现由监管主体配置的专题大数据分析。用好基于词袋模型、知识图谱和矩阵分解的案件画像构建技术，迅速定位监督主体需求，根据监管特性，按照要素特征提供精准的监管关键信息，提供高水平的监管服务。

B.9
南通法院智慧警务管理平台应用
调研报告

江苏省南通市中级人民法院课题组*

摘　要：　随着人民法院受理案件数量的急剧增长，司法警察警力不足、管理思维和管理方法滞后与繁重的警务保障任务之间的矛盾日益凸显，警务保障中的安全风险点亦呈现多样化、复杂化特点。如何充分利用现代信息技术科学管理和整合有限的警力资源，提高司法警务工作效能，成为一个极具现实意义的课题。南通法院智慧警务管理平台坚持服务中心、严格管理、统筹协调三个基本导向，融入信息化和智能化，既契合司法警务工作规律，又突出与审判执行中心工作的深度融合，有效实现了用现代化技术手段解放警力、挖掘潜力、释放效力的目标，取得较好应用成效。

关键词：　司法警察　智慧警务　警务保障　警务管理

一　智慧警务管理平台的建设背景及基本导向

《国家信息化发展战略纲要》将"智慧法院"列为国家信息化发展战

---

* 课题主持人：曹忠明，江苏省南通市中级人民法院党组书记、院长。课题组负责人：卢旭光，江苏省南通市中级人民法院党组副书记、副院长。课题组成员：周涛、陈智勇、符东杰、周峰、施健、王永进、秦振亮。执笔人：符东杰，江苏省南通市中级人民法院研究室副主任；周峰，江苏省南通市中级人民法院行政装备处副处长；施健，江苏省南通市中级人民法院法警支队警务科科长；秦振亮，江苏省海安市人民法院行政装备科科员。

略。随着人民法院信息化建设 2.0 版的完美收官,"十三五"规划要求信息化 3.0 版智慧法院 2017 年底建设完成,2020 年底在全国法院深化完善。司法警务工作是法院工作的重要组成部分,智慧警务建设关系着"智慧法院"建设的成效。如何"向科技要警力,向警力要战斗力"成为司法警务工作必须要思考的问题。

最高人民法院领导多次指出,司法警务工作的底线就是确保安全,确保万无一失。在案件量急剧增长的情况下,司法警务工作任务日益繁重,用警需求明显增加,现有工作模式不能完全适应新形势下法院的工作要求,尤其是在刑事审判警务保障工作中警力难以达到相关规则中关于司法警务保障的规范性要求。同时,随着司法保障需求的变化,警务工作的范围越来越广,扩展到安检、庭审保障、协助机关安保、协助涉诉信访应急处置、执行死刑等司法保障领域,警务保障实施过程中风险点越来越多。近年来全国各地法院发生的被告人自伤、自杀、脱逃等事件更加暴露了人民法院司法警务保障中存在的隐患以及突发事件应对处置能力的缺陷。因此,如何充分利用现代信息技术科学管理和整合有限的警力资源,提高司法警务工作效率,建立"人防、物防、技防"三位一体的立体安全防范体系,通过司法警务指挥平台发挥监督、调度、指挥、统计职能,提高警务工作效率,为人民法院司法审判中心工作服务,成为司法警务工作必须面对和解决的现实课题。智慧警务管理平台建设设想的提出,正是基于以上现实因素的考量,并作为智慧法院建设的重要组成部分,与智慧审判、智慧执行等业务系统一体化落实推进。

司法警务工作具有其自身显著的特点,智慧警务管理平台建设既要突出与审判执行中心工作的深度融合,又要契合司法警务工作规律,融入信息化和智能化,用现代化的技术手段解放警力、挖掘潜力、释放效力。建设过程中,我们始终坚持以下三个基本导向。一是服务中心导向。为审判执行中心工作提供警务保障服务,是司法警察工作的基本职能。这一职能性质特点决定了推进智慧警务平台建设要始终坚持服务导向,按照全面、高效、便捷的要求,在模块设计、平台功能等方面与审判执行工作充分融合,满足保障法院办公办案的实际需要。二是严格管理导向。通过平台建设和运行,实时监控和处理警务工作中的不规范行为，实现对司法警察队伍管理的常态化、精准化。例如：实时监管纠正安检不到位、押解不安全、看管不严格、值庭不规范等问题，实时掌握了解警力的申请、分配、安排等日常工作情况；实现司法警察队伍建设、警员信息、警衔、证件、警用装备等信息化管理；结合司法警察队伍"编队管理，双重领导"的要求，实现上下级法院警务工作信息互联互通等。三是统筹协调导向。通过统一的信息平台，借助办公电脑、平板终端和微警务客户端运行智慧警务系统，有利于与法院其他业务系统数据统一接口、系统集中管理维护、数据共享应用；有利于数据统计分析，智能辅助决策，科学、迅速、合理地配置警力、装备、车辆等资源；有利于司法安全多角度防范监管，实现机关安全防范、入口安检登记、人员流向管控、刑事值庭押解等全方位、全流程监管；有利于整合、融合各家法院不同的安监系统应用平台，实现上下级法院安监系统硬件资源的共建共享。

江苏省高级人民法院（以下简称江苏高院）将智慧警务管理平台作为《2018年全省法院重点信息化项目开发及应用试点工作安排》25个试点项目之一。2018年3月12日，江苏高院在南通、海安等地调研考察后，确定由南通市中级人民法院（以下简称南通中院）、海安市人民法院（以下简称海安法院）作为该项目的试点单位。南通中院于2018年3月23日成立智慧警务平台建设试点工作领导小组，以海安法院运行的警务管理信息系统为基础，经多轮征询意见，4月12日完成《"智慧警务"建设平台需求方案》，报省高院研讨论证，于5月底完成技术方案和实施方案。同年6月，南通中院经政府招标采购选定合作技术单位，成立项目实施小组，9月份初步完成了开发工作。10月，智慧警务管理平台在江苏高院、南通中院和海安法院安装上线，开展三级法院试运行。12月份，南通中院完成试运行总结和功能优化，并开始在南通市法院系统内全面推广运行。2019年2月，江苏高院指定苏州、南京、徐州三家中院进行全省试运行；2019年3月，江苏高院完成智慧警务平台的全省招标工作；2019年5月，南通法院智慧警务平台亮相第二届"数字中国"建设成果展览，获得广泛好评。

二 智慧警务管理平台的核心功能

智慧警务管理平台以司法警察工作需求为主要视角，提出三大场景应用加智能分析整合的设计模式。在警务指挥中心、办公电脑 PC 端、移动终端三大应用场景上实现即时查看、处理、提醒和数据处理平台，分为警务管理、警政管理、司法安保管理三大板块，分别由多项具体功能模块组成。

（一）"警务管理"板块

警务管理板块功能具体包括统计警务制度、警务督察、装备管理、警力部署、警力管理、岗位执勤、教育培训、警务指挥、要情报告、专用标志管理等数据（见图 1）。

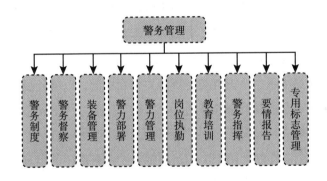

图 1　警务管理架构

1. 警务制度

依照高院、中院、基层法院的顺序，建设警务规章制度查询模块。法院根据层级授予相关人员管理权限，将制度进行编辑、上传；一般警员具有制度查看、下载的权限。

2. 警务督察

系统将全省各级法院内与法警业务相关的视频进行联网，上级法院可在系统中查看本级法院和下级法院的音视频。可查看的音视频主要包括以下重点区域：法院及法庭安检区、审判区、诉讼服务中心、羁押室、囚车、单兵执法仪、立案及信访等重点区域、羁押通道等。上级法院可随时调看重点区域监控画面，可及时发现下级法院安检不到位、押解不安全、看管不严格、值庭不规范等问题，可要求下级法院相关警员现场整改。

3. 装备管理

对于已购置的装备，定期记录本院单警装备和警用设施的配发、使用、保养、消耗、损耗等情况；登记装备失效、到期时系统会以特殊标记提醒管理员采购、更新。装备的申请领用具有审批流程。申领装备须经过法警负责人和装备管理员审批同意后进行发放，有利于加强法院装备管理，高效利用各类警用装备，保障法警队伍的各项工作需要。

4. 警力部署

智慧警务管理平台可以记录各级法院警力申请后的派警数据。法警部门的派警情况通过智慧警务管理平台向本院及上级法院公开，方便本院业务部门用警及紧急情况下申请用警，上级警队也可根据共享数据查看、调动可用警力。记录警队自身的用警数据，如安全检查、值班、巡查、训练、会议等。警务任务安排后，系统自动更新警力分配情况，以统计报表的形式展示法警执行任务情况，以及警务计划。

5. 警力管理

能够实现全流程网上用警申请，包括本院业务部门的用警申请以及上下级法院调警申请审批，实现警力的统一调度和全流程管理。下级法院通过系统向上级法警部门提出调警申请，上级部门领导审批、指派相关警员参加特定任务后，系统会自动记录数据。

6. 岗位执勤

司法警察在平时任务中除参与庭审保障、安全检查等日常警务外，还包括巡查、训练、警务督察、突发事件处置等。系统能根据警队负责人安排将任务的时间、地点等以短信形式通知对应警员。

7. 教育培训

教育培训板块可以记录年度训练考核以及突发事件处置预案演练数据。

警队可以在年度训练考核模块中创建年度训练计划，在系统中记录本级和下级法院的训练实施情况及考核成绩。同时，上级法院可以查看下级法院的训练实施情况。预案演练模块能够实现在系统中创建各类突发事件处置预案，包括预案名称、组织人员、所在法院等信息。针对已创建的预案，系统可以记录演练情况，包括演练时间、参演警员、演练照片、视频、演练小结等。

8. 警务指挥

通过 GPS 定位，在电子地图上显示押解被告人车辆的实时位置信息和移动轨迹，方便指挥人员了解交通状况、人车流量等。同时，对囚车内部及囚车周围实施全方位的监控，将押解过程实时监控、回传，指挥人员可实时掌握本级或下级法院押解任务途中和现场的情况。如遇突发事件，指挥员根据看到的监控画面作出判断，通过语音对讲系统远程指挥执行任务的法警作出正确、有效的处置。

9. 要情报告

能将发生的突发情况及时上报给上级法院，上级法院会接收到要情报告提示短信，及时查看要情信息。

10. 专用标志管理

根据警务专用标志的申领发放调整计划，实现申领发放、申领统计、呈报工作网络化。

（二）"警政管理"板块

警政管理板块功能具体包括：统计党建工作、警政制度、计划与总结、教育培训、警员信息、警衔管理、宣传工作、奖惩情况、证件管理、年度统计、领导班子、因公牺牲及伤残、考勤管理、辅助决策等数据（见图2）。

1. 党建工作

涵盖了法警支队党员活动的创建与记录，支部班子成员的展示与维护，党员名册的录入、维护与管理等。

2. 警政制度

依照省高级人民法院、市中级人民法院、基层人民法院的顺序，建设警政规章制度查询模块。法院根据层级授予相关人员管理权限，将制度进行编辑、上传；一般警员具有制度查看、下载的权限。

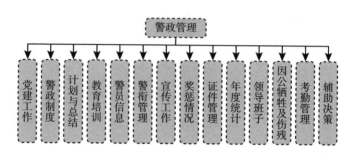

图2　警政管理架构

3. 计划与总结

可以在系统中制订年度计划、季度计划、月度计划等工作计划，并根据实施情况进行总结。上级法院可以查看下级法院的工作计划安排，灵活调整工作部署。

4. 教育培训

针对法警部门日常的训练考核课程，系统记录训练计划、实施、考核情况。在系统中根据本院自身情况创建训练计划，训练计划包括计划训练时间、地点、参与人员、要求等。针对训练计划，管理人员可以创建组织实施记录，即参与某个训练计划的实际情况，包括组织者、组织时间、实际参与人员、训练现场图片、视频等。最后，管理人员可以针对实际训练人员给予评分，供上级管理领导查看实际训练情况。

5. 警员信息

与法院的人事管理系统实现数据对接，获取包括警员姓名、性别、年龄、职级、警衔登记、执法资格等级、政治面貌、入党团时间等信息。同时，支持定期以数据表格导入的方式完善警员信息，便于警政部门的业务管理。

6. 警衔管理

在线支持警衔授予、晋升等审批流程，及时通知提示警衔管理员进行数据报送。警衔管理全程在内网上流转、审批，并向审批环节相关人员发送审批通知短信，便于其快速完成审批流程（见图3）。

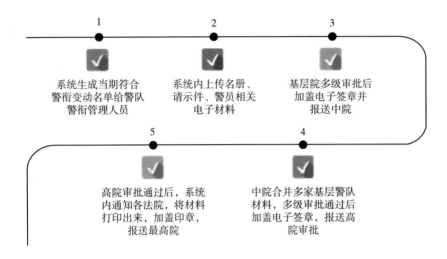

图 3　警衔管理流程

7. 宣传工作

可以在智慧警务管理平台发布相关的调研文章、新闻、工作情况汇报，上级部门领导可以在系统中查看这些文章、新闻。

8. 奖惩情况

记录法院个人、集体奖惩情况，将奖励、惩处等的附件予以公示。

9. 证件管理

规范警员警官证、持枪证的管理，定期录入、更新证件信息。证件到期前系统可以提醒警员办理证件续期。

10. 年度统计

自动统计数据，形成表格。警队可以根据工作情况选择统计项，快速形成统计表格，提高工作效率、减少统计错误。

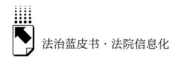

11. 领导班子

记录、公示警队领导班子信息，信息包括姓名、职务、照片等基本信息。

12. 因公牺牲及伤残

可录入法警的因公牺牲及伤残情况，记录类型包括因公牺牲、革命烈士、因公受伤、因公伤残（十个等级）。在年度统计时将因公牺牲及伤残情况自动汇总到表彰奖励表中。

13. 考勤管理

支持考勤记录，主要记录法警请假和出差情况，便于统计可用警力。

14. 决策辅助

支持刑事、民事、行政、执行、突发事件处置等的大数据统计分析。根据用警量、案件量、多被告等数据的统计分析，为辅助领导决策提供依据。

（三）"司法安保管理"板块

法院安保相关业务系统统已接入智慧警务平台，实现对法院内部安全的有效管控和突发状况的有效处置。根据整个系统的架构设计，安保模块包括安保制度、周界管理、门卫管理、安检管理、审判区域管理、办公区域管理、突发情况处置等。

1. 安保制度

依照省高院、市中院、基层法院的顺序，建设安保规章制度查询模块。根据层级授予相关人员管理权限，将制度进行编辑、上传；一般警员具有制度查看、下载的权限。

2. 周界管理

对接周界报警系统，实现警务指挥中心全方位、全时空掌握周界影像情况。智慧警务系统会接收周界系统的报警信号，自动跟踪记录聚集、徘徊人员在指定区域内的活动情况、轨迹。

3. 门卫管理

对接人脸识别安检管理系统，获取来访人员进出数据，可以记录异常行为数据，包括异常行为发生时间、位置、现场图片等（需人脸识别门卫系统支持推送上述数据）。

4. 安检管理

利用国标对接的方式接入本级法院安检区域的音视频图像，对法院内部安检区域实现统一监看和管理。可以对接访客安检系统（非标准功能，需单独定制），获取每天通过安检大厅进出的诉讼参与人数量，并将进、出、滞留在法院（法庭）的诉讼参与人数量上传。

5. 审判区域管理

利用国标对接的方式接入本级法院审判区域的音视频图像，通过法院专网整合到智慧警务平台中，对法院内部审判区域实现统一监看和管理。

6. 办公区域管理

利用国标对接的方式接入本级法院办公区域的音视频图像，通过法院专网整合到智慧警务平台中，对法院内部办公区域实现统一监看和管理。

7. 突发情况处置

处置突发事件警员可以反馈处置突发事件的情况，包括类型（个人突发事件、群体突发事件、安全检查）及时间、地点等要素，便于上级警队督察。

（四）智能分析应用

1. 羁押室异常行为分析

主要是大声喧哗检测，实时检测羁押室的音频异常，当被羁押嫌疑人出现大声吵闹、喧哗时，系统会在法警指挥室自动输出告警声音和该羁押室视频。

2. 诉讼服务中心、审判区域异常行为分析

对诉讼服务大厅实现人员聚集检测、异常倒地检测、人员争吵检测；对审判法庭实现法警值庭人数异常检测、异常倒地检测、当庭争吵检测、肢体冲突检测。当诉讼服务大厅某个区域出现大量人员聚集时，系统会进行检测、分析告警，同时在指挥中心输出告警声音和告警视频，提醒值班法警及

时处理；当诉讼服务大厅出现人员争吵的情况时，系统可以在指挥中心输出告警和告警现场视频；当诉讼服务大厅出现来访人员异常倒地的情况时，系统可以在指挥中心输出告警和告警现场视频。在法警出庭的审判案件中，实时采集分析视频内的法警和嫌疑人数量，当发现本级或下级法院某个法庭存在法警对嫌疑人的押解比例不足 2∶1 时，自动将告警信息和告警视频输出到法警指挥中心，提醒当班警员注意；当非法警值庭的审判案件出现当事人异常倒地的情况时，系统自动将该倒地报警和采集的视频图像输出到法警指挥中心，提醒当班警员处理；当审判法庭出现当事人当庭争吵时，系统自动将争吵报警和采集的视频图像输出到法警指挥中心，提醒当班警员处理；当非法警值班的审判法庭出现当事人肢体冲突的情况时，系统自动将肢体冲突报警和采集的视频图像输出到法警指挥中心，提醒当班警员处理。

3. 安检区域异常行为分析

安检区域作为法警业务管理的重点区域，其异常行为也支持实时推送到法警指挥中心，包括值岗检测、法警着装检测、抽烟打电话检测。系统检测到长时间无人值岗时，会在指挥中心进行告警；当检测到法警着非正常服装时（即非各季节法警的正常着装），系统自动提醒管理人员注意，并可在系统内记录该异常情况；当发现存在抽烟或长时间接打电话时，系统自动提醒管理人员注意，并可在系统内记录该异常情况。

4. 周界区域异常行为分析

包括上访人员聚集检测、异常倒地检测、打架斗殴检测、警戒线检测。对法院主要出入口进行人员聚集检测，当出现上访、闹访人员非法聚集时，系统会即刻将告警声音、告警位置、告警现场图像等回传至法警指挥中心，提醒当班法警立即处理该情况；当法院主要出入口出现人员异常倒地的情况时，系统可以在指挥中心输出告警和告警现场视频；当法院主要出入口出现人员打架斗殴的情况时，系统可以在指挥中心输出告警和告警现场视频；当法院主要围墙出现人员攀爬情况时，系统可以在指挥中心输出告警和告警现场视频。

5. 囚车押解分析

囚车押解的过程中，对嫌疑人使用智能脚镣。该设备支持系统定位和超距报警。当嫌疑人出现脱逃情况时，系统会在指挥中心出现告警提示，并在电子地图上实时展示嫌疑人行进轨迹和实时定位，协助法警抓捕嫌疑人。在囚车押解嫌疑人过程中，系统可以自动生成最优多条线路供法警选择。系统的电子地图支持实时分析路况，当出现拥堵等情况时，将该情况实时报告给指挥中心，供指挥领导决策路线的选择。

6. 协助执行异常行为分析

协助强制执行是法警工作的重要内容，系统可以支持协助执行过程的智能行为分析。执行过程中，可能存在执行法官或法警不认识当事人的情况。当前方执行法官或法警使用单兵录制现场执行情况时，采集视频中出现执行人的画面时，后端服务会进行重点人员比对，当确认采集画面中有失信人时，执行法官的单兵会发出告警，并收到后端发送过来的失信人相关信息，用于现场的失信人身份确认或重点人员的管控。

7. 重点人员管控

来访人员登记后，人脸识别系统会对其身份进行识别比对，若发现为重点管控人员，则法警指挥中心会出现人员告警提示，提醒值班法警关注。当访客为非重点人群，通过安检进入法院后，只允许其进入访客授权区域，若超过授权区域，系统则会发生告警，提醒值班法警关注。

（五）增强版管理平台功能

江苏高院、南通中院将海安法院作为增强版功能的试点法院。海安法院在上述基础版的基础上，进行了司法安保模块增强版试点，同时结合海安法院是"无围墙法院"的实际情况，以人员智能管控系统、音视频智能分析系统、雷球联动智能防护系统、3D 虚拟智能巡检系统在法警指挥中心等场所的应用，突破传统模式的时空限制，全面实现警务动态调控，实现了警力资源配置更合理、调度更灵活、指挥决策更科学。

1. 人员智能管控系统

通过人脸识别系统进行人员管控。在安检处设置进、出闸机，在全院重点区域及主要通道设置一定数量的人脸识别摄像机，采集进入审判大楼人员信息。通过人脸比对，人证比对系统，借助人脸智能分析服务器、人脸比对管理服务器以及人员卡口应用服务器等智能分析系统对采集的人脸图像数据进行比对分析。借此，法警指挥中心能够实时掌握本级法院进、出以及滞留的诉讼参与人的数量、位置，同时根据滞留查询可以具体查询到滞留人员的各项身份信息。结合地图模块对来访来诉人员的活动轨迹在电子地图上进行轨迹刻画，可实时掌握来访来诉人员在地图模块上的实时活动轨迹。同时，引进黑白名单预警机制，采集的人脸图像与法院事先设定的黑名单数据进行系统智能比对，分析系统对安检人员及法警指挥中心作出报警提示，从而能够实现对恶意诉讼、闹访、缠访人员的事先预警和及时管控，确保了司法安全。

2. 音视频智能分析系统

通过部署智能分析服务器，运用智能化的算法，充分挖掘原建成安防系统图像资源潜力，对法院内部各个监控画面作分析应用，自动分析、布控、报警。通过在广场、法庭及诉讼大厅等重点公共安全区域内设定声音异常、人员徘徊的检测，减少指定区域内非法集会、非法集中、群体性恶性事件的发生概率，能够有效避免危险事件的发生。

3. 雷球联动周界防护系统

在原有安全防范子系统及信息管理子系统基础上，在周界区域增加部署了雷球联动周界防护智能跟踪系统，利用视频编码、自动控制、智能分析、红外补光、多目标动态检测、多目标自动跟踪等关键技术，通过运动目标距离、角度和速度测量判断目标的准确位置。同时，融合视频分析技术对目标的复核、对目标精准的自动跟踪，实现智能入侵检测、联动报警上传等功能。法警指挥中心通过智慧警务平台进行统一操作、统一管理、主动监控，为周界安全提供有力保障。

4.3D 虚拟智能巡检系统

通过采用三维立体建模的方式构建海安法院三维场景，360 度旋转查看全院关键部位、重要场所的监控点位并在地图上进行关联标注，便于快速定位监控视频。该系统能够实现对事先设定的固定巡检路线的自动巡检功能，从而减少了法警查找监控点位监控视频的工作量。

三　智慧警务管理平台及警务 App 上线运行以来的主要成效

（一）警务保障质量、效率和效果显著提升

智慧警务管理平台整合了法警日常工作管理涉及的警政业务、警务业务、安保业务，使原有的分散管理方式变为集中式的管理方式。管理人员可以随时在系统中查看本级及下级法警人员的任务动向、任务情况、法警个人相关信息等。将法警的业务由线下分散处理转为线上集中处理，使法警队伍管理的质量和效率大大提升。用警申请、警衔变更线上审批、自定义表格等功能改变了原有烦琐的线下审批程序，实现线上签章，自动生成用警或警衔审批表格，数据自动回填，短信自动提醒等，节省了大量人力和时间，提升了工作效率。案件管理、组织人事、视频监控、考勤、人证比对识别等法院现有管理系统实现数据的对接、共享，业务部门在用警申请时填写案件号实现了自动获取案件信息，避免重复劳动。2019 年 1～10 月，南通中院业务部门通过智慧警务管理平台申请用警 138 次，出警 785 人次，按照以往书面申请用警每次填单送单比电子申请多耗时 10 分钟计算，节约业务部门工作时间 1380 分钟，平均每月 2.3 小时。法警部门通过智慧警务管理平台实现实时派警，业务部门也可实时察看用警申请是否已经处理和具体参加的法警姓名，更好地保障工作。

（二）司法安全得到充分保障

警务指挥中心能实时监控押解专用车辆的位置、行使状态、察看押解车

辆外部、内部的视频、音频，指挥员通过语音对讲实施指挥押解车辆行驶路线、要求押解警员执行具体命令，达到严密管控被告人，提升押解工作的安全系数。实现法院周界、安检大厅、诉讼服务大厅等重点要害区域人群聚集、人员倒地、高声喧哗、物品滞留等突发事件的前期自动侦测预警、报警，为突发事件的处置争取了时间，极大提高了司法警察处置各类涉诉突发事件的效率。通过上下级法院的互联互通，南通中院警务指挥中心和有权限的司法警察通过平台实时察看下级法院的各项警务业务数据，指导下级法院更好地完成各项警务任务。下级法院在发生紧急突发情况时，可以通过管理平台向上级法院报告、申请调警，中院法警支队也可以通过管理平台对辖区法院、强制执行现场的警务工作进行实时指挥。

（三）警务管理规范有序、全程可控

智慧警务管理平台规范了警力申请、警力调度、警力管理、警务指挥、执勤等各项工作，且全程可控，极大地保证了司法安全。实现多类别、多维度的智能系统接入，实现智能系统的深度应用，为警务大数据应用、安防信息研判、警务工作效率提高、智慧法院建设提供了有效的技术支撑。南通中院通过智慧警务管理平台对辖区基层法院的每天视频警务督察，对人民法庭安检大厅的每周巡查，第一时间发现全市法院日常警务执法工作中的问题，及时纠正执法不规范的问题。管理平台为执法警员提供警务制度、警政制度、安保制度的查询、下载服务，促进警员更好地学习贯彻落实各项制度法规。通过智慧警务管理平台实现党支部建设、政治理论培训、警务理论学习与技能训练、突发情况应急处置、警务工作数据统计与分析以及警用装备、警用服装与专用标志管理的网络化、智能化。智慧警务管理平台通过手机短信、App 消息推送等方式提醒业务部门、法警部门在警务任务的各流程即时进行处理。南通中院使用管理平台以来，未发生一起因衔接问题导致工作推迟、延缓现象。同时，解决了以往在警衔申报、晋升工作中材料寄送耗时长，审核、修改、完善难的问题，在市中院、基层法院之间的传递实现了警衔审批材料一键传递，大大提高了警衔管理工作的效率。

（四）取得了良好的用户体验

智慧警务管理平台模块简洁，易于操作。业务部门人员再也不用拿着纸质审批单去找人审批用警，只需简单的几步操作，流程就能完成，高效便捷，让业务部门人员有更多的时间处理审判事宜，让法警部门对整个警务工作有宏观和微观的双重掌控。实现了警务管理工作的集约化、信息化、网络化，下级法院信息实时上报，通过江苏高院的智慧警务云平台纵览全省法警队伍的警政、警务、安保业务信息，将全省警务数据集中、警务业务贯通。与审判业务系统实现无缝对接，在警力申请中，能够自动获取案件的基本信息，解决了以往纸质申请的效率低下等问题，减少了填写内容和用警部门工作负担，同时也能为法警了解案情、提前做好保障准备提供便利。移动警务App 的应用极大地拓宽了警务工作的随时随地办理途径，改变了以往离开内网就无法办理的状况，方便、快捷地实现法警派警、用警、督查、调警等日常工作的各类应用，极大地提升了警务工作的效率。同时，管理平台对三年内任意时间段内的刑事审判申请用警案件量（不同被告人数量的案件）、民事审判申请用警案件量、行政案件申请用警案件量、协助强制执行申请用警案件量、突发事件发生量以及相对应的用警数量的自动分析比对，为科学决策提供更有价值的依据。

四　智慧警务管理平台存在问题与展望

智慧警务管理平台充分运用科技手段对司法警务进行集中管理，规范了警务流程，提高了工作效率，适应了信息化时代的发展趋势，必将对司法警务产生越来越深远的影响。当然，该平台目前仍然存在一些问题，如与其他业务系统的对接融合程度有待进一步提高、警务 App 功能有待进一步完善、与微法院有待进一步对接、智能化水平有待提高等。近年来，全国多家法院各自建设了智慧警务平台，模块区分不一致，建设设计思路各异，建设进度有较大差别。若统一采用一级部署，会导致各级法院的案件、排期数据、安

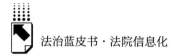

保数据、安保视频均向省法院云平台汇聚，增加省院平台的接入复杂度，不利于今后平台的运行。因此，智慧警务管理平台宜采取警务模块、警政模块统一部署，安保模块各级法院分别部署、多级联动的建设方案。考虑到不同法院的硬件、财政资金投入等各项因素，智慧警务管理平台建设可以区分为基础版和可拓展版两个部分。作为一个业务上统一使用的平台，为便于推广，可采用基础版，但是在平台研发的过程中，要预留所有可拓展功能的接口，做到同步开发。

B.10
诉讼档案单套制管理的珲春模式

张晔瑶*

摘　要：　在夯实全流程网上无纸化办案模式的基础上，吉林省珲春市人民法院依托法院业务与区块链底层技术有机结合的方式，实现了诉讼档案单套制管理，即仅以电子方式保存诉讼档案，并通过多重备份保障数据安全，能够满足电子档案真实性、完整性、有效性、安全性、适用性要求。诉讼档案单套制管理是顺应人民法院信息化工作发展规律的运行模式，为法院档案管理提供了全新的工作思路，避免了纸质档案与电子档案同时保存的空间浪费和重复劳动，促进了审判流程的科学再造，为推进便民诉讼、提升审判质效、助力司法管理和廉洁司法提供了有力支撑。

关键词：　诉讼档案　单套制　电子档案　电子卷宗

诉讼档案是记录人民法院审判执行工作的重要载体，能够全面反映一个时期审判活动的真实情况，是法院工作的重要一环，在司法工作甚至立法工作中具有宝贵的参考价值。随着信息化的高速发展，越来越多的法院实行电子卷宗随案同步生成，继而建立起完整的电子诉讼档案管理模式。但纸质档案与电子档案的双套制管理模式，带来的是电子文件的井喷式增长与档案管理的重复式劳动。在此情况下，吉林省珲春市人民法院（以下

---

* 张晔瑶，吉林省珲春市人民法院审判管理办公室（研究室）主任。

简称珲春法院）探索仅以电子档案的形式保存诉讼档案，顺应时代发展的趋势。

一 诉讼档案单套制管理的建设背景

（一）现实需求

近年来，珲春法院受理案件数量持续呈增长态势，随之诉讼档案数量也急剧增长。2015 年珲春法院受理案件 4041 件，2018 年受理案件 6451 件，2019 年 1~9 月受理案件已达 6169 件，几年来档案数量从年均 6000 余册跃升至年均 1 万余册，增长之快可见一斑。

大幅度的诉讼档案数量增长，首先带来的是档案存储压力。根据《人民法院诉讼档案保管期限的规定》，诉讼档案的保管期限分为永久、长期、短期三种，长期保管期限为 60 年，而短期保管期限也需要达到 30 年。对于保管期限届满的诉讼档案，还需要逐卷履行鉴定、审批、备案手续方可销毁，仍有利用价值的还可以提档续存。因此对诉讼档案存储的空间要求极大且逐年增长，不仅如此，存储库房还需达到防火、防盗、防潮等一系列标准，安全要求极高。同时，随着档案存量的增长，库房维护、设备更新、日常管理等方方面面还需要经年累月的人力、财力、物力投入，成本负担极重。

在纸质档案与电子档案双套制管理模式下，一个亟待解决的问题就是事务性工作重复劳动的问题。在档案的形成、收集、整理、核查、归档、保管、统计等各个阶段，均需要专人分别对纸质档案与电子档案负责，两份档案还需要在顺序和结构上完全对应，原本一个工作人员可以完成的工作变成两个甚至多个工作人员同时完成，在工作量加大的同时也造成了人员冗杂的问题。以起诉状为例，传统模式下当事人需要书写起诉状提交立案，2017 年珲春法院在诉讼服务大厅配备诉状生成一体机，当事人可以通过一体机完成诉状自助生成，但在双套制管理模式下，仍需要打印、签字后提交立案，之后再由工作人员进行扫描、挂接，生成电子卷宗，重复工作造成的低效率与资源投入的高耗能未能达到理想的平衡状态。

（二）政策背景

档案行政管理部门对鼓励开展电子档案单套制管理试点工作早有表述。2016 年 4 月，国家档案局印发《全国档案事业发展"十三五"规划纲要》，对加快档案管理信息化进程提出了相关要求，明确"在有条件的部门开展电子档案单套制（即电子设备生成的档案仅以电子方式保存）、单轨制（即不再生成纸质档案）管理试点"。随着信息化水平的不断提高，档案信息化的转型升级有了更加明确的依据。2019 年 1 月 1 日，《机关档案管理规定》施行，其中规定满足一定条件的电子文件可以仅以电子形式进行归档。

法院系统内关于电子档案的管理工作要求始于电子卷宗随案同步生成工作。2016 年 7 月，最高人民法院出台《关于全面推进人民法院电子卷宗随案同步生成和深度应用的指导意见》，明确在 2017 年底前，全国法院全面实现电子卷宗随案同步生成和深度应用的总体目标，同时对该项工作的指导思想、基本原则、基本要求和保障措施作出了规定。2018 年 1 月，最高人民法院再次出台《关于进一步加快推进电子卷宗随案同步生成和深度应用工作的通知》，确定了电子卷宗随案同步生成和深度应用的 12 项技术要求和 9 项管理要求，通过加强顶层设计的方式进一步统一了相关工作思路。

在夯实电子卷宗随案同步生成及深度应用工作要求的基础上，2019 年 2 月，最高人民法院在《关于深化人民法院司法体制综合配套改革的意见——人民法院第五个五年改革纲要（2019～2023）》中指出，逐步推动实行电子档案为主、纸质档案为辅的案件归档方式。当月，最高人民法院确定珲春法院等 7 家法院为"开展电子档案为主、纸质档案为辅的案件归档方式"试点法院，为深入探索诉讼档案单套制管理提供了强有力的依据，注入了新的活力。

（三）基本条件

2017 年 5 月，珲春法院被吉林省高级人民法院确定为智慧法院建设试点单位，以此为契机，珲春法院聚焦便民诉讼、法官减负、审判提效、管理提质的工作目标，创新推出了珲春"i–法院"① 人工智能服务模式，打造成可落地、可复制、可推广的智慧法院建设珲春样本。经过两年来的不断创新、融合、应用、升级，珲春"i–法院"模式以"i–服务"满足群众多元需求，"i–分流"优化司法资源配备，"i–送达"破解送达难题，"i–审判"提高审判效率，"i–聚能"助力智慧办案，"i–执行"提升执行效能，"i–绩效"科学考评管理，"i–办公"节约环保办公，电子档案管理日臻完善。珲春法院的智慧法院建设工作逐步形成智慧生态闭环，为电子档案的产生在技术上提供了可靠的原生土壤，最大限度打破了法院内部系统间的信息"孤岛"，为电子档案单套制管理提供了必要条件。

2018 年，珲春法院率先在吉林省法院系统实现电子卷宗随案同步生成与深度应用，达到最高人民法院的相关技术要求，奠定了电子档案生成的基础。同年 9 月，珲春法院先后被吉林省高级人民法院、最高人民法院确定为全流程网上无纸化办案试点法院，创新建立无纸化办案聚能中心。全流程网上无纸化办案打通立案、送达、审理、裁判、合议等所有诉讼环节，搭建起完整的电子卷宗元数据生成及应用共享架构，在此基础上能够形成一套有机联系的电子档案并实现无缝对接。2019 年，珲春法院与相关高校共同进行学术论证，形成关于诉讼档案单套制管理的可行性报告，出台《珲春市人民法院诉讼档案单套制管理工作暂行规定》《珲春市人民法院民商事案件诉讼档案单套制管理内部运行工作流程》等制度，成为开展电子档案单套制管理的重要机制基础。

二 诉讼档案单套制管理的具体实践

珲春法院诉讼档案单套制管理模式，是在保障电子诉讼档案的真实、完

---

① "i–法院"，读音：爱–法院，"i"取自 information（信息化）、intelligence（智能化）、innovation（创新）三个英文单词的首字母；旨在通过智能化、信息化手段不断创新法院工作方式，使法官减负增效，更有职业尊荣感，使司法更加便民利民，更加阳光透明，继而法官更加热爱法院，百姓更加信服法律。

整、有效与安全的前提下，将人民法院在立案、审判、执行等诉讼活动中形成的具有保存价值且应归档保存的电子诉讼文件，以及诉讼活动经数字化处理产生的纸质诉讼文件的电子版本，直接以电子方式进行存档。从仅保存纸质档案，到电子档案与纸质档案的双套制存储，再到仅以电子方式进行单套制存档，珲春法院经历了电子档案管理从无到有、从有到优、从优到强的发展迭代过程。自试点工作开展以来，珲春法院逐步探索实现了民商事案件、执行案件范围内的诉讼档案单套制管理。在遵循司法规律的前提下，以智慧法院建设为支撑，诉讼档案单套制管理能够满足电子档案的真实性、完整性、有效性、安全性、适用性要求，最终形成司法活动中档案在线形成、移交、保存、归档、应用的长效机制。

（一）运行——全流程网上无纸化办案

诉讼档案单套制管理的精髓体现在全流程网上无纸化办案的各个环节，其基本理念是采用多层体系架构模式部署应用系统，并保证各系统数据的安全接入与互联互通。其中电子签名、自动入卷工作贯穿各流程始终。在诉讼服务中心、送达中心、法庭、法官接待室配备的电子签名板支持电子签名全景应用，能够录音录像并对接 CA 认证，最大限度保障了电子签名的效力。

立案环节。当事人提交立案材料经数字化处理产生电子版本后，随即通过电子签名板完成签字确认，原件同时退还当事人，避免了文件丢失、上传不及时的隐患，完成无纸化立案程序。立案窗口工作人员借由"信息回填""自动归目""智能编目"等功能，有效减轻信息录入和卷宗整理方面的工作压力，立案时间缩短三分之二，卷宗即时同步完成双流转，送达中心工作人员与法官同时可见，辅助工作与庭前准备工作得以同时开展。

分案环节。设置四个专业化审判团队，两级、三组速裁团队，四个综合审判团队，系统依据专业化案由、是否具有涉外因素、是否简单速裁或普通速裁，自动将案件进行三次繁简分流，大幅优化司法资源配置。分案阶段工作人员同时进行排期、预定法庭，实现信息共享，成倍提高工作效率。

送达环节。研发建设"智能送达管家"系统，汇聚电子、语音、直送、留置、邮寄、公告等全部送达方式，送达中心通过系统接收送达任务后，优先采用电子、语音送达方式，通过调阅电子卷宗实现一站式送达、多点式签收、全流程覆盖的无纸化送达服务。送达过程中，系统全程跟踪记录资源共享，送达结束后，送达回证智能化生成、一键式入卷，送达效率与成功率大幅提升。

审理环节。在全院所有法庭推开无纸化庭审模式，基于智能庭审终端设备，实现庭审语音同步转录，电子卷宗三方共享，自由查阅与双层批注无缝衔接。针对当事人当庭提交的证据，在法庭实现即扫即传，经当事人核对无异后仅保存证据材料电子件，免去卷宗制作周期长、证据原件不易保管的困扰。在单套制管理模式下，传统的逐人核对笔录、逐页签字捺印这种高耗时低效率的方式得以转变，实现了审判组织成员、当事人及诉讼参与人分别签名、统一回传的过程，原本动辄以小时计的签名时间平均被缩短至几分钟。为方便移动办案，在遵循内外网安全隔离的前提下，配备移动办案终端及单机版电子签名机，法官外出调查、调解时可以查阅卷宗，同时新生成的材料也支持电子签名，一键成卷。

裁判环节。自立案至审理所有环节同步生成的电子卷宗，以较好的即时性、稳定性、扩展性为法官深度应用，为撰写裁判文书打下了良好的基础。基于左看右写、类案推送、法条参考、文书生成等审判辅助功能，智能文书编写系统在裁判环节提供了强大的智力支持。利用电子卷宗双层 PDF 架构，智能合议、法官会议、审委会讨论高质高效得以保障。

聚能环节。无纸化办案聚能中心承担起扫描、组卷、评查等辅助工作，有效剥离了法官的事务性工作负担。随着案件电子卷宗的不断形成及完善，法官在系统中发出待组卷指令后，聚能中心通过梳理排序形式对电子卷宗进行组卷，组卷完成后转入评查环节对电子卷宗进行巡查，双重确保卷宗质量。

归档环节。对于单套制管理模式下的案件，不再形成及接收纸质档案，全部通过电子档案移送方式入库存储。电子档案入库存储的前提是两个确保：一是办案系统与电子档案系统的精准对接，实现档案即时入库，确保来源安全可靠；二是电子档案系统可对库存电子档案数量、类型进行区分，并确保长期可用，随时可取。

（二）基础——区块链底层技术支持

诉讼档案单套制管理的基础，是解决电子文件"虚拟性、脆弱性、隐蔽性、易篡改性"的先天不足，保障在线生成的电子卷宗及电子档案的真实有效。正因如此，区块链以其去中心化、公开透明、不可篡改、可信任的特点，成为诉讼档案单套制管理技术支持的不二选择。为推行诉讼档案单套制管理，珲春法院着眼于法院审判工作实际，以电子档案管理与区块链底层技术有机结合的方式建立了区块链平台"智链"，并成功接入最高人民法院"法链"、吉林省高级人民法院"吉林司法链"，实现数据一致存储，标准统一规范，数据互联互通。2019 年 5 月，珲春法院首个电子档案上链，成为吉林法院系统首批应用区块链技术管理电子档案的法院，截至 2019 年 9 月，上链电子卷宗和电子档案页数达到 33 万余页。

珲春法院"智链"的设计，以法院业务为核心，以分布式数据存储技术为依托，以集约共享为原则，对内连接电子卷宗与电子档案，对外连接上级法院与所有联盟节点，真正实现档案材料从纸质时代过渡到电子时代。区块链平台建立后，法院在立案、送达、调查、调解、庭审、裁判、结案、归档等阶段形成的材料全部即时纳入平台形成共识记录，文件材料通过加密运算形式得到哈希值进行数据固化，若存在改动情形哪怕是细微的差异也能因哈希值的不同被判别出来，文件流转情况也可以得到全流程追溯，一经形成便无法篡改。基于区块链分布式记账的特点，卷宗信息在每个节点上均有背书，各联盟节点可以同时记录、检测和分析卷宗信息在节点上数据的一致性，确保形成共同监督机制。法院在保证案件办理过程中各个环节所生成的电子文件数据连续可信、真实有效、安全可靠的同时，还可以防止卷宗被盗、恶意篡改的发生，增加当事人对审判流程、庭审活动、裁判文书、执行信息公开的信赖感、认同感，成为深化司法公开的重要举措。

为解决司法实践中电子证据难认定、易丢失的问题，珲春法院还以吉林电子法院为依托，利用区块链技术将网上立案、网上送达、网上调解、网上开庭等过程中产生的证据材料及电子文件进行数据固化，并面向诉讼参与人提供电子存证服务，基于平台产生的数据可在任意节点进行验证。目前，珲春法院已经实现电子卷宗与电子档案"两卷合一"，审理中的电子卷宗可以在结案后一键归入电子档案，数据共通、分别上链、分离存储，基于区块链技术形成互不干扰又无缝衔接的体系。

（三）保障——多重备份降低安全隐患

以电子档案形式保存的诉讼档案，既要保证档案存储的原始性，也要保证档案利用的可读性，这就对档案管理提出了更高层次的要求。随着档案资源数量和规模的日益加大，档案管理面临的风险和隐患尤其是非传统安全因素的威胁也日益增加。

珲春法院以电子档案安全存储、有效利用为目的，采取异质与异地相结合的方式进行档案备份工作，实现高效运转。异质备份即在一定期限内将电子档案信息备份到另一个物理介质中，以保障电子档案在原始文件丢失或无法使用的情况下仍能恢复使用。而异地备份考虑的是备份数据在远端地点的保存，即使本地数据因不可抗力因素毁损，也可以在另一地备份中得以恢复。为保障电子档案备份的顺利进行，珲春法院结合馆藏档案规模、数据存储及网络环境，建设了档案异地备份的容灾管理机制。在技术层面，将档案容灾备份架构设置为三个层面，分为主机层、网络层、存储层，在生产中心与灾备中心同时设置主机，经由网络传输，实现存储层数据备份。

传统的档案管理工作主要涉及档案形成之后的整体备份工作，备份频率主要是基于增量情况选择日循环、月循环等不同类型。但在诉讼档案单套制管理模式下，诉讼档案是基于全流程无纸化办案模式形成电子卷宗后转换为电子档案的，出于对元数据的信息安全考量，电子卷宗备份至关重要。因此，珲春法院将备份工作同步前移到电子卷宗生成阶段，区分不同数据库类型及文件类型，选择不同的备份方式。其中，重要数据库以日循环的形式定期自动执行本地备份及异地备份，电子卷宗实体文件则根据增量情况通过云存储系统自动抽取至异地备份。通过配备符合电子档案单独存储、脱机备份、辅助利用和管理的设备，贴合审判流程工作需求对电子卷宗和电子档案进行异地备份，最大限度地对诉讼档案单套制管理起到了安全保障作用，也在一定程度上提高了审判质效。

三　诉讼档案单套制管理取得的成效

诉讼档案单套制管理模式建设，是在人民法院司法体制改革全面深入推进的背景下，深入推进智慧法院建设，完善电子卷宗生成和归档机制的创举，作为基层人民法院的探索与创新，取得了一定的成效。

（一）诉讼服务更加便民快捷

珲春法院改变了以往当事人提交纸质材料、副本材料和证据原件的模式，在诉讼服务大厅配置单套制立案登记设备，通过录入电子材料加电子签名的模式，将立案时间大幅缩短，将材料丢失的隐患大幅压缩。同时，单套制管理模式更加方便快捷地实现网上送达、网上质证、网上开庭，当事人诉讼体验不断优化。自2015年开始实行网上立案模式至2019年9月，珲春法院共受理网上立案5631件，单套制管理模式开展后，当事人主动应用网络参与诉讼的比例进一步提升。

（二）审判执行更加智能高效

诉讼档案单套制管理从卷宗制作源头抓起，要求可直接生成电子版的材料全部线上生成，其他材料经数字化处理后即时退还，定岗定责、专人验收、多次应用，保证卷宗质量与生成效率。在全流程网上无纸化办案场景下，语音同步转录、文书智能编写、文书智能纠错等软件为审判执行工作提供技术支撑，审判执行信息化、智能化水平不断提高，载体不断丰富，同时通过倒逼机制进一步加强法官开庭、撰写文书、合议庭合议、审委会研究案件对电子卷宗的多维深度应用，促进了审判流程再造，质效全面提升。与改

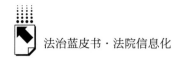

革前相比，截至 2019 年 9 月，珲春法院结案率同比上升 5.52%，结收比同比上升 18.36%，人均结案数上升 7.83 件，平均审理天数缩短 20 天，纸质档案管理数量减少 90% 左右，法官事务性工作剥离 60%。

（三）司法管理更加精准有序

通过建立诉讼档案单套制管理体系，审判执行数据、案件信息与卷宗材料同时不间断地在业务系统中进行更新和汇聚，在上下级法院间，部门负责人与部门间，经授权查阅的部门间形成案件信息互通、卷宗信息共享机制，改变了以往院庭长无从知晓案件进展情况，仅凭法官汇报完成程序性文书签批的粗放型管理模式。审判管理方式由传统的靠人管理向全过程、全方位、全时态的网上监管方式转变，由单一管理主体向院长、主管领导、审批团队负责人、审管办等复合型主体转变，审判环节全程留痕，系统留存的审判痕迹无覆盖、无涂改，能如实反映法官办案动态过程，逐步实现科学化、流程化、精准化的审判管理。

（四）人员配置更加科学合理

传统的审判团队配置需要达到"一审一助一书"的配比，但受编制所限，并非所有基层法院都可以实现完整的团队配置。诉讼档案单套制管理模式建立以来，珲春法院以购买社会化服务、组建专业审判辅助团队等形式，将司法事务性工作以信息化手段作为支撑加以优化甚至替代，审判辅助人员数量减少三分之一，经验丰富的聘任制文员则担负起法官助理的部分职责，确保审判人员专注于庭审和裁判的关键性环节，实现人力资源科学配置。

（五）审判流程更加公开透明

在诉讼档案单套制管理模式下，诉讼材料即时制作、一键入卷，电子卷宗与电子档案全程留痕，为日后案件备查提供了翔实的第一手资料，压缩了个别法官办理人情案、关系案、金钱案的空间，对司法腐败起到了震慑作用。随着卷宗档案与区块链的无缝对接，司法公开进一步深入推进，法官在

"权力清单"内独自定案，但案件审理流程更加透明，阳光司法范围借助信息化手段得以拓宽。

四 存在的问题

诉讼档案单套制管理是在全流程网上无纸化办案机制的基础上建设的一项系统工程，覆盖了审判执行工作的各个环节，在不断发展完善的过程中也必然面临一定的问题。

（一）面临创新发展的机制保障问题

诉讼档案单套制管理不仅打破了常规的档案形成和归档模式，更是在电子档案及电子卷宗形成过程中进行了审判流程再造，其中网上审理、电子签名等方面的创新之举迫切需要上级法院出台相应法律法规统一制度、统一标准、统一应用尺度。以网上送达为例，受现行法律法规的限制，即便征得当事人同意，除互联网法院以外的法院也无法以电子送达方式向当事人送达裁判文书，在减轻群众诉累方面还有深入探讨的空间。以电子签名为例，目前珲春法院采取三重措施保障签名效力，即要求当事人在签名前通过身份证识别进行身份确认，在当事人电子签名捺印的同时拍照留证、回传至系统，通过对接第三方CA认证平台确保签名材料未被篡改。但在此措施下电子签名是否符合法律规定及效力情况，尚待上级法院出台规定予以保障。

（二）面临功能优化的技术推进问题

从电子卷宗随案同步生成，到全流程网上无纸化办案，再到诉讼档案单套制管理，机制变革只是其中一个方面，更多的是系统不断发展完善、更新迭代的过程，但目前系统建设的智能化程度还需要推进，服务当事人和法官的人性化角度还需要调整，技术与业务融合的一体化深度还需要探索。在送达方面，利用系统获取当事人常用地址和电子地址的能力还不够。在移动办案方面，受内外网隔离的要求限制，在网络交互的安全性与数据传输速度的

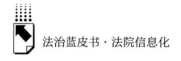

快捷性方面还存在一定矛盾。在区块链方面，由于平台以分布式实施，目前尚不能对全流程进行跟踪记录和防伪追溯。

（三）面临数据融合的兼容应用问题

珲春法院现有多个软件平台，涵盖了审判执行工作、审判业务管理等各个方面，因建设时间、建设方式和软件公司不一，部分系统间的数据不能共享，部分系统数据汇聚时不够精准，部分系统存在功能重合的情况，未能建立起更为高效集约的数据融合方式。除本院建设的系统需要进行横向融合外，上级法院统建的应用系统也需要结合单套制的特殊运行需求进行纵向贯通。如何在上级法院统建系统基础功能之上进行调整，优化诉讼档案单套制管理流程，成为目前亟待解决的问题。

（四）面临实时备份的存储安全问题

推行诉讼档案单套制管理后，诉讼材料即时经过数字化处理形成电子版本入卷保存，材料的唯一性要求业务系统必须具备高规格的稳定性，此外还需要通过备份方式降低安全隐患。目前，珲春法院采取日循环的形式定时将电子卷宗、电子档案和重要数据库执行本地备份及异地备份，但尚未完成实时备份建设。一旦发生系统故障，突发断电等情况，当日形成但尚未备份的数据材料仍然存在丢失的风险，迫切需要进一步完善备份方式。

五　未来展望

（一）凝聚共识，加强机制建设

随着归档方式的革新和各项举措的深入推进，诉讼档案单套制管理急需在上级法院出台规范性文件的基础上进一步焕发生机和活力。统一制度设计。珲春法院在试点工作开展过程中已经制定本院规范制度，明确了诉讼档案单套制的概念和特性，尚待上级法院出台制度予以明确，通过确定工作要求，加大指导力度等方式确保各级法院适用统一工作机制。拓宽工作思路。诉讼档案单套制管理在审判流程方面提供了全新的视角，建议允许各级法院在满足一定技术条件的基础上，参照互联网法院审理案件的相关规定适用网上审理模式，拓宽电子送达范围，加大电子送达力度，通过制度构建助力审判质效迸发新动能。

（二）深化应用，推进技术发展

制度创新需要技术先行，坚持走信息化发展之路，才能建立健全档案管理工作新模式。一是继续推进系统智能化。聚焦创新发展，进一步推进系统研发和升级改造，以关键技术节点为突破，不断提高审判流程整体应用的智能化水平。二是继续推进系统人性化。强化以人为本的理念，从满足当事人多元司法需求和服务法官办案两个角度入手，以增强系统友好性和稳定性为出发点，实现理念转化、应用优化。三是继续推进系统专业化。立足审判工作实际，将系统开发设计继续向审判业务前移，通过不断打磨系统功能使其更符合审判一线工作规律，推进现代科技与审判工作深度融合。

（三）融会贯通，完善数据对接

加强系统集成建设力度，驱动数据融会贯通，进一步减少数据"孤岛"现象，努力打破各个系统间数据接口不兼容的藩篱，建立起资源共享、信息互通的联动机制。对上，积极按照统一接口规范和标准对接统一建设平台，提出切实可行的功能需求和优化建议，逐步构建起主要框架上下一体，辅助功能各具特色的电子档案管理体系。对内，提高数据资源共享能力，搭建互联互通的信息化工作网络，推进送达管家系统与主要业务系统的对接，实现各个系统独立生成电子卷宗和一键移交电子卷宗功能的全面覆盖。对外，大力探索多维数据共享的对接机制，如针对规避送达和难以查找的当事人，扩展数据资源获取能力，利用系统对接通信运营商、即时通信工具等查找当事

人处于日常活跃状态的手机号码、电子邮箱、即时通信账号等电子地址，对接网络购物平台获取当事人常用收件地址，提高送达效率。

（四）深化安全，降低风险隐患

高度重视档案安全与信息安全的重要性，特别是在诉讼档案单套制的运行模式下，更应当将安全工作放在重中之重予以考量。针对目前卷宗备份存在的安全隐患，坚持目标导向与问题导向的原则采取多种备份方式，在坚持异步远程复制基础上，推行同步远程复制方式，确保诉讼档案单套制管理与档案安全管理工作齐抓共管。通过建立电子卷宗与电子档案安全检查机制、安全应急机制，确保单套制档案安全可控。

信息化助力解决"执行难"

**Informatization Contributes to Solving
Difficulties in Implemention**

B.11

浙江法院构建"智慧执行"新模式
破解"执行难"调研报告

浙江法院智慧执行课题组*

摘　要：　执行是维护公平正义最后一道防线的最后环节，"执行难"
　　　　　一直是社会对法院工作关切的重点。浙江法院坚持执行工作
　　　　　改革创新与智能化建设相结合，明确智能化建设的服务本位，
　　　　　推动大数据、人工智能等科技创新成果与执行工作模式变革
　　　　　深度融合，积极探索研发"执行在线"平台，创新完善财产
　　　　　查控、财产处置、智能管理、辅助办案等"智慧执行"模

* 课题组负责人：朱深远，浙江省高级人民法院党组副书记、常务副院长。课题组成员：朱新力、徐亚农、陈增宝、李国毫、陈卫国、李金铭、陈成荣、陈华华、徐琦。执笔人：陈华华，浙江省温州市中级人民法院执行庭法官助理；徐琦，浙江省衢州市中级人民法院民二庭法官助理。

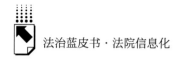

式。"执行在线"平台坚持以服务型建设理念重构执行办案管理系统，重构了个案办理界面，实现了全流程节点自动监控，提供了全流程智能辅助，探索长期未处置财产监督模块和简案全自动执行模式，满足了一线执行干警对执行办案系统改造的迫切需求，为全国法院运用智慧执行破解"执行难"提供了有益经验。

关键词： 智慧执行　服务本位　执行办案系统　长效机制

近年来，浙江法院在"基本解决执行难"工作中，紧紧抓住人民法院信息化 3.0 建设不断深化和发展的机遇，坚持问题和需求导向，将"智慧执行"作为全省法院智能化建设的重点环节，积极探索智能化建设巩固执行长效机制的实现路径。具体来看，积极研发打造"执行在线"办案管理平台，推动大数据、人工智能等科技创新成果同执行工作模式变革深度融合，不断提升执行办案和执行管理智能化水平，为完成"切实解决执行难"工作目标提供强力支撑。2019 年 1 月"执行在线 1.0 版"在温州两级法院率先试点上线，并在应用中不断更新迭代，实现了更加高效、智能、规范、公开的"智慧执行"新模式。

一　建设背景：新时期执行工作的现实需求

自 2016 年最高人民法院提出"用两到三年时间基本解决执行难"工作目标以来，执行工作面临攻坚克难的艰巨挑战，也迎来了法院智能化建设快速发展的重大机遇。在最高人民法院的统一部署下，执行智能化建设与"基本解决执行难"工作齐头并进。随着以执行指挥中心综合管理平台为核心，以执行办案系统和执行公开系统为两翼，以网络查控、评估拍卖、信用惩戒、执行委托等多个执行办案子系统为辅助的执行智能化系统不断完善，运用信息化手段实现执行办案和执行管理,已成为法院执行工作的主要方式和主要内容。信息化建设对提升法院执行质效具有重要推动作用,在破解查人找物、财产处置变现,提升执行强制性和公开性、规范性等方面成效显著。但在案多人少情况下,执行干警仍然长期处于夜以继日、加班加点的工作状态。消极执行、不规范执行现象尚未彻底得到解决,需要通过智能化建设进一步解决。2018 年初,浙江省高级人民法院坚持顶层设计与地方探索相结合的智能化建设思路,大力推进执行智能化建设。坚持以业务需求为导向,以技术创新为支撑,探索以最新智能化技术服务于法官办案、服务于业务研判分析、服务于便民公开的实现路径,构建具有浙江法院特色的智慧执行体系。

2019 年 3 月,最高人民法院院长在十三届全国人大二次会议上宣布"基本解决执行难"这一阶段性目标如期实现的同时,要求全国法院"咬定青山不放松,不断巩固'基本解决执行难'成果,健全解决执行难长效机制"。最高人民法院决策部署,要求全国法院巩固"基本解决执行难"成果,研究"切实解决执行难"举措,推动法院执行工作在更高水平上向前迈进。面对"切实解决执行难"工作目标对执行工作提出的更高要求,浙江法院加速智慧执行建设步伐,深化执行工作模式改革,提升执行办案智能化水平。

二 发现问题:执行办案管理系统 难以满足需求

如何在顶层设计和总体框架下,发挥地方实践探索优势,提升执行工作智能化水平,是智慧执行建设需要探讨的首要命题。为找准自身需求,发现存在的问题和不足,明确改进和完善的方向,浙江法院智慧执行建设联合项目小组展开了细致的前期调研。在前期组织的"智慧执行论坛"和深入基层的业务需求调研活动中,发现一线执行干警对执行办案管理系统的改进需求最为迫切。

浙江法院执行法官一直使用的"浙江法院执行管理系统"架构于最高人民法院建设的四级法院统一的执行办案系统平台及关键节点流程管理平台，对执行案件的立案、分案、启动、司法调查、财产控制、财产处置、执行制裁、款物分配、结案和归档环节提供业务功能支持和节点流程管理，并提供总对总查控、点对点查控、失信限高、布控系统、网络询价、网络拍卖、案款管理等诸多信息化应用功能，是办理执行业务和管理执行案件的核心系统。随着浙江法院执行信息化、智能化建设的推进，执行案件全流程网上办理已基本实现，"浙江法院执行管理系统"已成为一线执行法官运用频率最高、完成执行工作必需的系统工具。也正因为应用频率高、范围广，智能化建设的不足更容易暴露出来。

（一）系统操作负担过重

一线执行法官反映最强烈、最普遍的问题，主要集中在执行办案系统的操作和使用方面。虽然从具体情况来看，主要是操作时多点击几下、需要反复切换操作界面、重复手工录入信息等细节问题，在单个案件操作中这种不便性体现并不明显，但在批量操作时问题就会显现。比如，总对总查控规范化办理要求必须对全部项目发起查询，然而操作界面一直未能提供一键全选功能，一次操作就需要点击勾选几十下。特别是在一些执行案件较多的地区，每个执行法官案件数量动辄破百甚至几百上千的情况下，所承担的系统操作负担实际上呈指数式增长。看似简单的问题，折射的是相关前期信息化建设在系统开发时坚持了管理本位，应用目标是服务管理考核，没有充分考虑实际使用者的系统体验。此外，执行办案系统实现不同工作内容的功能依托于不同的子系统。这些子系统由不同的技术公司分别建设，系统之间数据标准不统一，不能互通互享，需要人工重复录入信息。系统过于复杂、操作不便、设计不合理等造成的困难在实际使用中为数不少，已然成为一线执行法官工作中的难点、痛点。针对执行办案系统的细节问题进行完善，应是执行信息化建设向精细化发展的必由之路。

（二）节点管理功能不足

根据最高人民法院关于执行案件流程节点管理的要求，执行办案管理系统设置了近百个流程节点，通过智能化手段打造跟踪、管理、监督的"数据铁笼"。但传统的数据监管模式着重于结案前节点的完整性，对关联节点间的流程关系缺乏有效监督，事后性、粗放式的管理模式，难以满足新形势下对执行办案全过程实时监控、动态监控的功能要求。比如，系统在结案前检查到限制高消费节点信息，即视为符合终结本次执行程序的结案要求，但结案前将被执行人限高，还是立案后第一时间采取限高措施，所起到的惩戒和威慑效果截然不同。同时部分设置对执行工作没有明显和直接的辅助，不仅没有为执行工作带来便利，反而增加了工作负担，拖延了工作流程的正常进度。依托智能化进行执行办案管理的模式已经建立，但在节点设置和监测规则方面，都存在一些细节方面的问题需要更加细致的解决方案。

（三）业务辅助功能不全面

由于执行案件流程节点多，即使纳入执行办案系统办理，也极为耗时费力，各类简单却又不得不重复进行的程序性事务占用了执行干警大量时间，在案多人少矛盾下，需要全方位的智能辅助功能来减负提效。随着大数据、人工智能等技术运用不断成熟，向法官、当事人按需提供智能化服务已具备实现条件。但一线干警期待的自动查询、文书随案生成、结案后自动解除措施等辅助办案功能，在执行办案系统中没有得到充分回应，不能满足执行干警工作办案的迫切需求。解决上述实际工作中的难点、痛点，让执行法官从事务性重复劳动中脱离出来，集中精力处置财产等核心业务，也是执行智能化建设的应有之义。

智慧执行的评判标准，不应单纯考虑运用的技术如何先进，还应考虑能否服务执行工作，将执行法官从烦琐的事务性工作中解脱出来，并实现个案的规范化办理，保障案件当事人的合法权益。浙江法院"智慧执行"建设坚持以解决问题为导向，以满足需求为宗旨，不搞噱头，不盲目追赶潮流，积极回应一线执行干警的迫切需求，决定在"浙江法院执行管理"系统基础上重构改造，建设服务和管理并重的执行办案管理系统，切实解决执行信息化向执行智能化发展过程中出现的新情况、新问题，为全国法院提供可复制、可推广的解决方案。

三　实践探索：以服务型建设理念重构执行办案管理系统

"执行在线"平台的建设总体目标，是通过将原有分散的、互相独立的各项执行相关信息化应用系统进行整合升级，建成全面覆盖、互相协调、数据共享、科学高效的执行办案管理系统，以简约的界面、便捷的操作，支持包括执行流程管理、执行查控、执行案款、执行威慑、执行公开、执行监督等各项执行业务功能的运用。在此基础上，充分吸收各类已经成熟的技术应用，通过精细化的智能辅助功能，支撑执行案件实现执行业务全程网上办理、执行过程全程留痕、执行信息全程公开、执行流程全程监控。最后以成熟运行的"执行在线"平台为依托，探索构建更加高效、智能、规范、公开的智慧执行浙江模式。为实现总体目标，"执行在线"平台在实现对原执行办案系统功能全面覆盖的基础上，对系统进行重构升级、功能完善。

（一）重构个案办理界面，支撑高效完成各项业务工作

一是以支撑案件办理为核心，重构个案办理界面和功能布局。改变原本以零散的节点记录执行进程，以执行法官日常办理案件的标准流程和系统操作习惯为思路，设计案件实施业务流程（见图1）。

实现执行过程可视化展示，并通过在流程图上设置"黄灯""红灯"提醒功能，引导案件规范办理；流程图下方集中展示存款、股权、车辆、不动产、其他财产等财产线索以及对被执行人采取失信、限高、罚款、拘留、犯

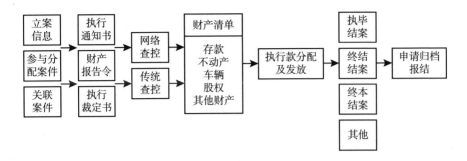

图1　执行业务流程

罪移送、限制出入境等惩戒措施信息；根据法官操作习惯设置常用键功能，并提供个性化配置功能。

二是汇总系统使用者的操作体验反馈，逐个打磨节点内容、功能设计、录入要求，对各业务功能的具体操作界面合并简化，能够在一个界面完成的就不再弹出二级界面；减轻信息录入负担，利用数据提取功能，尽可能实现节点必填信息系统自动识别、读取、回填；确需手工录入的信息，实现后台数据循环利用，避免重复录入。

三是打通执行办案中涉及的执行办案系统、审判管理系统、电子档案系统、事项委托系统、统一检索系统、全省布控系统等多个系统之间的数据壁垒，进行功能对接、数据互通。在实现数据共享和功能整合的基础上，实现不同系统的数据同步，执行办案所需的信息自动采集，回填节点。

（二）实现全流程节点自动监控，提高案件办理质量

以执行过程全部在线办理、线下行为线上留痕的功能设计，解决原来系统在案件结案前才检测节点、对节点办理期限没有监控、流程设置未能体现执行全过程等不足，对执行实施案件进行全要素、全方位、全流程的规范化管控，初步实现了"节点实时监控、期限自动警示、流程关联提醒、监控汇总统计"四项功能。

一是将执行规范化办理要求嵌入系统节点，结合自身实际严格落实最高人民法院节点管控要求，将重要节点设置为系统结案的前提条件，同时对照

执行规范化办理的相关规定和第三方评估标准，对收案、分案、送达、查控、处置、制裁、分配、结案、归档等环节，进行系统节点改造，将不同执行阶段承办人员采取执行措施和办理时限设置为系统检测规则，设置预警、报警、休眠。

二是强化执行过程中对各流程节点的监控，将监管贯穿于执行过程，实现对节点的动态监督、实时监控。单个节点办理时长达到规定期限三分之二的，系统分别在登录界面和案件办理界面黄灯提示预警。达到规定期限的，系统报警，并将办案界面锁死、进入休眠状态；系统锁死后，承办人点击案件"办理"按钮时，不会弹出"办理工作台"，仅会弹出"节点监控页面"，必须先将报警事项处理完毕，才可进入"办理工作台"。警示信息同步通报至部门责任人，案件经办人必须填写超期原因，发起审批通过后才能继续进行操作。

三是对案件办理流程进行引导监控，将案件规范化办理的流程要求，设计为系统可识别的计算机逻辑规则。例如，系统检测到"查控节点"中冻结存款金额小于立案标的，且检测到"拘留节点"信息为"未实际拘留"，将自动触发"布控节点"的办理提醒并实现预警，形成关联节点间的流程引导和监控链条。

四是对全部节点监控结果汇总展示，在系统首页设置了节点监控秘书功能，执行法官登录后可查看本人全部在办案件的监控信息，共对执行通知书节点、财产申报节点、布控节点等17个关键节点在办、预警、报警、督办信息进行汇总提示。

（三）提供全方位智能辅助，解决事务性工作负担

一是减轻事务性工作负担。在系统中配置了自动查控功能，自动发起网络查询并自动冻结存储，自动扣划；提供智能送达功能，对接全省法院送达平台，实现全省审判执行送达地址和送达记录共享，文书通过EMS邮政协助送达机制实现一键送达；提供关联案件自动查询功能，自动查询案件当事人在全省的涉诉涉执情况，并提供关联案件的电子档案阅卷功能；提供一键

失信、一键限高、一键布控功能;提供文书随案自动生成功能,简单文书随节点信息自动生成,复杂文书智能匹配文书模板,辅助生成;提供执行日志功能,自动提取系统操作和节点信息,网上办理过程全面留痕;提供执行信息自动推送功能,重要信息的模板录入系统,在触发相关节点后,通过短信和移动微法院向当事人自动发送信息;提供执行款到账短信提醒和发放超期系统预警,发放前自动检查申请人在全省有无需要履行的未执毕案件;执行完毕后自动屏蔽被执行人,自动撤销布控,自动解除冻结,自动解除失信和限高。

二是为执行办案提供智力支持,自动形成"两个报告、一个文书"。分别为"财产查控报告""办理情况报告""执行告知书"。其中"财产查控报告"整合网络查控、财产报告、线下调查、节点信息,生成的报告内容包括执行立案时间、执行通知书、限制消费令、执行裁定书的送达时间、财产线索、查封冻结信息、查封期限、抵押信息、关联案件信息等,为下一步执行实施奠定基础。"办理情况报告"整合办理过程中同步生成财产处置和采取措施的报告,该报告随案同步更新待处置财产清单、财产处置结果、执行到位情况信息,通过系统提取失信、限高、限制出入境、罚款、拘留等信息,并与第三方评估标准以及上级法院执行规范化文件要求形成对照,在体现执行案件的过程中,对未完成的必办事项进行识别提醒。最后在"财产查控报告"和"办理情况报告"的基础上,一键生成"执行告知书",告知申请人全案的财产查控和执行措施采取情况,以及案件的结案方式。

"执行在线"平台在功能创设时,注重与现有执行管理系统深度融合,坚持一体化办案思想,通过智能创新和功能继承相结合,进一步促进执行办案管理系统的流程化、标准化、规范化、智能化,为实现执行办案模式和行为管理模式深度改革的"智慧执行"模式奠定基础。

四 建设成效:依托"执行在线"构建智慧执行模式

通过整合执行相关业务系统,实现数据自动读取回填,运用自动化运行方式和智能辅助模式代替人工操作，对案件办理进行规范化引导和监控，"执行在线"平台初步实现了技术为办案服务、系统为法官减负的设计目标。在此基础上，整合系统功能优势，进一步探索创新，构建起卓有成效的智慧执行模式。

（一）财产网络查控智能辅助模式

以最高人民法院建立的"总对总"为主、地方法院"点对点"为辅的网络查控模式，基本实现了对被执行人主要财产形式和财产信息的有效覆盖。执行查控向"线上网络查询为主、线下传统调查补充"的工作模式转变，极大提升了财产调查工作效率。但网络查控系统在实践运行中存在发起不及时、不发起等不规范情形，发起查询和冻结存款的时间取决于操作人员的工作习惯；查询机构无法一键全选，银行存款冻结系统操作步骤烦琐；执行法官面对数量日益增多的反馈内容，需要逐项点击查看核实有效财产线索等不足。"执行在线"通过对网络查控功能模块的提升和改造，创新财产网络查控智能辅助模式，实现静默化辅助启动和反馈数据智能分析，具体功能如下。

1. 网络查控的自动发起

一是立案信息确认时，由司法辅助人员审查并关闭对仅承担物保责任的被执行人自动冻结功能，确认后系统后台以静默化方式自动启动，对被执行人"总对总"及"点对点"全部查询项目自动勾选并发起查询，解决网络查控发起不及时问题。二是在银行存款查询结果反馈后，后台立即自动发起冻结操作，解决存款可能被转移的风险问题。因各银行协助机制不同，未能实现零延时的协助冻结并实时反馈结果，从保护申请人权益角度确定规则为选择对所有账户同时冻结，并设置"超标的冻结"识别报警功能检测冻结反馈结果。三是案件未执毕结案前，每间隔三个月自动再发起一次查询，解决执行过程中财产变动情况查明不及时问题。四是自动发起失败后，在案件办理界面进行自动报错，提醒案件承办人及时纠错或手动发起。

2.反馈结果的智能分析

一是对被执行人的不动产、存款、金融理财产品、船舶、车辆、证券、股权、网络资金等反馈信息，系统进行数据自动筛选，剔除反馈结果内容为空的查询项目，仅提取有效反馈结果中的具体财产信息，按照财产类型自动生成"执行查控报告"，辅助执行法官确定财产查控方向和措施。二是"执行查控报告"自动刷新。因不同协助部门反馈速度不同，处置过程中多次发起查询反馈的结果可能不同，首次查看"执行查控报告"后，若有更新内容系统提醒执行法官再次查看，避免遗漏财产线索。

财产网络查控智能辅助模式，实现了立案后发起网络查控零延迟，存款冻结零延时，将网络查控工作的事务性负担，削减为仅需查看一份报告，在现有条件下实现了最大限度的事务性减负和网络查控事务规范化办理。2019年1~8月，该模式试点上线后，试点地区法院共自动发起网络查询456048次，自动冻结33942个银行账户4.13亿元，生成执行报告912096份，提供有效财产线索188002条。

（二）财产处置智能辅助管理模式

有财产可供执行案件在法定期限内基本执行完毕，是"基本解决执行难"的总体目标之一。针对传统的执行监督体系以对法官和案件的监督为中心，对执行财产处置、变现、发放等环节监管不足、监管效果不佳等问题，"执行在线"通过固定财产线索、规范化办理引导，执行行为偏差预计报警等系统功能的创设改造，整合网络查控、在线扣划、司法拍卖、案款管理、智能送达等相关系统功能及数据，建立全程留痕、全程监督、智能辅助、在线办理、自动公开的财产处置智能辅助管理模式，重点解决在办案件中线上查控财产的实时监督问题，可提醒督促执行法官及时处置执行财产，为破解消极执行、选择执行等监管难题提供了有益经验。具体功能如下。

1."财产清单"功能

银行存款、不动产、车辆，是实践中执行财产最常见也是数量最大的三种类型。通过"总对总"查控，以及"点对点"补充反馈的不动产登记中心的房地产信息、浙江省农村信用社银行信息、浙江省公安厅反馈的车辆信息等，被执行人可供执行财产的线索通过网络直接数据同步到"执行在线"平台。系统将网络查控反馈的财产信息自动回填，传统查控后录入的财产信息自动提取，导入"财产清单"模块。该模块按照存款、不动产、车辆、股权、其他财产五个类型，以清单形式在个案办理主界面集中展示财产数量、类型和处置进度。同时在系统流程管控中设定规则，对导入"财产清单"的财产，默认为待处置财产并启动相应的办理跟踪和监督系统规则，只可引入不可删除信息，以此杜绝通过系统操作删除财产信息的监控漏洞。法官经调查核实后可以将财产甄别为可执行和无须执行两种状态，对于无须执行的财产，按理由进行分类登记留痕以供后续案件质量检查；可供执行财产通过读取系统节点信息，实时更新处置进度，督促法官及时处置。

2. "处置指引流程图"功能

针对不同的财产类型，对每一项财产在个案办理二级界面生成一张处置流程引导图。流程引导图根据最高人民法院关于执行案件 37 个主要流程节点的办理时限要求进行设置，提供节点文书自动生成辅助，按照财产处置的规范化规则设定了行为偏差系统预警、报警功能，结合流程图的直观展示，实现财产在执行办案系统的处置可视化和监控实时化。

以车辆处置为例（见图 2），查询结果反馈后，车辆信息自动导入财产清单，触发查封监控规则，对采取查封措施进行预警、报警提醒；查封后执行法官根据公安车管部门反馈的车辆年限、查封顺位及征求申请人意见后，判断车辆是否具有执行价值；对有益处置的车辆，未扣押的提供一键布控功能，将布控信息自动发送至公安部门在全省范围内协助控制；对已扣押的车辆，扣押后移送评估、评估后移送拍卖等办理期限进行跟踪监控，接近或超出办理期限的分别在系统登录界面、个案界面以短信方式提醒案件承办人，并同步发送至庭局领导督办；读取节点信息自动生成移送评估表、移送拍卖表、成交裁定书等相应文书，辅助办案减轻工作负担；在具备处置条件后，可在流程引导图中直接发起"网络询价"和"网络拍卖"，询价结果和拍卖结果数据自动回填；拍卖成交后，"案款管理系统"以短信提示到账信息，系统对发放天数进行监控。查封、评估、拍卖、执行款发放等财产控制处置行为，节点信息激活后系统后台自动短信告知、文书智能送达，并自动推送节点信息至"浙江移动微法院"微信小程序，处置过程向当事人全面公开。

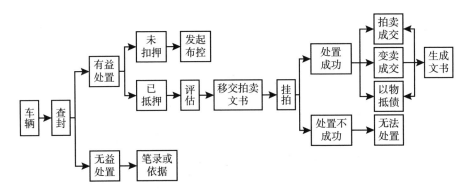

图2　车辆处置指引流程

3. "财产数据库"功能

依托系统构建本级及基层法院互联互通的执行财产数据库，实现个案中的财产信息（除银行存款信息外）自动入库，并集成在系统登录首页。该模块可以显示三级法院的财产已处置数量、待处置数量及财产处置进度，并可按财产类型、个人及部门等条件进行数量统计、处置进度、处置时长统计等数据查询及质效分析，为执行法官、庭局领导评估实际工作量、实时监督办案、掌握工作态势、合理分配任务提供了基础数据支持。

2019年1~8月，该模式上线运行后，执限内财产处置完毕数有效提升，试点地区法院共网络拍卖财产数量2764件次，成交总额76.46亿元，均在浙江省排名第一。

（三）强化强制执行措施智能监管模式

为解决被执行人在逃避执行、规避执行等对抗执行时，一些执行人员在执行措施上存在选择性、消极等不规范情形，导致财产报告、失信限高、罚款拘留等一些法律设定的强力措施空转失灵问题，"执行在线"平台按照

2019 年浙江省高级人民法院出台的《关于进一步强化强制执行措施的若干意见（试行）》，将纳入失信名单、限制高消费、罚款、拘留等执行行为和执行措施的规范要求和时限要求，转化为系统相关节点的刚性监控和流程触发的智能识别，通过标准化执行流程、刚性化执行措施、确定性执行惩戒，形成强大可预期的执行威慑。具体功能如下。

1. 通过系统实现刚性化管控

对强制强化执行措施相关节点，设置了"预警""报警"执行风险防控功能，增设"休眠"反向制约功能。对系统设定的事项，在达到 2/3 办理期限时发出"预警"提醒；超过期限的发出"报警"信息并同步发送至庭局领导进行督办，同时发出"报警"信息的案件，系统操作功能"休眠"，除需要完成的超期事项可操作外，其他功能及案件办理界面全部锁死，案件在系统中无法继续办理。有特殊紧急情况确需要系统处理的，可以激活 1 次，激活后执行法官有 1 天时间处理紧急事项和超期事项，未处理完毕系统重新锁死。超期事项办理完毕，"报警"信息消失系统解锁，但后台自动留痕历史"报警"记录且不可删除，作为评估案件办理质量和追究责任的依据，倒逼执行法官在规定的时限内完成规定事项。

2. 系统自动采取限制高消费措施

对以金钱给付为内容的执行实施案件，在立案信息确认后，自动生成并通过"智能送达平台"自动发出"执行通知书""报告财产令""限制消费令"；在文书发出 24 小时后，自动将所有被执行人信息上传至最高人民法院限制高消费系统，产生限制消费效果，并自动回填"限制高消费"节点信息。设定被执行人存在不应当限制消费，如有足额财产查封在案、未成年人等 11 种例外情形时，在立案信息确认界面作反向选择（消除勾选），并填报相应事由系统留痕。

3. 设计"报告财产"功能及规则

"报告财产"模块强制要求执行法官 10 日内录入"已申报""拒不申报"节点信息，30 天内录入"如实申报""申报不实"节点信息，并根据标准化执行流程触发不同监控规则。将执行法官及时核实被执行人是否申报、申报是否属实的线下行为，设置为线上的系统刚性化监督要求，作为后续财产报告强制责任的起点。系统检测到"已申报"且"如实申报"的，结束监控功能；检测到"拒不申报"或"申报不实"的，检测是否采取失信、罚款、拘留措施，形成关联节点间的流程引导和监控链条。"失信"节点提供"一键失信"辅助功能，点击后自动将被执行人信息上传最高人民法院失信人员名单。"拘留"节点提供"一键布控"功能，自动将布控拘留信息传输至浙江省公安厅"追逃网"，在全省范围内实现公安网络指挥系统布控。

强化强制执行措施智能监管模式，通过信息化手段限缩执行人员自由裁量空间，保障强化执行行为和执行措施的强制性、不可选择性；通过与最高人民法院失信和限高联合征信和惩戒系统、浙江省公安厅"追逃网"数据对接，触发信用惩戒、协助布控功能，形成强大的执行惩戒效果。2019年1月至8月，试点地区法院累计发布失信被执行人名单18164例，纳入限制高消费名单23089例，对14888名被执行人采取布控措施，成功拘留2281人，罚款137.65万元。

（四）长期未处置财产监督模块

为解决历史遗留的终本案件长期未处置财产"沉睡"问题，以及在办案件财产处置长期搁置问题，"执行在线"平台建立了"终本未处置、在执超期未处置"财产数据库，并通过线上的"清理行动"功能模块，配合线下的财产处置集中行动，形成线上线下结合的智能化监督管理模式，完善财产处置工作长效机制，推动未处置财产加快清理。除党委政府明确暂缓处置且当事人接受、申请执行人不要求处置且提出撤回或终本申请、财产登记管理单位复函明确不能处置、经院长批准涉及维稳因素等存在客观障碍无法处置的财产外，做到有财产可执行案件全部清理完毕，彻底解决当前执行工作中的"历史欠债"和"漏网处置"问题，实现"轻装上阵"的工作目标，具体功能如下。

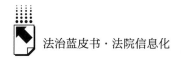

1. 建立"终本未处置、在执超期未处置"财产数据库

通过系统自动提取终本案件中的财产查封信息，与各法院线下专项排查活动汇总的财产信息相结合，全面梳理历年终本未处置、在执超期未处置的财产情况，重点清查历年来集中行动中遗留的未完成处置财产，以及因存在执行障碍搁置的财产，通过统一数据格式导入数据库。

2. 设计"清零行动"功能模块

该模块共分三大功能。一是财产导入功能模块，提供房产、土地、车辆等十二类常见财产信息表格模板，支持线下排查的财产表格批量导入数据库，自动对重复内容进行数据清洗，自动将财产信息、查封信息、处置信息回填至对应的案件节点，支持数据精准全面、高效便捷地录入。二是财产处置模块，对进入数据库的财产，按照法院、案号、经办人、财产种类、具体信息、进度、处置结果详细展示及查询；每种财产生成"处置指引流程图"，进行流程引导和处置进度监督；设置甄别审批功能，对符合例外情形暂不处置的财产，选择理由后发起审批，通过后在本次集中行动中剔除，对审批理由和审批结果系统留痕以供后续检查；提供督办功能，支持中院对下级法院、法院内部对个案发起系统督办，执行法官必须在督办的时限内完成督办事项，未能完成必须在系统中上报处置方案。三是财产统计分析功能，自动统计全部财产种类数量、处置结果、处置时长、处置进度等信息，以数据统计表、柱状图等形式直观展示大数据分析结果；根据预设的集中行动财产处置进度要求，自动生成统计分析报告。

自清零行动模块功能于2019年3月在试点的温州地区上线后，3~8月共推动629项长期未处置财产成功处置完毕，房产平均处置天数提速到73天，土地处置时间提速到69天，切实推进解决财产处置不及时的"执行难问题"。

（五）探索简案全自动执行模式

人工智能技术的不断成熟发展，为简案的全自动化办理提供了技术基础。"执行在线"平台依托人工智能技术探索执行简易案件自动办理。对于有足额存款冻结在案的简单执行实施案件,通过对预设条件和实施流程的精细化设计,系统自动识别符合条件的案件转入全自动化办理,全程无须人工介入,自动完成通知、查询、冻结、扣划、发放、解除措施、结案的系统操作。

简案全自动执行模块流程设计为:立案后自动分案,统一生成执行通知书、报告财产令、限制消费令并通过"智能送达"平台实现自动送达。自动发起网络查询,识别冻结反馈结果是否满足案件执行标的及执行费条件。符合条件的转为全自动执行模式,由系统自动发起扣划,扣划成功后按照申请人在立案时已经确认的账户信息自动填写发放执行款审批表,发送至案款管理系统进行流程审批。财务审批通过并成功出账后,自动回填信息系统"执行款发放节点"。自动解除冻结措施,屏蔽被执行人信息并自动完成系统报结。其中各个环节均设置了偏离识别规则,无法自动进行则转为人工办理并发送提醒。

简案全自动执行模式能够实现对小标的执行案件的快速执行。鉴于相关配套机制未能完善,如财务部门要求线下收到领导签字审批后的执行款发放审批表后才能发放执行款,尚未进行全面推广。但从技术角度已论证成功,具有一定的运用前景和空间。

五 总结与展望

"执行在线"在研发过程中,明确法官是技术开发的需求提出者、技术服务的享受者和反馈者,坚持一线法官参与系统建设全过程机制。由技术公司、法院技术部门与精通业务的执行法官组成系统开发小组,深入执行一线调研,掌握执行干警的智能化需求。以执行干警的需求为核心,法官负责从业务角度出发确定系统功能和操作步骤,技术公司运用相关技术实现需求,避免业务需求与技术开发脱节,切实解决一线执行干警工作上的难点、痛点。通过建立智慧执行建设专人联络机制,定期收集实际使用反馈意见作为改进方向,在保证功能实现的基础上尽可能提升系统使用获得感,在技术可

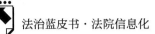
以实现的范围内全力满足业务需求，在满足规范化管理的情况下尽可能不增加系统使用负担，让"执行在线"真正能用、好用、易用，成为执行干警破解执行难的"利器"。

由于开发时间紧、任务重，"执行在线"在开发和运用中还存在一些问题。一是需要加快后续项目建设，团队化办案功能模块、大数据分析研判功能模块等2.0版建设项目还未能达到实际使用标准。二是强化推广培训，部分执行干警尚未完成习惯新旧应用的交替，需要不断培训促进系统深度应用，发挥成效。三是打通与外部协助单位数据实时互通的障碍。不动产在线查解封项目，与不动产登记中心已达成合作共识，但在专线建设、数据交互标准、信息安全等问题上，还需突破技术和制度上的障碍。四是保持前瞻性，追踪电子卷宗随案生成、区块链等最新科技创新成果，探索与执行业务无纸化办案的结合点，推动执行工作智能化水平不断提升。

智慧法院建设方兴未艾，智慧执行建设前景广阔。在大数据、人工智能、"互联网＋"等信息化技术飞速发展的时代，浙江法院将坚持创新思路，以需求和问题为导向，不断充实智慧执行的应用内容，在更高层次、更高水平上推进智慧执行建设，更好地服务法官办案、服务人民群众。

B.12

湖南法院执行指挥应急调度服务平台建设应用调研报告

湖南省高级人民法院调研课题组*

摘　要：　执行指挥应急调度服务平台集执行值守、GIS可视化指挥管理系统、移动执行、阳光执行等功能于一体，为执行管理、执行办案、执行指挥协调、执行公开等工作插上信息化的翅膀。湖南三级法院先试先行先探索，全面应用执行指挥应急调度服务平台一年以来，执行管理工作得到有效统一强化，执行干警的外勤执行行为更加规范，信息化理念不断增强，人民群众对法院执行工作的满意度不断提高。实践证明，执行指挥应急调度服务平台的应用，可以深化执行指挥中心实体化运行，为执行工作统一管理、统一指挥、统一协调机制提供支撑。

关键词：　执行指挥　信息化　应急调度　阳光执行

　　信息化是实现执行工作管理精细化、执行行为规范化、执行流程阳光化的重要手段，是切实解决执行难问题、推动执行工作长远发展的必由之路。近年来，人民法院执行信息化工作取得了巨大成就，促使执行工作模式实现

---

*　课题组负责人：郭正怀，湖南省高级人民法院党组成员、执行局局长。课题组成员：屈国华、刘家豪、陈建华。执笔人：刘家豪，湖南省高级人民法院法官助理；陈建华，湖南省郴州市中级人民法院执行局副局长。

重大变革，初步实现了执行管理监督模式、执行保障模式、执行查控模式、执行财产变现模式现代化，执行中的信息化建设进入了快车道，成就令世人瞩目[①]。

"信息化建设在提升执行效率、规范执行权运行、提高执行强度方面发挥了重要作用。"[②] 湖南各级法院执行指挥中心可通过执行值守系统实现在线值守、在线会商，通过 GIS 可视化指挥管理系统实现执行工作随时指挥、随时协调、随时监管，通过移动执行 App 系统实现现场取证、全程留痕、应急救援，通过内网支撑系统实现执行案件信息自动关联、执行工作数据实时展示，通过阳光执行系统实现执行案件信息和关键节点流程公开。通过对"执行指挥应急调度服务平台"一年来的探索、应用及优化，湖南法院执行指挥中心实体化运行日益充实，执行管理工作逐步统一强化，外勤执行行为更加规范，执行干警对执行信息化工作理念、工作方式的理解不断深化，应用能力不断增强，人民群众对法院执行工作的满意度不断提高。

一 执行指挥应急调度服务平台建设及使用状况

（一）执行指挥应急调度服务平台的基本功能

执行指挥中心是为落实完善执行联动指挥机制形成的信息化系统，是执行办案、执行指挥、执行管理、执行考核、决策分析的一体化、信息化基础性平台，是执行工作统一管理、统一指挥、统一协调的平台和抓手，是执行工作的信息交换中心、指挥调度中心和决策分析中心[③]。湖南省三级法院执行指挥中心通过执行值守系统，实现执行指挥中心常态化值守签到、执行会

---

① 肖建国：《人民法院执行工作成绩骄人》，载《人民法院报》2018 年 11 月 6 日，第 2 版。
② 王小梅：《法院执行信息化建设的成效、问题与展望——以人民法院"基本解决执行难"为背景》，载《中国应用法学》2018 年第 1 期。
③ 刘海玉、段彬：《大数据时代执行指挥中心实体化运作路径》，载《人民法院报》2018 年 5 月 24 日，第 2 版。

商、视频会议等功能；通过 GIS 可视化指挥管理系统，实现对本院及辖区法院外勤办案法官的实时定位及全天候的指挥连线支持和服务，确保执行指挥中心随时接听办案法官连线求助、接受上级指挥中心点名和应急指挥呼叫，使人员调度更快捷、指挥支援更迅速，从而增强执行指挥中心的执行现场掌控能力和远程指挥实战能力。

截至 2019 年 9 月 28 日，湖南共注册开通移动执行账号 3137 个，执行干警上线 326163 人次，三级法院通过 GIS 可视化指挥管理系统连线 7730次，上报处置突发事件 322 件，数十次跨省或与最高人民法院执行指挥中心进行视频会商、执行联动。以长沙市中级人民法院为例，2019 年 1～9 月，全市两级法院执行指挥应急调度服务平台 GIS 可视化管理端上线 1626 天，上线次数 3119 次，在线时长 24103.56 小时，进行执行指挥连线 658 次。2019 年 1～9 月，当事人通过执行指挥应急调度服务平台中的阳光执行小程序向法官留言共计 780 条，提供财产线索 141 条，执行举报 17 条。

（二）移动执行系统助力执行办案

"移动执行"系统的广泛使用，有力保障了执行公正。针对法院的执行人员，在案件送达直至案件办理完结全过程，强制使用"移动执行"系统。确保案件执行全过程实时更新，保障当事人的知情权，预防执行过程中"消极执行""选择执行""权钱交易"等问题的发生。在移动执行系统中，首先是对执法记录仪的使用。执法记录仪是广泛运用在执行实施过程中的一款高科技单兵产品。执法记录仪集数码摄像、数码照相、对讲送话器等功能于一身，能够对执法过程实现动态、静态的现场情况数字化记录，它重量轻、体积小，佩带灵活方便，具备防水、防震、抗摔能力，同时内置红外灯，在全黑的夜晚条件下依然能够保证图像的清晰拍摄，内置 16G 存储 10小时的视频资料，便于执行干警在外出执法环境中全班制执法使用。基于人民法院执行指挥应急调度服务平台的新一代移动执行 App 系统，可通过智能手机安装使用，并可配置无线蓝牙耳机和袖珍摄像头，在使用上更加方便实用。移动执行 App 系统在保留传统执法记录仪全部功能的基础上，增加了案件关联、现场取证留痕（包括照相、语音、视频）、事项委托、会商预约、紧急事件上报、一键呼叫等诸多应用满足外勤执行的实用性功能，极大地提高了执行取证留痕的效率，更加贴近外勤实战需求。同时，系统可将取证内容自动交换至内网，回填到执行办案流程系统，以便于执行法官从内网查看管理，极大地减少了执行法官的工作量。此外，移动执行指挥车搭载的移动执行系统，可将执行现场周边环境和现场执行情况回传到各级法院执行指挥中心，并实现执行现场移动指挥功能，及时对现场突发问题进行处置。例如，长沙市开福区人民法院（2018）湘 0105 执 1835 号附带民事赔偿一案，依据湖南省长沙市开福区人民法院（2017）湘 0105 刑初 473 号刑事附带民事判决书判决：被告人赵某、附带民事公益诉讼被告代某共同承担破坏渔业生态环境和渔业资源修复责任。该案执行标的特殊、执行地点特殊、执行时间长，该院多名工作人员现场使用审务通中的移动执行应用记录执行现场，并和指挥中心实时连线，有序圆满地完成了执行行动。

截至 2019 年 9 月 28 日，湖南三级法院取证留痕案件数达 9412 件，留痕证据数 52277 个，其中图片 34907 张，视频 15922 个，录音 1448 段。以长沙市中级人民法院为例，该市两级法院开通该平台移动执行 App 账户 591人，2019 年 1～9 月移动执行 App 上线 520 人，上线次数 47093 次，在线总时长 41777.28 小时，记录的外勤总时长 1352402 小时，外勤总里程125046.18 公里，运用移动执行 App 取证留痕案件 1176 件，留痕证据 7555项，其中照片 5456 张，视频录像 1914 段，录音 185 次。

（三）阳光执行系统实现执行公开

"阳光是最好的防腐剂。"执行信息公开是人民法院司法公开的四大内容之一。近年来，最高人民法院为让执行过程成为当事人"看得见的公正"，大力推进执行信息公开平台建设，全力打造阳光执行，最大限度地满足人民群众的知情权、参与权与监督权，最大限度地挤压利用执行权暗箱操作空间，让执行权在阳光下运行，督促广大执行法官严格规范司法行为，为当事人和社会公众提供全方位、多元化的执行公开服务，积极回应人民群众期待，有力促进司法公正高效廉洁，遏制和预防司法腐败。"信息化平台是法院执行公开的主要载体，既可以让当事人和社会公众监督法院执行过程，又可以让当事人和全社会了解法院执行工作，从而理解和支持法院执行。"[①]为认真贯彻落实最高人民法院提出的工作要求，2019 年 4 月 10 日，湖南法院在全省全面部署应用人民法院阳光执行系统，在法院与申请执行人之间搭建起快捷的互动平台，并集成至 GIS 管理系统。执行指挥中心可以实时掌握辖区法院阳光执行系统的各项数据信息，加强对下监管；申请执行人可随时查询案件办理进度、财产查控结果等信息，获知执行人员历次执行活动轨迹，提起咨询和质疑，向执行法官提供执行线索。通过阳光执行系统，确保执行过程"看得见、听得到、查得着"，实现"阳光执行"，实现了申请执行人与法院的信息对称，增进了申请执行人对执行工作的理解和信任，让人民群众更加了解执行工作、更加理解执行工作。

截至 2019 年 9 月 28 日，湖南共有 7905 人注册阳光执行系统，当事人给法官留言 2859 条，涉及 1217 个案件；给法官提供 605 条执行线索，涉及案件数 608 个，法官依据当事人提供的线索执行完毕 28 件案件。

（四）专员负责、定期通报，构建长效管理机制

为推进执行指挥应急调度服务平台各个系统的广泛深度运用，湖南各级法院建立执行指挥中心信息化专员制度，由执行指挥中心信息化专员负责平台数据收集、整理、分析、通报，省法院、中级法院不定期开展轮询检查应急值守情况，每周对全省各市州 GIS 可视化指挥管理系统、移动执行 App 系统，以及阳光执行系统应用情况进行统计汇总，实行排位通报，督促各级法院加强对执行指挥应急调度服务平台的应用。2019 年以来，省法院通过执行指挥中心平台下发《关于执行指挥应急调度工作情况的通报》3 期，对全省 14 个地州市中级人民法院 GIS 执行指挥连线情况、移动执行 App 使用情况、阳光执行使用情况等进行了通报，并指出每个阶段存在的主要问题，

[①] 江必新：《执行工作的理念、政策与机制》，人民法院出版社，2019，第 158 页。

还对下一步的工作提出明确要求，取得了很好的效果。执行人员外勤办案更加便捷高效，执行指挥更加有条不紊，应急响应更加迅速有效，阳光执行更加深入人心。以长沙市中级人民法院执行局为例，该局对该平台的管理及应用每日督促、每月通报，极大提升了全市法院执行局对该平台的规范应用能力。

二 执行指挥应急调度服务平台 存在的问题

湖南法院执行指挥应急调度服务平台取得了一定的成绩，提升了执行指挥管理水平，提高了执行工作效率，促进了与当事人的沟通和交流，有力提升了执行工作信息化水平。但是，湖南法院执行指挥应急调度服务平台在技术、使用以及宣传方面还存在一些问题。

（一）技术方面的主要问题

GIS 可视化管理系统可以显示案件当事人在移动执行 App 中的留言，却无法直接通过该平台回复，只能转达给案件承办法官。当事人留言中存在部分恶意的情况（如问一些与案件无关的问题，或就同一个问题反复提问），此类信息应当从系统设置中剔除。指挥连线次数较少，外出执行只有遇到突发情况才会连线指挥中心，没有做到实时同步连线。执行现场连线不能直接在呼叫页面添加人员，导致领导要临时连线其他人时必须断开旧的会议再开一个新的会议重新连接。有时执行干警在连线指挥中心时双方都无法看到对方画面。部分当事人会用留言方式对承办法官进行骚扰。同时，留言必须回复的规则应该更灵活细化，如当事人了解执行情况后客气地留言："××法官辛苦了"，法官仍然被系统提示需要回复，回复后当事人继续留言："下次有机会请您吃饭"，法官回复"不用，应该做的"，如此这般反反复复，严重影响正常工作。

（二）使用方面的主要问题

当前，仍有部分法院对"执行指挥应急调度服务平台"使用不够，主要是观念和接受能力因素所致。目前，从法院来看，使用方面存在的主要问题在于指挥中心实体化运作，尤其是"统一指挥、统一协调、统一管理"作用还没有完全发挥出来，在有的法院甚至成了可有可无的摆设和供人参观的"景点"。又如 GIS 执行指挥连线情况，2019 年 1~8 月，湖南省法院通过互联网应急调度服务平台进行执行指挥连线次数最多，为 675 次，湘西地区连线次数最少，仅为 89 次，最多的法院与最少的法院相差近 8 倍。再如移动执行 App 使用情况，2019 年 1~8 月，全省法院法官外出办案使用移动执行 App 留痕案件共计 6148 件，留痕率为 2.67%，留痕率较低，说明还有大部分法官在外出办案过程中并未实际有效使用执行 App 进行取证调查。从各个市州的使用情况来看，2019 年 1~8 月，邵阳地区的执行案件留痕率最高，为 9.48%，长沙、株洲、湘潭、娄底、郴州、永州、怀化地区的执行案件留痕率较低，均不到 2%。从执行干警个人使用存在的主要问题来看：阳光执行使用方面，2019 年 1~8 月，当事人通过阳光执行系统向法官留言共计 2435 条，已回复 2374 条，回复率为 97.5%，大部分法官均及时回复了当事人的留言，但仍有部分未及时回复。2019 年 1~8 月，当事人通过阳光执行系统向法官提供执行线索 510 次，已核查 501 次，核查率为 98.2%。尽管核查率较高，个别法官在执行线索核查中仍存在流于形式、敷衍了事的现象。例如，当事人提供了明确、具体的重要执行线索，法官的核查反馈并未体现相关核查工作内容及真实结果。一些法官在外出办案过程中还不习惯使用移动执行系统，对当事人留言、线索不能及时回复。部分指挥中心对执行指挥应急调度服务平台仅仅停留在开机、上线阶段，不会通过平台进行留言督办、线索核查、举报核实、外勤法官督导和服务、指挥连线、跨区域跨层级视频连线等，还没能实现真正意义上的指挥中心实体化运行。面对执行攻坚，提高信息化水平是"牛鼻子"，没有执行大数据和信息化网络，干警的执行工作就如盲人摸象、暗夜

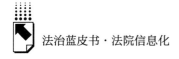

探路，不明就里、不辨西东①。因此，信息化工作的开展，除了开发，关键还在于应用。

（三）宣传方面的主要问题

尽管"执行指挥应急调度服务平台"在基本解决执行难和切实解决执行难中发挥了重要作用，产生了很好的效果，但是，目前宣传方面做得不够，了解"执行指挥应急调度服务平台"的当事人并不多，亟待加强宣传工作。虽然了解阳光执行小程序的当事人逐步增多，但绝对人数还不是很多，还应加大宣传力度。

三　执行指挥应急调度服务平台发展展望

自执行指挥应急调度服务平台上线应用以来，湖南法院执行工作信息化发展有了质的飞跃，执行指挥更加便捷有效、执行质效数据保持稳固攀升、执行管理得到巩固加强，执行公开度逐步提升。下一步，湖南高院将积极推进执行信息化建设，充分利用大数据、人工智能、云计算、区块链等信息技术，结合工作实际，与技术公司共同探索研发新的系统功能，以执行工作信息化助力法院"切实解决执行难"目标的实现。

（一）技术层面努力的方向

针对技术层面的问题，提出如下努力方向。一是探索实现在线终本约谈、约谈文书自动生成功能，即执行法官利用移动执行 App 系统，向已注册的申请执行人发送信息、音视频对话等，实现在线终本约谈，系统自动记录相关约谈内容，并生成终本约谈笔录，回传至内网办案系统。二是加快研发执行案件全流程偏离预警监管系统，实现对辖区法院所有执行案件节点异常的预警、监管，对类案和关联案件进行自动筛选提示，对终本案件进行实

---

① 《提高信息化水平，让执行攻坚如虎添翼》，载《人民法院报》2018 年 5 月 18 日，第 1 版。

质性合规检查。三是依托执行指挥应急调度服务平台，探索构建"执行＋网格"结合的协助执行模式，建立网格化服务管理协助执行工作机制，争取开创湖南法院执行社会化工作新局面。四是加快探索建立"执行＋保险"工作机制，通过建设统一的"执行＋保险"信息化平台，以信息化手段整合法院、保险公司资源优势，推动执行领域保险业务发展，并有效利用保险社会资金反哺执行工作，促进执行救助、执行悬赏、司法人员抚恤等公益事业发展。

（二）技术使用层面努力的方向

为进一步提升执行信息化、智能化水平，努力打造"智慧执行"，针对一些法院对"执行指挥应急调度服务平台"使用不够、一些执行干警操作不熟练或者使用能力不足的情况，加大执行干警平台使用技术培训力度，努力提升执行干警运用现代科技的意识和能力。首先，通过"请进来"，邀请全国相关技术人员对全省三级法院执行干警进行专门培训。其次，通过"走出去"，选送全省三级法院执行局相关人员参加学习培训。最后，加大督促力度。为进一步提升执行效率，增强执行规范性，实现有效监管，各级法院法官要转变传统办案思路和观念，善于借助使用信息化工具和手段，提升法院执行工作实效。

（三）宣传层面努力的方向

为推进"执行指挥应急调度服务平台"的广泛应用、深度应用，针对社会公众尤其是当事人对该平台不了解、不熟悉的情况，不断满足社会公众多渠道了解人民法院执行工作的需求。加大平台宣传力度，扩大社会公众尤其是当事人对"执行指挥应急调度服务平台"的知晓度。当前，可以借助发放宣传册、执行立案窗口温馨提示、全国法院基本解决执行难网站、各级法院官方网站、电视、报纸杂志、官方微信微博公众号等多种渠道加强宣传。

B.13
上海智慧执行系统建设调研报告

吴海鋈　陆诚　田畑*

摘　要： 为贯彻落实最高人民法院的部署要求，上海市高级人民法院依托课题"全流程管控的精细化执行技术及装备研究"，依照最高人民法院"智慧执行"的智能化标准，研发智慧执行系统。在现有执行信息化基础上，准确把握人工智能在司法领域辅助办案的功能定位，大力推进人工智能与人民法院执行业务的深度融合，着力推动文档电子化和电子卷宗即时生成，法律文书自动生成、关键节点自动回填，为法官提供智力支持与辅助性、事务性工作支持，全面推进法院执行信息化工作向智能化跨越。

关键词： 人工智能　执行智能化　执行风险预警

在现有执行信息化成果基础上，遵循"体系化、模块化、能力输出"的设计原则，不断完善提升执行信息化系统的智能化水平，上海法院"智慧执行"系统建设取得了初步成果。

一　"智慧执行"建设指导思想

（一）"智慧执行"的定位

实现智慧执行是深化完善人民法院信息化3.0版，推动智慧法院全面智

---

* 吴海鋈，上海市高级人民法院信息管理处副处长；陆诚，上海市高级人民法院信息管理处应用管理科科长；田畑，上海市高级人民法院信息管理处应用管理科副科长。

能升级的重要一环。智慧执行，即执行智能化，是以执行信息化方式，推进信息化与执行工作深度融合，解决查人找物难、变现难等诸多问题，助力攻坚执行难，建立破解执行难长效机制。智慧执行系统依照"执行自动化"的阶段性目标，以执行案件流程管理系统再造为契机，大力推进大数据、人工智能、区块链、5G等新技术与人民法院执行业务的深度融合，在现有执行信息化系统基础上，补充开发案件信息自动校验回填、执行节点自动提醒、执行文书自动生成、违规行为自动冻结功能等；探索执行场景下的区块链存证系统、终本案件智能管理平台、执行风险评估预警平台，打造人民法院"智慧执行"综合业务平台，加强执行系统智能化建设，全面推进法院执行工作信息化向智能化跨越。

（二）"智慧执行"系统设计的关键词

减负。从减轻法官工作量出发，通过全案信息自动回填、全案文书自动生成、网络自动查控等功能，大幅减轻法官工作压力，提升执行法官办案效率，使一线法官能够切实感受到信息化带来的方便和快捷。

规范。从促进执行法官办案规范化角度，通过建立执行案件办案要件指引及相应数据模型，将办案流程、执行规范等嵌入系统，并通过执行节点自动提醒等功能，为法官提供智能化办案服务，从而提升执行法官的整体办案能力和水平。

公开。从减少执行信访出发，提升人民群众满意度，进一步加强执行公开，通过执行过程自动公开，进一步加强和执行当事人的有效互动，减少因信息不对称产生的执行信访和投诉。

精细化。从加强执行精细化管理角度，通过案件风险自动预警、终本案件自动核查、违规行为自动预警等功能，从过去的结果管理转变为过程监控，同时改变管理手段，寓管理于智能服务之中，提升执行管理精细化水平。

智能化。从利用人工智能、大数据、区块链、5G等新技术服务执行工作角度，开发文书全程在线自动生成、自动形成电子卷宗等功能，利用区块链防篡改等技术特点，为执行法官和执行管理提供更多智能化服务，进一步提升执行工作信息化水平，从数字化迈向智能化。

二 "智慧执行"建设目标及任务

智慧执行系统在现有执行信息化基础上，准确把握人工智能在司法领域辅助办案中的功能定位，大力推进人工智能与人民法院执行业务的深度融合，通过执行节点自动提醒、违规行为自动冻结、终本案件智能巡查等功能，解决执行流程不统一、执行权行使不规范等问题，提高执行案件办案质量；通过全案信息自动回填、全案文书自动生成、网络查控自动启动、当事人自动关联、线索自动推送等功能，提供数字劳动力，大幅度减轻法官工作负担，提升执行法官办案效率，缓解人民法院案多人少矛盾；依托"移动微法院"自动公开案件办理情况，提升法官与当事人执行过程中的互动及时性、便捷性。通过对现有执行信息化系统功能的改造和提升，全面推进法院执行信息化工作向智能化跨越。主要任务如下。

（一）建立健全执行案件规范标准

执行案件规范标准是研发智慧执行系统的关键，按照最高人民法院《关于确认和终结无财产可供执行案件若干问题的规定（试行）》《关于执行会议的规定（试行）》《关于金钱债权执行实施案件流程管理的规定（试行）》《执行工作质量效率效果考评办法（试行）》《执行人员行为基本规范（试行）》等相关规定要求，结合上海执行案件特点，聚焦执行案件的8个办理阶段、49个办理节点（见表1），从执行案件办理过程中的执行流程、办案节点、执行期限、执行措施等方面，分节点逐项制订法官办案期限指引、要件指引、文书指引与法律指引。依托机器学习，建立标准模型，内嵌在系统中，以此作为统领智慧执行系统的神经中枢。

表 1 执行案件办理阶段与办理节点

序号	办理阶段	办理节点
1	执行立案	1. 现场受理 2. 审查受理 3. 立案信息录入 4. 受理案件的流转
2	执行准备	1. 执行分案 2. 执行通知与财产申报
3	财产查控	1. 网络查询 2. 重新申请查询 3. 传唤被执行人 4. 非网络查询 5. 申请财产查控 6. 申请执行人约谈 7. 依申请查控 8. 其他调查方式 9. 调查令签发 10. 网络复查 11. 网络查询财产的控制 12. 其他财产控制
4	财产变现	1. 存款类财产扣划 2. 动产评估 3. 不动产、其他财产评估 4. 评估结果告知 5. 评估异议 6. 评估异议审查 7. 拍卖启动 8. 拍卖公告 9. 以物抵债 10. 再次拍卖 11. 变卖启动 12. 变现成交确认
5	财产分配	1. 分配听证 2. 分配方案制作 3. 分配方案告知 4. 分配方案异议告知 5. 分配方案修改

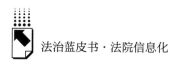

续表

序号	办理阶段	办理节点
6	执行款物发放	1. 款项发放 2. 财产交付 3. 财产退还
7	执行惩戒	1. 限制消费、曝光 2. 失信被执行人名单 3. 限制出境 4. 其他惩戒措施 5. 惩戒措施的解除
8	执行结案	1. 执行结案期限 2. 阶段性报告 3. 报结时间 4. 归档时间 5. 终结本次执行程序案件的复查 6. 终结本次执行程序案件的恢复执行

（二）开发上海"智慧执行"综合业务平台

一是建立上海执行案件知识库，上海市高级人民法院针对执行案件，已完成执行办案行为规则库、执行办案要件指引规则库、关联案件数据库（包括涉诉涉执案件以及工商、银行、公安、房管、车辆、证券等数据）、执行案件文书模板库、执行公开模板库、执行风险识别规则库、违规行为识别规则库、终结本次案件办理规范、终结本次执行案件知识库等知识库的建立，并不断补充完善，为办案提供信息资源、规则规范的支撑和保障。

二是建立上海执行案件智能辅助办案系统，融合大数据、人工智能、区块链、5G等新技术，以执行信息化方式，推进信息化与执行工作深度融合，解决执行案件查人找物难、变现难等诸多问题。该系统由若干功能模块组成，具有以下功能：全案信息自动回填、全案文书自动生成、执行节点自动提醒、网络查控自动启动、执行过程自动公开、当事人案件自动关联、执行线索自动推送、执行风险自动预警、违规行为自动预警、终本案件自动核查。重点解决执行案件执行流程不统一、执行权行使不规范等问题，减轻法官工作负担，提升执行法官办案效率。

（三）建立智慧执行系统运行的工作保障机制

根据系统设计要求，及时对本单位的网络及业务系统进行改造完善，确保系统运行条件齐备、安全稳定。强化数据安全防护，在数据的生成、采集、录入、传输、交换、共享、备份、维护和网络安全运行等环节部署应用访问控制、安全隔离、数据加密等安全措施，确保数据利用全程防护、全程留痕。建立可视化应用监管平台，配置系统专业维护团队，通过实时应用监管，确保系统始终处于高效顺畅的运行状态。

三 主要内容及创新

上海市高级人民法院依托国家课题"全流程管控的精细化执行技术及装备研究"，依照最高人民法院"智慧执行十个自动化"标准，遵循"体系化、模块化、能力输出"设计原则，形成上海法院"智慧执行"系统。

（一）建设内容

1. 全案信息自动回填

法官输入工作量大是当前执行管理系统存在的主要问题。上海市高级人民法院还原法官办案真实场景，整理执行办案的 37 个流程节点、341 项案件录入信息，应用"系统对接""OCR 识别""移动执行" 3 种信息采集和回填方式，实现各执行办案节点主要信息的自动采集和回填。

研发团队已实现与上海审判流程管理系统、案款管理系统、总对总查控系统、司法拍卖系统、上海 e 号通、点对点查控系统、最高人民法院审判流程管理数据中心七大业务关联系统的数据对接，实现了对立案申请材料、当事人提交的其他纸质材料的自动识别，并通过移动执行实现对财产调查、终本约谈、搜查、扣划、强制迁出与退出、查封、冻结、扣押、送达文书、解除查封/冻结/扣押等外勤办案措施的自动化信息采集（见表2）。

表2 全案信息回填方式与数据来源

回填方式	数据来源
系统对接	上海审判流程管理系统、案款管理系统、总对总查控系统、司法拍卖系统、上海e号通、点对点查控系统、最高人民法院审判流程管理数据中心
OCR识别	执行申请书、民事判决书、仲裁裁决书、公证债券书、身份证、营业执照、授权委托书、律师事务所函、法定代表人身份证明……
移动执行	财产调查、终本约谈、搜查、扣划、强制迁出与退出、查封、冻结、扣押、送达文书、解除查封/冻结/扣押

2. 全案文书自动生成

法律文书制作是执行法官的主要办案行为，上海市高级人民法院梳理出不同执行流程节点的文书共357类，研发团队已完成执行案件常用文书239类、移动执行14类文书的自动生成，法官执行办案过程中不常用文书共计94类：表单类35类（申请/登记/核查/记录/请示等），笔录17类，通知17类，报告2类，裁定书7类（特殊用途裁定），决定书建议书确认书等16类（见表3）。

系统支持自动关联、一键生成、一键签批打印、一键归档功能。为杜绝线上线下不统一的办案情况发生，系统严格规范办案文书，不支持线下制作办案文书。

表3 全案文书分节点统计

单位：类

执行节点	文书总数	不常用	移动执行
执行立案	19	8	0
执行准备	17	12	0
网络查控	2	2	0
线下调查	23	6	5

执行节点	文书总数	不常用	移动执行
财产控制	91	8	8
财产处置	61	19	0
款物发放	19	10	0
终本约谈	9	3	1
执行结案	20	10	0
行为执行	6	0	0
保全执行	2	0	0
案件管理	63	2	0
对人措施	25	14	0
合计	357	94	14

3. 电子卷宗随案生成

执行案件电子卷宗的随案生成是智慧执行实现的重要目标,系统在全案文书自动生成的基础上,依照卷宗归档标准,提供电子卷宗视图,通过综合应用文书生成、在线审签、电子签证、文档转化、智能编目等技术,在办案过程中将电子版办案文书、扫描上传的办案材料、音视频材料进行自动转化、自动编目,实现电子卷宗的随案生成、随案应用。

4. 执行节点自动提醒

上海市高级人民法院依据先期建立的执行案件规则库,构建执行办理要件指引规则库,结合执行案件办理信息,从 48 个办理节点为法官提供节点办理期限提醒、下一步办理操作提醒、执行异常风险提醒 3 个方面的自动提醒。引导法官及时处理办案节点、明确下一步的办理步骤,提示异常办理情况和风险。

5. 网络查控的自动启动

上海市高级人民法院依据执行案件发起网络查控要求,自动筛选出符合条件的在执案件与终本案件,为法官提供主动发起、自动查询功能。自动获取财产反馈信息,根据财产信息有效性认定规则,自动分析和筛选有效财产信息,对符合网络控制要求的财产,自动发起网络控制。

6. 执行过程自动公开

上海市高级人民法院依托移动微法院的执行互动功能，实现执行案件主要的 23 个流程节点、33 类执行公开信息的自动推送，向当事人主动告知执行办案流程（见表4）。

表4　执行公开节点与消息统计

序号	执行阶段	发送时间	公开信息
1	执行立案	立案成功	3
2		分案修改	1
3		保存执行通知书后(多次保存将多次发送)	1
4	财产查控	总对总发起后	1
5		线索核查后	1
6		查控结果分析(无财产)	1
7		冻结	1
8		查封不动产	1
9		查封动产	1
10	财产处置	评估开始	1
11		评估摇号确认评估机构后	1
12		评估报告出来后	1
13		拍卖平台选择	1
14		拍卖摇号确认拍卖辅助机构后	1
15		最高人民法院返回拍卖结果后,并且拍卖结果为成交时	4
16		承办人填写变卖信息后	1
17		承办人填写以物抵债信息后	1
18	案款发放	案款到账	1
19		案款发放成功后	1
20	审查结案	执行完毕申请报结	1
21		终本申请报结	2
22		终结执行申请报结	1
23	制裁措施	罚款、拘留、限高令、被执行人失信、限制出境	5

同时为当事人及法官提供文字、语音、视频、虚拟电话等互动交流方式，推送主要案件办理信息、提供线索提交、申请惩戒、远程和解等在线诉讼服务功能，应用区块链技术固化互动沟通过程，打造执行法官与当事人之

间规范透明的办案模式。

7. 被执行人涉诉案件自动关联与涉诉执行线索自动推送

智慧执行系统依托全国法院案件大数据管理平台，自动关联被执行人历史案件信息，把个人能力经验转化为集体经验，为执行法官推送被执行人相关涉诉涉执案件信息，并通过对关联案件的数据挖掘，对被执行人进行数据画像，提供被执行人涉诉的地址、联系方式、涉诉财产等执行线索信息，并对被执行人的失联风险、送达风险、终本风险进行评估，辅助法官发现新的执行线索，制订有效执行方案，实现从发现线索到智能研判的多维度服务。

8. 执行风险自动预警

上海市高级人民法院梳理执行案件关键风险点，形成执行风险识别规则库，包括五大类25小类、46个执行办案节点的350多条识别规则，建立执行风险识别与分析模型，对法官行使司法权实时把关、风险自动识别、及时预警。从办理期限、节点顺序、执行行为、必要文书、必要信息等5个方面，分析存在的风险类型、具体风险问题、风险可能导致的执行问题、风险管控的依据等，加强执行过程中对选择执行、乱执行、消极执行行为的预警与监督。

9. 违规行为自动预警

上海市高级人民法院根据执行办案标准指引，建立执行风险防控模型，对违规执行行为进行自动识别和分级预警，已初步建立显性风险预警与隐性风险预警判定标准，提供7种显性风险预警与1种隐性风险预警，化被动为主动，从事后惩处向事前提示、事中预警、事后评查的监督方式转变（见表5）。

表5　显性违规风险与隐性违规风险分类

显性违规风险	隐性违规风险
逾期发放执行通知、财产报告令	代管款物发放时间
逾期开展财产调查	首次开展网络财产调查时间
应解除查冻扣而未解除	第一次发布失信/限高时间过长
中止、暂缓、撤回、撤销拍卖	指定分案（变更承办人）
终本不合规	律师、法官、律所关联度
逾期未发放案款	执复"撤销原裁定并裁定不予执行"
已结案件执行费减免	执行费减免

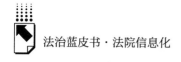

10. 终本案件自动核查

依据终本案件合规办理要求，通过对办案系统结构化数据与电子卷宗材料的"三层"校验，进行终本合规性检查，确保终本案件实质标准和程序标准合规，形成统一规范要求。

研发团队已完成对 11 个执行流程节点、6 项程序性办理要件、7 项实质性办理要件、42 个案件办理信息点、5 条办理期限要求、16 种卷宗文书识别、22 项卷宗内容提取信息共计 70 个校验点的自动核查（见表6）。

表6　终本智能核查节点与卷宗情况

执行阶段	必要卷宗名称
执行通知	执行通知书、报告财产令、送达回证
网络查控	财产查询反馈汇总表
传统查控	调查笔录、搜查令、悬赏公告、审计报告
终本约谈	约谈笔录、拟终结本次执行程序告知书、终结本次执行程序申请书、合议庭评议笔录
案件报结	终结本次执行程序案件办理情况表/结案审批表、终本裁定书
制裁措施	限制消费令、失信决定书

同时，通过区块链技术对终本案件信息、卷宗材料、校验结果进行固化防篡改，向当事人进行终本公示，有利于完善终本案件公示的手段，使当事人对终结本次执行条件的达成更信服，进一步理解执行终本结案。

（二）主要创新

"智慧执行"系统运用图文识别（OCR）、自然语言理解（NLP）、知识图谱、执行要素抽取等人工智能技术，同时结合数据统计、数据治理、数据清洗等大数据技术与区块链技术，将人工智能、大数据、区块链与执行业务深入融合，通过全案信息自动回填、全案文书自动生成、网络查控自动启动、执行节点自动提醒等功能，为法院提供数字化劳动力，减轻执行法官工作负担，提升执行法官办案效率，有效缓解人民法院案多人少矛盾。

上海法院"智慧执行"系统已开发完成的 10 项功能中有 8 项是人工智能在司法领域的创新运用。主要创新点体现在以下几个方面。

1. 电子卷宗深度应用

运用深度神经网络模型，实现图文识别（OCR）功能，基于对执行案件电子卷宗材料的机器学习，系统能够对文书的关键文字信息、签字、院印等进行智能识别、定位和信息提取，并利用提取到的定位和内容等信息。

通过对 16 类终本案件必备文书的信息抽取，依据终本案件合规性核查规则，进行案件合规性办理的提示；通过对立案材料与案件其他办理材料的识别抽取，实现全案信息回填。

2. 被执行人智能画像

依托全国案件数据中心、政府管理数据、融合被执行人的金融行为数据形成的被执行人大数据，结合社交知识图谱、时空聚类分析和预测推荐等人工智能技术，实现对被执行人的自然属性、社会属性、经济属性、社交关系、家庭关系等多维度画像。

3. 财产线索与行踪线索智能挖掘

通过概率图模型描述被执行人多维度静态信息和动态特征之间独立关系的概率模型，以直观、简单的方式将被执行人多维度的信息可视化。通过朴素贝叶斯网络、隐马尔可夫模型、条件随机场等模型分析被执行人各个维度特征之间的依赖关系，获取被执行人的输入特征与隐匿涉案财物行为识别之间的关系。挖掘被执行人隐匿涉案财产的线上线下行为线索，分析与被执行人隐匿财产的方法和模式。

4. 区块链存证

法官执行办案过程中产生的外勤办案记录、电子卷宗信息、文书制作材料、多媒体文件、系统操作信息、节点办理信息等相关数据，通过区块链技术，自动存档上链，实现文件固化防篡改、可证明可信赖，做到执行办案过程全景可还原、全程可回溯，进一步提升司法公信力。

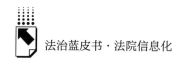

四 建设预期成效

（一）减轻法官工作负担，提升执行办案效率

智慧执行系统为法官提供数字劳动力，充分利用大数据、人工智能技术，加强数据分析与再利用，减少法官出差时间和手动录入时间，真正减轻法官工作负担、提升执行案件的办案效率。

在全案信息自动回填的应用场景中，通过自动回填或自动生成的信息可达到1500余项，信息自动回填率达到80%以上，平均每个案件节省法官录入时间3小时。

在全案办案文书自动生成、执行电子卷宗随案生成的应用场景中，文书生成范围覆盖执行启动、财产查询、财产控制、财产处置、款物发放、审批结案、制裁措施7个办理阶段，涉及3000多个案件信息项，平均每个案件可以节约制作文书时间5小时。

在当事人案件自动关联、涉案线索自动推送的应用场景中，充分利用全国案件数据库资源，提供全国范围关联案件，并通过智能研判向法官自动推送关联案件和涉诉线索，提高法官人工分析关联案件的效率，大幅提升法官办案效率。

（二）加强过程提醒与公开，以智能化促规范化

智慧执行系统的节点提醒范围覆盖执行全过程55个办理节点，包括了执行通知、网查查控、传统查控、执行线索、终本约谈、案款发放、终本约谈、结案报结等主要执行节点，节点提醒内容达168项。

1. 通过节点办理期限提醒，解决法官消极执行问题

智慧执行系统根据当前办理节点的期限管理要求，为法官提供执行全流程办理节点的期限预警提醒，提醒法官及时办理相关执行节点，减少无正当理由延期或超期执行现象，督促执行法官在法定时间内履行工作职责。

2.通过禁止事项提醒，解决法官乱执行问题

针对法官办理过程中存在办理异常或不规范执行现象，智慧执行系统会通过禁止事项提醒，提醒法官该执行行为存在的执行风险，告诉法官不能做什么，有效避免法官随意采取执行措施、剥夺当事人异议权，导致执行错误、损害他人合法权益的行为。

3.通过执行办案指引，解决法官选择执行问题

根据执行办案节点的启动条件、关联关系、依赖关系等因素，为法官提供办案指引，包括下一步关联需要办理节点的操作提醒以及启动的期限要求等内容。在办案过程中系统会自动提醒法官规范办案，告诉法官应该做什么，切实提高执行案件办理质量，有效避免法官区别采取执行措施，导致执法不统一、不公平的行为。

（三）加强执行过程监督，提高执行管理精细化水平

通过智慧执行系统，实现执行过程中执行风险的自动识别和执行案件全过程管理预警，为院局领导提供执行风险的自动分级预警；实现终本案件自动核查，进一步完善终本合规管理，完善法院执行监督和执行管理体系。

1.风险管理精细化，破解执行过程监督难题

建立执行风险识别规则库，保证风险可量化。智慧执行系统基于执行业务实时办理数据，以执行办案规则指引为依托，对执行全过程进行风险识别，真正将执行风险管理落实到每一个法院、每一个法官、每一个案件。

2.终本管理精细化，严格规范终本适用程序

智慧执行系统通过制定终本合规校验规则，对办案系统结构化数据与电子卷宗材料进行"双重"检查，进行终本合规性检查，确保终本案件实质标准和程序标准合规，形成统一规范要求，有效解决执行卷宗和法官行为不一致问题。保证终本核查完整无死角，有效弥补人工终本卷宗核验耗时费力又难以全面覆盖的不足，节省人工核查时间。

（四）推动执行公开建设，提升司法公信力

1. 执行办案信息自动公开，加大执行公开力度

依托移动微法院的诉讼服务渠道，主动向当事人公开案件办理信息，实时推送法官的办事时间、办事地点与办事行为，加强执行法官与当事人的互动，有效解决信息不对称问题，同时让当事人对案件形成理性思维，合力引导心理预期，从源头上减少信访和投诉问题发生。

2. 区块链防篡改，有效提升司法公信力

应用区块链技术，服务于自动公开和终本审核两个具体的业务场景，全景还原执行全过程的同时，运用区块链技术加密，做到所有执行行为一上链，永难改，防止执行过程中相关文件、文书以及视音频文件被调换被篡改，为减少当事人的疑虑、提升司法公信力提供了有力的技术支持和保障。

B.14
"执必果"试点工作助力源头治理执行难

——广州中院打造执行全网通办案平台

广东省广州市中级人民法院课题组[*]

摘　要： 信息化建设对促进执行工作规范化、智能化、高效化发挥了巨大作用。广州市中级人民法院在顺利通过"基本解决执行难"第三方评估后，继续深入推进"执必果"试点工作，坚持执行信息化建设思路，研发上线了执行全网通办案平台，实现标准化、智能化、集约化、无纸化执行。平台以信息化、标准化、节点化实现执行指挥、管理的精准化，支撑执行指挥中心实体化运行；以无纸化办案、移动办案为抓手，从源头提升执行能力；以"送必达、执必果"试点工作为契机，从源头共治执行难；以优化执行信息公开与执行司法服务为切入点，从源头提升执行公信力。

关键词： "执必果"　执行全网通　源头治理

　　执行工作质效是制约法院司法权威的重要因素。广州中院在近年来智慧执行建设基础上，继续深化"执必果"试点工作，结合新的形势要求，创

---

　　* 课题组负责人：王勇，广东省广州市中级人民法院党组书记、院长，一级高级法官。课题组成员：吴筱萍、马伟锋、黄健、周冠宇、黄泽辉、赵卓君、陈育锦。执笔人：马伟锋，广东省广州市中级人民法院执行三庭副庭长；黄健，广东省广州市中级人民法院科技信息处副处长；黄泽辉，广东省广州市中级人民法院执行一庭法官；陈育锦，广东省广州市中级人民法院科技信息处综合管理科科长。

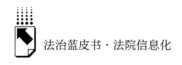

新研发了执行全网通办案平台，实现执行标准化、智能化、集约化、无纸化，为从源头治理执行难添加了新的动力。

一 解决执行难进入新阶段、提出新要求

党的十八届四中全会明确提出"切实解决执行难""依法保障胜诉当事人及时实现权益"的目标。2018年4月，广东省委政法委在广州法院开展"送必达、执必果"试点工作。广州中院深入推进试点工作，充分利用信息化技术推进智慧法院建设，充分整合社会资源，大力推动破解送达难、执行难，取得显著成效。三年来，广州中院全力推动构建综合治理执行难工作格局，以"执必果"为目标，全面推进执行信息化、规范化建设，不断深化执行改革创新，持续加强队伍建设，加大投入保障力度，执行工作取得显著成效。广州两级法院均高标准、高质量通过了"基本解决执行难"第三方评估验收。

2019年8月，中央全面依法治国委员会印发《关于加强综合治理从源头切实解决执行难问题的意见》，就加强执行难综合治理、深化执行联动机制、加强人民法院执行工作提出意见。《关于加强综合治理从源头切实解决执行难问题的意见》就推进执行联动机制建设、加强和改进人民法院执行工作、强化执行难源头治理制度建设、全面加强组织保障和工作保障等4方面提出了健全网络执行查控系统、健全查找被执行人协作联动机制、推进执行信息化建设、提升执行规范化水平等20条具体措施。

二 执行难的"源头"及治理路径

（一）执行难的根本成因

执行难既是一个司法问题，更是一个社会问题。从司法的角度看，执行难主要表现在：慢执行、乱执行、选择性执行等现象暴露了执行规范化水平

不高，查人找物、惩戒威慑等关键环节执行能力不足，评估拍卖、执行联动等执行制度机制不够完善，流程管控、执行公开等执行管理不规范①。从社会宏观角度分析，执行难问题的存在，折射了中国国家治理体系和治理能力层面的短板，反映了社会信用体系和保障救助体系相对缺失、责任财产制度和财产发现机制不健全、市场退出机制运行不畅、人民群众法治意识和市场主体风险意识欠缺等现实问题，是诸多社会问题和社会矛盾叠加、交织进而在执行领域的集中体现，是中国特定历史发展时期、特定社会发展阶段的产物。可以说，在基本解决执行难目标如期实现以后，执行难的源头已全部集中在社会层面，这也就不难解释为何中央全面依法治国委员会的一号文件把源头治理放到重中之重的位置。除上述普遍性共有源头外，因特殊的经济和社会发展现状，对于广州法院等经济发达地区法院而言，不能忽略以下两个地域性的执行难源头。一是受制于编制数量，案多人少矛盾长期存在，执行法官不堪重负②。人案矛盾多年来不仅未见缓解而且日益突出，说明这一问题的症结不在法院内部。二是互联网金融和仲裁的跨越式发展，导致大量的小额金融纠纷和互联网仲裁纠纷案件进入执行程序，挤占了有限的司法资源，导致产生大量"不能执行③"的执行依据，反过来又加剧了执行难④。

（二）执行难源头治理的路径分析

切实解决执行难，既要有先进的制度设计，也要因地制宜、精准施策。

---

① 最高人民法院提出基本解决执行难的四个"基本"目标：被执行人规避执行、抗拒执行和外界干预执行现象得到基本遏制；人民法院消极执行、选择性执行、乱执行的情形基本消除；无财产可供执行案件终结本次执行程序标准和实质标准把握不严、恢复执行等相关配套机制应用不畅的问题得到基本解决；有财产可供执行案件在法定期限内基本执行完毕，人民群众对执行工作的满意度显著提升，人民法院执行权威有效树立，司法公信力进一步增强。

② 2018 年，广州两级法院执行法官人均结案 593 件。其中，天河区人民法院执行法官人均结案 1333 件。

③ 除先予执行外，互联网仲裁普遍存在对被申请人仲裁基本权利保障不到位、审理程序不严谨、对网贷平台是否违反金融有效监管避而不查等问题，容易造成执行为不法行为背书的情况。

④ 2018 年，广州两级法院受理金融类执行案件 34738 件，占全部新收执行案件的 19.84%。

对照《关于加强综合治理从源头切实解决执行难问题的意见》，结合广州当地实际，广州法院推进源头治理、切实解决执行难面临的主要课题如下。

1. 建立执行案件全流程网上办理机制

借助信息化手段，深化繁简分流机制，推进指挥中心实体化运作，通过"智慧执行"模式，引入社会化力量参与，"自动"执行绝大多数的简易、普通案件，有效缓解人案矛盾。完善执行财产发现机制，对接各类财产实名登记系统，拓宽被执行人财产发现渠道，建立传统查控线上线下融合模式，扩大网络查控财产、财产线索的范围，提高查控效率和准确性，建立被执行人"财产画像"，从源头提升查人找物能力。

2. 推进建立更加完善的社会信用体系

搭建统一的信用信息共享平台，打通失信被执行人信息平台与政府信用平台，实现实时互联①，使各类市场主体的信用信息能够在第一时间得到确认、公示、更新、共享，从源头减少市场经济活动的信用风险。进一步健全失信被执行人社会信用联合惩戒机制，不断扩大联合惩戒的范围，优化"云惩戒"平台，提高联合惩戒的主动性、时效性，创新社会惩戒方式，增强社会惩戒力度，畅通救济渠道，使失信被执行人在社会、经济活动的各个领域依法受到限制，对失信行为进行源头惩戒。

3. 进一步健全执行联动机制

在党委领导下，进一步扩大联动单位范围，建立执行联动常态化机制和涉特殊主体案件专门执行机制，将协助执行事项确定为联动单位的工作职责，建立日常化工作制度，联动发起、反馈通过网络完成，杜绝联而不动、联而慢动的问题。健全查找被执行人协作联动机制，与公安机关建立完善查找被执行人协作联动机制，建立健全仲裁、公证、律师、会计、审计等专业机构和人员深度参与执行的工作机制；将协助执行网络拓展到村、居、社，纳入综治网格事件，通过网络悬赏、电子律师调查令等措施，形成解决执行

---

① 目前，全国性的信用平台主要有最高人民法院建立的失信被执行人系统和中央银行的征信系统。此外，发展改革、海关、税务、市场监管等部门都在建立各自的"失信名单"系统，但各系统之间是相互孤立的。

难的社会合力。

4. 建立全方位执行公开体系

在全业务网上办理的同时，将执行全流程、全节点同步在网络公开，提升执行公信力和权威。一方面，通过执行公开倒逼执行公正、高效；另一方面，通过每一起执行案件教育社会公众守信履约，引导社会公众理性认识执行工作，增强法治意识和风险防范能力，营造良好的法治环境，从源头减少规避、抗拒执行行为。

（三）智慧执行在源头治理中的作用

大数据、云计算、人工智能、5G技术、区块链等现代信息技术成为智慧执行不断创新升级的引擎，也能够为源头治理执行难提供强大的技术支撑。新的技术支持可以推动建立更加高效的全流程网上执行机制，健全执行指挥平台，提高执行的规范化、智能化、自动化水平。推动全国信用信息共享平台、执行联动共享平台建设，有助于升级完善执行查控和信用惩戒系统，为执行惩戒措施发挥更大的惩戒效果和惩戒威慑力提供基础。区块链、大数据、物联网等技术的迅猛发展，为网络查控系统的创新和拓展提供了广阔的空间，为执行指挥中心的实体化运作提供了更加高效的保障，为"全网通"执行铺好了高速公路。

信息化3.0的普及和移动5G通信技术的成熟，使得建立全社会参与的源头综合治理网络成为现实。随着"5G智慧法院"建设的深入，在"全业务网上办理、全流程依法公开、全方位智能服务"基础上，法院执行业务平台要主动敞开怀抱，对接与社会治理相关的司法平台、政务管理系统、基层综治网络、行业管理平台，连通主要的网络交易平台、社交平台，汇聚全社会之力，共解执行难题。

三　执行全网通办案平台具体功能

广州中院从执行工作需要出发，创新执行工作流程，打造了"执行全网通办案平台"。该平台是以"人民法院执行案件流程节点管理系统"为核心，依托执行指挥中心实体化运行系统，利用大数据、人工智能、移动互联、自然语言理解等技术，实现标准化、智能化、集约化、无纸化执行，实现执行指挥、执行管理、执行办案、执行送达、执行查控、执行公开、执行服务等业务的全网通办。

（一）执行指挥全网通办，实现执行指挥中心实体化运行

1. 执行指挥中心实体化运行系统

建设执行指挥中心实体化运行系统，彻底改变"一人包案到底"和"团队包案到底"的传统办案模式，按照"整合司法资源、科学配置权力、优化执行模式"的指导思想，有效破解了执行工作的种种难题。执行指挥中心建设通过模块化运作，集约化实施核对立案信息和初次接待、制作发送格式化文书、网络查控、收发委托执行请求、录入失信被执行人信息、网络拍卖辅助工作、接待来访、接处举报电话等各类辅助性事务，服务执行实施团队。

执行指挥中心实体化运行系统具体功能如下。①信息核对与初次接待：立案庭立案完毕后，对于实施类案件，将案件移送给执行指挥中心，指挥中心专岗专人接收案件后，可以查看案件的立案信息，并可以核对、修正立案信息。②网络查控：执行指挥中心通过网络执行查控系统集中对被执行人的财产情况进行调查，可根据预设规则，自动发起点对点网络查控，系统根据财产查控结果，自动区分案件繁简程度。③执行通知：系统提供单个案件、批量案件的执行通知功能，并按预先设置的文书模板批量生成文书，通过集成电子签章系统，可实现自动签章、批量打印功能，实现与送达系统的无缝对接。④繁简分流：执行指挥中心根据财产查控结果、案件类型等因素，初步对案件繁简程度进行研判，并将案件分配流转到相应执行团队办理。⑤辅助事务办理：提供执行辅助事务办理功能，可由执行法官发起执行事务，由指挥中心负责事务人员集中办理。执行事务种类有纳入失信被执行人、限制高消费、事项委托、标的物上拍等，并可自定义事务类型。⑥流程节点监

控：执行指挥中心可监控本院及辖区法院执行案件的流程节点接近期限以及超期情况。⑦终本案件管理：对于以终本方式办结的案件，需要先将案件提交到执行指挥中心专人进行审核，审核通过的再提交到部门领导处审批，审核不通过的，可直接退回承办人。

2. 标的物精细化管理系统

该系统在执行财产管理中引入现代精细化集中管理理念，将传统查控的财产和网络查控的财产汇聚到一起，以集中、便捷、高效、智能管理执行财产，量化财产甄别、财产控制、财产处置等执行财产的管理模式，为法官提供标的物及时集约办理、动态提醒，为领导提供标的物办理效率、动态监管的智能辅助管理系统，避免因案件多、财产多可能有懈怠、消极处置财产的情况发生，使财产处置更加高效、规范。系统对执行案件财产情况自动进行甄别，如果甄别为可执行财产则进入可执行财产清单，才能对财产采取后续措施，如果甄别为不可执行财产则进入不可执行财产清单。为加强甄别严谨性和规范性，甄别为不可执行财产必须选择原因，并需要报请领导审批通过后才进入不可执行财产清单。可执行财产和不可执行财产可以互相转换，实现财产管理过程"网上留痕、全程监管"，督促快办快结，提高工作效率。

此外，系统还打破了案件之间的壁垒，实现以标的物（财产）为主线，通过跟踪财产的控制、处置情况，实现节点效率统计分析，将执行标的物精细化管理纳入执行质效管理范畴，为领导决策和监督管理提供完整、详细的参考依据。

具体功能如下。①以承办人、财产状态、财产类型等检索条件，可查询案件标的物清单与状态，根据职责权限授权案件标的物清单的查阅权限。②按照最高人民法院37个流程节点的时间要求，对财产控制、财产处置的办理时间节点进行预警提示，对已超期且尚未办理的节点提供超期催办功能。③可跟踪历史处理信息，获取节点详细信息，在节点下可进行财产的后续处理。④提供统计功能，对承办法官对标的物的控制类、处分类等各节点平均用时进行统计展示，将案件标的物精细化管理纳入质效管理。⑤个性配置功能，根据财产类型配置各种财产状态的后续可操作的措施及措施期限

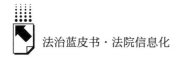

值，以便跟踪和统计各种措施的办理效率。

3. 执行款管理系统

执行款管理系统立足于法院不明费款较多、对账工作量大的现状，从"一案一账号"出发，为每一个案件都建立专属执行案款账户，使转款账目更加清晰明了，直接对应承办法官和案号，使财务信息和执行部门信息收支及时对接，案款管理更加科学规范，更好地保障了申请执行人合法权益的及时兑现。

具体功能如下。①法银数据交互：与银行通过交换平台进行数据交互，实现子账号的自动申请、案款到账实时推送、对账文件发送、法银直联发放案款等功能。②一案一人一账号可使案款自动与案号、被执行人进行对应，支持案款到账信息的查阅及案款发放流程的自定义配置，实现全程线上审判管理。③自动生成案款发放审批表和发放通知单等文书。支持案款转移分配、案款台账、延期申请等管理功能，提供不明款认领功能，供法官将不明款认领到案件。④支持 MISPOS 方式收缴执行款，通过智能 POS，实现支付宝、微信缴纳执行款，支持套打案款往来票据，支持票据信息及时上传财政非税系统。⑤提供执行款发放审核、发放处理功能；对非税收入提供批量处理，支持批量合打银行票据，支持法银直联，支持批量转入非税账户。⑥当一笔执行款属于多个案件时，可通过执行款转移申请至其他案号，财务人员通过该业务模块核查执行款转移。⑦内控管理功能：执行人员登录进入执行流程管理系统，即可看到与本人相关的多种提醒、警示功能；提供多指标、多维度、多方式的数据统计、分析、展示，供业务人员、财务人员了解本人办理的案件费款收支情况；供各级领导了解本部门、分管部门、全院费款收支情况。

4. 执行质效评估系统

执行质效评估系统结合广州法院执行工作对具体业务指标的评估需要，通过对法院、部门及执行法官各项评估指标的分析以及案件质量效率的综合评估，为提高办案质量、分析影响办案质效提高的因素提供可靠的数据支撑，对执行工作发挥了激励、引导和监督管理的作用。

具体功能如下。①指标体系管理：共设置了实际执结率、终本率、实际执行到位率、法定期限内结案率等 15 个指标，提供指标体系动态管理功能。②基础数据管理：提供基础数据点的灵活定义功能，以增强系统的可扩展性。以即时采集、调度采集的方式在采集区间内采集数据，提供指定指标采集功能。支持对采集后的数据进行维护补录功能。③统计报表：具有首次执行案件结案情况、执行到位情况等 28 项统计指标，并可对指标进行自定义管理，根据报表模板生成报表数据并导出 Excel。④质效指标分析：实现对执行质效综合质量情况的评估，并形成最终得分与排名结果，可分为单指标分析、综合评估分析，可按月、季度、年度对执行质效进行评估。

（二）执行办案全网通办，从源头提升执行能力

1. 材料集中收转系统

立足于破解"案多人少"难题，重构执行材料收转流程，由专人专岗集中对诉讼材料进行数字化处理，全流程跟踪，降低电子卷宗随案生成给办案法官、书记员带来的工作负担，为诉讼材料向电子卷宗的转变奠定基础。

通过建设材料流转柜（云柜）实现纸质材料流转的有序化和全程留痕；建设纸质卷宗中间库实现卷宗材料的集中管理，不再到线下流转，直至归档，可实现全过程无纸化办案。

系统具体功能如下。①材料登记。登记案件材料的基本信息并生成唯一的二维码，支持跨域接收材料，通过二维码与案件管理系统的关联，支持立案回填；全程跟踪案件材料在各个环节的流转状态。②材料扫描。根据材料登记单号，对材料进行数字化扫描处理；为达到卷宗归档要求提供纠偏、去黑边等功能。③编目核对。对智能编目后的材料进行核对，完成后向纸质文档交换系统推送信息，实现纸质诉讼材料与电子卷宗的同步移交。④材料签收。法官通过纸质文档交换系统（云柜）进行纸质材料的签收，同时与电子数据进行核对签收。⑤输出利用。以案件为单位展示标注编目后的案件材料，并提供规范化、标准化的输出文件，便于无缝挂接电子卷宗。

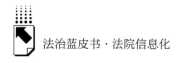

2. 诉讼材料标注编目系统

围绕提升法官阅卷体验核心目标，通过综合运用文本识别、图形识别、深度学习、自然语言处理等技术，实现对电子卷宗的智能分类、自动编目，包括自动拆分卷宗文件、智能标注文件标题、快速人工校验等功能，最终达到自动、快速拆分电子卷宗文件以及准确、详细标注电子卷宗目录的目的。

①自动拆分卷宗文件：诉讼材料扫描成电子文件后，电子卷宗智能标注编目系统即在后台通过图文识别、自然语言处理等技术，将所有电子文件自动区分为独立文件。②智能标注文件标题：拆分文件后，根据文件版式及文本提取关键信息，判断文本的类型及标题进行编目。③自动生成卷宗目录：自动拆分并编目后的文件，可按照预设的规则自动生成卷宗目录，实现快速准确定位，提升法官阅卷体验。④深度学习自我优化：采用"人工智能 + 人工校对"方式，提供人工快速校验功能，确保编目准确率达到100%。人工校验的结果自动反馈到深度学习框架，系统通过对校验修正结果进行自动学习，实现自我优化，持续提升文件拆分及标题标注准确率。⑤后台实时监控管理：系统后台可实时监控当前正在处理的智能编目任务，包括列出发起请求的 IP、总数量、完成进度，可查看详细的识别结果。

3. 电子卷宗智能服务系统

采集案件执行过程中产生的卷宗材料，经过数字化、文档化处理并进行深度分析和挖掘，形成可利用的电子化数据，为法官立案、财产调查、财产处置、文书撰写、结案、归档等办案流程提供全方位的支持和服务，大幅度提升法官办案水平和效率，同时为流程公开、网上阅卷、网上送达等后续深度利用奠定基础。

系统按照最高人民法院电子卷宗随案同步生成及深度应用要求，为法官的日常办案提供辅助支持，主要功能如下。①卷宗收集：支持电子文档、图像、音频、视频等电子文件采集；纸质案卷材料可通过扫描、OCR 智能识别转化为可复制的电子文档。②卷宗管理：以执行法官习惯的阅卷方式（最高人民法院电子卷宗目录规范）组织卷宗材料，方便法官阅卷，通过思维导图辅助法官办案。③卷宗利用：快速方便的目录检索、全文检索功能，使得电子卷宗网上流转、共享及阅卷批注时更加高效，为办案法官、审委会委员等网上阅卷提供辅助支持和服务。④一键归档：按照《人民法院电子诉讼档案管理暂行办法》要求，将电子卷宗转化为电子档案，材料归档时自动编目，确保归档时电子卷与纸质卷一致。⑤文书撰写：采用宽屏显示器，开启法律文书"左看右写"模式，可自动生成法律文书框架，并直接复制、粘贴、关联卷宗材料，为法官撰写法律文书提供便利。⑥文书签批：提供文书的网上审批、电子签章、提交文印等文书签批服务。⑦文书自动排版：提供法律文书的自动排版功能，为法官撰写文书提供规范、高效的服务支持。⑧文书自动签章：利用电子签章技术实现自动批量签章，实现电子签章的自动定位、防伪加盖。⑨要素信息回填和核对：利用语义分析技术对申请执行材料要素进行分析，自动提取申请执行人、代理人、执行请求等要素信息并自动回填或比对，避免法官重复录入，提高数据质量。

4. 移动执行 App

研发全国首个移动执行 App，将执行业务工作流程延伸到移动专网或互联网，执行法官通过手机或平板电脑实现事项办理、查阅网上消息、通讯录、管理我的案件、案件详情、移动阅卷、制作文书、签发文书、文书签章、证据采集、办理事项申请和审批等掌上移动执行功能，进一步拓展执行干警的办案、办公空间，丰富法官的办案手段，对法院办案的效率、质量提升具有重要意义。

具体功能包括以下内容。①我的案件：展示当前执行法官承办的执行案件，提供筛选及查询操作，方便法官根据案件状态筛选案件，并可根据高级查询条件进行更精确的查询；可进一步查阅案件信息和操作案件。②案件信息展示：展示案件的基本信息、执行主体信息、浏览电子卷宗、查阅案件的财产清单、执行工作日志、调阅和上传执行视频。③办理案件：根据当前案件节点，生成对应的格式化文书，实现文书的在线呈批；支持财产信息、执行线索、查封、扣押、冻结、搜查等信息的登记与文书生成，支持常见格式的实体文件上传，在流媒体服务的支持下，可对执行外勤工作进行排期，实现视频文件的拍摄与上传，借助移动打印机实现文书的现场打印。④审批管理：包括执行文书审批、执行期限变更审批、执行款支付审批、执行结案审批。⑤预警提醒：首界面滚动提醒全院或个人的案件到期、超期、超长期未结、财产处置措施、案款到账等情况的实时数量。

5. 移动手写板

在执行业务相关流程节点，与当事人确认、约谈等相关场景，当事人可通过移动终端或手写板签字确认；在立案过程中需要签收的文书，当事人可通过手写板签字确认，进行电子留痕；在执行文书送达过程中，当事人可通过手写板签收文书，生成送达回证并入电子卷，实现无纸化办案的目的。

具体功能如下。①身份认证：系统引导申请人将身份证放在二代身份证感应区，读取业务申请人身份信息，通过终端设备的高清摄像头，采集人像信息并结合人证比对功能，核验业务申请人身份。②图像指纹采集：系统通过对照片、指纹的采集，确保签名的真实性和不可抵赖性。③文书查阅：业务申请人可以通过智能终端设备查阅待签名文书，确认无误后签名。④文书签名：根据终端提示的签名流程完成相关文书的签名，签名完成后终端设备自动将文书上传到应用系统归卷或回传到指定地点。⑤同屏展示：终端提供HDMI接口，可以外接显示器供窗口工作人员及时查阅业务申请人签名情况。

6. 法官移动办公室

由于执行法官经常需要外出办案，虽然移动执行 App 能够实现掌上移动执行功能，但由于手机载体的局限性，执行法官外出执行期间仍有大量业务无法开展，需要回到办公室依托电脑才能进行。为此，广州中院以平板电脑为载体将内网云桌面系统与移动终端深度融合，为执行法官打造一个安全便捷高效的"移动办公室"，为执行法官提供与在办公室一致的移动办案体验。

具体功能如下。①实现随时随地通过移动专网访问：利用云计算、虚拟化等技术，法官通过移动办案平台接入云桌面系统，安全访问法院工作网业务资源，在电子卷宗深度应用和主要业务全流程电子化的支持下，解决了移动办案的后台基础保障和前端设备问题。②提供实时办案体验：以平板电脑为载体，平板电脑呈现的画面与在办公室内电脑画面一样，实现业务信息查询、信息采集、移动执法办案等，广大执行法官在办公室外有如同办公室内实时办案的体验。③构建"芯—端—管—云"信息安全保护体系：通过"互联网＋安全终端＋人脸识别＋安全应用"接入形式，采取国密算法加密专网通信、人机卡三码合一、数据不落地等安全保障措施，构建基于芯片—客户端—管理平台—桌面云的信息安全保护体系，解决采用移动通信网络业务信息、敏感数据容易泄露及被篡改的高风险问题，实现"通信加密听不懂、非法用户进不来、敏感信息拿不走、数据拿走解不开"。④解决身份识别问题：在移动办案平台进行人脸识别身份验证，采用"人脸识别＋账号密码"双重身份验证措施，完整实现"我是谁、我去哪儿、我能做什么"的身份识别验证，解决非法用户、非法外设、恶意使用等问题，是全国法院首个实现人脸识别身份验证的办案移动平台。⑤控制信息泄露：通过利用云桌面系统的防盗拍水印技术，在不影响办案办公和使用体验基础上，移动办案平台背景实时显示目前登录账号、所属法院以及时间读秒等内容，如果盗拍信息泄露可以有效追查信息来源，进一步控制信息泄露风险。

（三）"送必达、执必果"试点从源头共治执行难

1. 综合送达管理系统

依托"送必达"试点工作成果，建立法院受送达人地址标准数据库，打造综合送达管理系统，实现送达工作统一管理、一键送达、全程留痕、随时可视、实时可查。综合送达管理系统集电子送达、电话送达、邮寄送达、外出送达、公告送达等服务为一体，将送达事务进行全流程管理，送达任务创建、送达过程催收、送达结果跟踪、当事人文书签收等全部线上完成，通过电话、短信、电脑、微信、手机 App 等，为法官和当事人提供多样、快捷、便利的送达跟踪和签收服务。

使用综合送达管理平台后，执行案件送达工作全面实现电子化、网络化、流程化、智能化，切实提升了执行送达的效率和效力。

主要功能如下。①综合送达流程管理：实现送达工作的找人、送达、

回执全过程网上节点管理，包括申请、分派、处理、回执、反馈、效力确认的网上流转和网上留痕。②专项送达事务集中管理：对邮件送达、领取文书、公告送达等专项送达任务，可完成集中打印详单、贴条码、窗口集中领取文书等送达事务性工作，并全程流痕。③跨域集约送达管理：如果送达地址不在本法院管辖区域范围内，可申请下级法院或兄弟法院的专职送达机构或送达人员协助送达。协助送达人员完成送达任务后，反馈送达结果。当事人也可以选择就近法院领取文书。④智能送达地址管理：建设全市范围统一的送达地址库，地址库中的送达地址信息动态更新。与政府数据资源"四标四实"标准地址数据库互通共享，通过三大通信运营商、邮政公司、淘宝、京东等第三方平台共享受送达人活跃手机号码和有效通信地址信息等，建成多元化智慧送达平台，大幅缩短时长，提高成功率，确保送得准送得快。⑤送达机构及名录管理：实现送达机构、人员的区域划分管理、人员入册管理、网格化协助送达人员管理。机构及人员名录，向法官公开。

2. 大湾区执行联动系统

根据中央对粤港澳大湾区的发展要求，广州中院牵头组织大湾区内地9个地市建设大湾区司法查控联动平台，以满足大湾区内地9个地市执行工作的需要。基于广东大湾区执行工作管理的要求和执行查控的特点，在广东法院内部、各协执单位之间开辟常态化的执行信息联络新渠道，借助各协助执行单位的支持与配合，利用科技手段获取案件被执行人的户籍、婚姻登记、车辆、出入境、机场、酒店住宿、不动产登记、国土、证券、市场监管、税务等信息，以广东法院执行指挥中心为平台，实现对被执行人财产的查询与控制工作的集中化、信息化、即时化和批量化，提高执行工作效率。

功能如下。①协助查询申请：大湾区联动执行员对被执行人向有关联动单位提起新的财产查询请求。②协助查询审核：大湾区联动执行员提起新的查询请求后，提交给领导审核，审核通过后发送至大湾区联动单位执行指挥中心，审核不通过的请求直接退给联动执行员。③协助查询汇总：大湾区联动查控中心操作员将提交过来的协助查询信息进行汇总分类，并将不同的查询类型发送给对应的协执单位。发送协执单位时自动生成协查/控号，同一批次生成一个协查号。④协执单位接收反馈：协执单位根据查控中心发送的查控请求，在协执单位的系统中进行查控，并将查控结果登记（反馈）到查控中心。

3. 信用"云惩戒"系统

将广州法院失信被执行人名单库自动对接到全市信用平台，与户政、人社等职能部门实现 13 类 70 亿基础数据的双向共享，初步实现对失信被执行人身份、信用情况的大数据画像，实现"云惩戒"。

主要功能如下。①全市 46 家职能部门纳入失信惩戒联动机制，通过网络平台对交易、消费、授信、荣誉、市场准入、政策支持等生产生活全过程内容进行自动识别、控制、拦截，惩戒类别共计 100 多项。②与今日头条、腾讯新闻等客户端合作，精确推送失信被执行人名单到其生活圈、工作圈、朋友圈。③与三大运营商合作，为情节特别恶劣的失信被执行人定制"失信彩铃"和彩信，使其无处遁形。

（四）执行公开及服务全网通办，从源头提升执行公信力

1. 网上执行局

为进一步推进阳光司法，强化司法公信力，提升执行工作透明度，促进和规范执行行为，依托全国法院执行流程信息管理系统，建设网上执行局，向当事人推送执行案件全程办案节点信息，同时告知其权利义务和法律风险，当事人可随地查询其案件立案、移送、承办人变更、财产查控、案款到账、文书上网等执行全过程信息。同时为申请执行人提供案件进度、案件办理情况查询，联系法官，执行线索举报等服务。让申请执行人感受到执行案件办理的公正透明，实现执行全程留痕、全程监督。

具体功能包括以下内容。①执行网上立案：面向社会公众、当事人及代理律师使用，通过提交案件的网上立案申请，对信息进行确认后，完成立案流程操作，提高了立案效率。②执行案件公开：凭案件受理通知书上的查询账号密码查询案件的详细信息，可在线提交执行线索及补充案件材料，实现

送达文书的在线接收及卷宗申请查阅功能，设置局长信箱功能，以反馈办案中的问题。③执行之窗：发布执行指南、拍卖公告、执行悬赏、拒执案例、执行新闻等，拓宽执行财产线索获取渠道，同时在社会上营造支持执行的良好氛围。④失信惩戒：对于已被纳入失信名单的被执行人，社会公众可查询其失信信息，失信惩戒类型包括失信被执行人、限制出境、限制高消费、限制招投标等。⑤送达公告：对于通过传统渠道无法找到被执行人的，可通过在网上执行系统中发布送达公告进行相关文书的送达，送达信息社会公众可进行查阅。

2. 微执行系统

依托微信小程序、微信公众号等进一步完善微执行服务平台，构建面向社会公众、当事人、律师、法官，覆盖立案、查询、送达、调解、执行、公开等多种功能的"微执行"智慧圈，提供一站式、便捷化、智慧型的移动服务体系，构建"阳光执行"。

具体功能包括以下内容。①微执行首页：提供了系统各功能的导航服务，可方便快捷地进入各个功能页面，查看法院新闻、诉讼指南、文书模板等内容。②服务大厅：服务大厅主要为当事人提供在线服务，包括微执行及微服务两大功能。微执行面向案件当事人或律师提供刷脸查案、申请调查、转接材料、财产申报、提交线索等功能。微服务向社会公众提供执行风险告知、执行指南、公布拒执案例等功能，公开失信被执行人、悬赏公告、拍卖公告等信息。③消息：当事人业务申请（如申请调查、转接材料、财产申报、提交线索等）法院受理后，推送查阅反馈结果消息，供当事人查阅办理结果。④个人中心：在个人中心可查阅本人或本人代理的案件信息、修改个人基本信息等。

3. 在线执行约谈系统

以"互联网＋执行约谈"为导向，建立"在线执行约谈系统"，重点解决执行法官在进行终本约谈时时间安排难、申请执行人参与约谈不便捷等问题。系统使用腾讯小程序进行人脸身份认证，约谈界面采用网页方式，无须下载其他软件，使用在线执行约谈系统令执行终本约谈更加便捷化、常态化，并为执行前置约谈等各个执行环节的约谈机制创造了便利条件。

系统架构分为3层，自上而下分别是用户界面层、远程约谈信息服务层和信息及业务数据交换层（内外网、专网），包括微信小程序（确认当事人身份）、约谈应用管理软件、资源管理平台等。在互联网约谈平台中，微信小程序验证当事人身份后，通过电脑参与约谈。

具体功能包括以下内容。①身份认证：系统基于人脸识别＋身份证号＋姓名验证登录，当事人可通过使用手机、平板电脑等设备扫描平台的登录二维码，并自动通过微信小程序与公安人脸库进行对比，快速确认参与约谈人员身份，严格保障参与约谈人员身份的准确性。②多方约谈：系统采用多码流音视频同传技术，针对涉及多方的执行案件可实现多路音视频流的同时输入输出功能，使得各方当事人可同时通过互联网参与约谈，极大地满足了用户的需要。③数据归档：在约谈结束后，约谈过程中产生的音视频信号将自动归档存储并与对应案件关联，法官可直接在执行案件管理系统中进行查看调阅，无须在多个平台间进行登录跳转。

四 执行全网通办案平台的特点和优势

（一）全流程网上办理、全节点自动公开和全方位便民服务

执行全网通办案平台以全流程网上办理、全节点自动公开和全方位便民服务作为三大工作内容，将各业务系统集成一体，更具系统性，法官、当事人均可"一网通办"。全流程网络办理，秉持"互联网＋"思维，将涉及案件执行办理所需的事、人、物等全部资源、要素嵌入网络，通过互联网加以系统整合、整体解决的优化方案，集中体现了执行工作的网络化最新成果。执行信息公开和执行便民服务严格按照阳光执行的司法要求，大力提升司法透明度，切实加强对执行的监督，始终坚持司法为民的本质特性和服务群众的工作目标。执行全网通办案平台创造性地运用现有的执行案件流程信息管

理系统和执行信息公开网，关联和整合全部与办案有关的各个子系统，打通系统之间的隔阂，实现了平台系统内部的全流通，最大限度发挥网络系统资源的价值和作用。

（二）最大限度地提高执行"智能化"水平

按照目前规范化的办案流程和结案标准，大多数执行案件属于简易、普通类案件，只有少数执行案件属于疑难、复杂类案件，这在受理执行案件量巨大的地方法院尤其明显。占大多数的简易、普通类案件，执行思路、手段、方法以及实施措施、办理事务等有高度的一致性和确定性，执行全网通办案平台将这些案件以"执行机器人"的模式执结，提高执行效率。实现这种高效执行的原因，在于执行全网通办案平台的运行，除少数环节需要人为介入进行管理、判断和控制外，绝大多数环节均由系统设定的逻辑、程序和模式自动推进。

（三）主动融入社会综合治理体系汇集社会资源

执行全网通办案平台在大力推进执行信息化建设、健全网络执行查控系统和推进失信被执行人信息共享等方面与中央全面依法治国委员会一号文件提出的加强社会综合治理、解决执行难的要求是高度契合的。一方面，执行全网通办案平台除兼容最高人民法院的"总对总"查控系统外，还不断完善"点对点"查控系统即广州"天平"查控系统，加强与公安、民政、自然资源、住房和城乡建设等部门的信息共享，建成覆盖房地产、证券、车辆、存款等主要财产形式和户籍、住宿、行车登记等基本信息的自动化查控体系，充分发挥执行联动机制的作用。另一方面，执行全网通办案平台除自动将失信被执行人信息通过最高人民法院失信被执行人系统向全国有关信用互联网平台共享外，还与广州市政务服务数据管理部门的信用信息管理平台对接，将失信被执行人信息与本地各有关监管部门的监管系统共享，建立对失信被执行人自动识别、拦截和限制的信用"云惩戒"，最大限度消除"执行难"的生存土壤。

（四）以5G等最新技术为支撑提高执行能力现代化水平

广州中院已于2019年4月开启全国首个5G智慧法院建设，利用5G通信大带宽、低延时、大连接的特点，结合人脸识别、MEC边缘计算等技术，在新的技术起点上研发服务法院审判执行业务的新系统新应用。重点研发5G技术在查人找物上的执行联动、外出执行上的远程执行指挥、执行约谈、执行材料物联网全流程跟踪管理等方面的系统应用，为执行工作现代化插上科技翅膀。

五　存在问题和展望

执行全网通办案平台有力促进了执行工作规范化、智能化，提升了工作质效，但仍存在一些问题。在推动构建和完善社会综合治理机制层面，平台虽能独立运转，但尚未与其他社会治理主体的业务平台有机融合、互相促进，其效用受到限制。在应用层面，一是数据共享上需进一步深化。在与执行联动单位、通信运营商、互联网企业等进行数据共享时，因政策法规、隐私保护等，在数据共享的深度和广度上受到影响。二是执行信息化系统集成程度不高。目前，执行工作中使用的信息化系统繁多，虽然已进行了部分集成，但办案时需要在不同系统间切换，影响了用户体验。三是平台的智能化水平有待提高。对于大量的重复性事务性工作，仍然需要较多的人工干预，自动化、批量处理能力不足，制约了效率提升。

针对存在的问题和不足，下一步将认真采取措施加以解决。

一是加大数据共享和应用力度。进一步优化执行联动机制和被执行人财产发现机制，吸收区块链、人工智能最新发展成果，加大与司法机关及公安、工商等政府部门的数据共享工作力度，畅通各系统、平台间的数据对接，确保数据交换及时、全面、准确，推进数据深度开发应用，着重强化被执行人下落和被执行人财产画像功能，推动查人找物能力有质的提升。

二是推进多系统深度集成。将各类平台功能集成到一个统一的办案平

台，一个入口、一个密码，省去在各个系统、不同网络之间切换、流转交换的时间，提高效率。坚持友好易用原则，持续对信息化系统进行升级优化，打造界面友好、操作简单的系统，确保能够快速上手、使用简便。

三是提高平台智能化水平。加快人工智能、物联网技术在执行领域的创新发展，实现执行通知、网络查控、信用惩戒等程序性事项"自动批处理"，财产变现、听证约谈等常规环节全部集约线上流转，传统查控、执行联动等重要业务实现网络发起、反馈，执行公开、结案归档等事务性工作一键式完成，打造新的智慧执行模式。

四是主动融入社会综合治理体系。从源头治理执行难，归根结底是综合治理、依法治理。执行全网通办案平台建设既要着眼于满足执行办案的需求，更要着眼于把执行工作通过网络方式融入整个社会治理体系。一方面，要与综合治理体系内其他主体形成合力，互相促进、共同发展；另一方面，要主动向其他主体共享司法资源和平台建设成果，为社会综合治理体系贡献司法力量、法院智慧。

信息化提升司法为民水平

Informatization Promote Ability of Justice for the People

B.15

推进"多元调解＋速裁" 打造便民高效现代化诉讼服务体系

——北京法院分调裁一体化平台

靳学军　李响*

摘　要： 服务人民群众是人民法院信息化建设坚持"三个服务"的首要内容。近年来，北京法院认真贯彻落实中央、最高人民法院和市委关于推进多元化纠纷解决机制和案件繁简分流机制的工作要求，围绕"智调、智审、智执、智服、智管"，科学、有序、整体推进北京法院信息化建设，积极探索互联网技术在"多元调解＋速裁"工作中的深度应用与融合，提出了"多元调解＋速裁"改革举措，着力打造多元化解、便民

---

　* 靳学军，北京市高级人民法院党组成员、副院长；李响，北京市高级人民法院信息技术处处长助理。

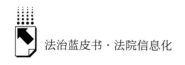

利民、集约高效、智能精准的现代化诉讼服务体系，不断满足人民群众的多元化司法需求，进一步增强人民群众的获得感、幸福感和安全感。

关键词： 移动互联网　分调裁一体化　现代化诉讼服务

当前大数据、云计算、人工智能、区块链、工业4.0等新兴技术飞速发展，新一轮科技革命正在引发超越历史、创造未来的颠覆性改革。现代科技发展进步为实现社会公平正义带来了新的机遇。按照习近平总书记提出的要求，要下大力气推动"把非诉讼纠纷解决机制挺在前面"，北京法院以"最高标准、最严要求、最好效果"为原则，建成并完善北京法院分调裁一体化平台。

一　平台建设背景

按照习近平总书记"把非诉讼纠纷解决机制挺在前面"的重要指示要求，北京法院切实提高政治站位，将此项工作当成一项重要政治工作，积极打造针对普通案件的前端快调速审、疑难复杂案件后端细审精判新格局，推动"枫桥经验"北京版全面升级。进一步优化配置司法资源，推动建设分层递进、繁简结合、衔接配套的一站式多元解纷机制，形成具有首都特色的多层次诉讼程序，进一步提高矛盾纠纷化解质量、效率和公信力，不断满足人民群众的多元解纷需求。

（一）司法政策文件支撑

2016年9月，为进一步优化司法资源，提高司法效率，促进司法公正，减少当事人诉讼成本，维护人民群众合法权益，根据《民事诉讼法》《刑事诉讼法》《行政诉讼法》等法律规定，结合人民法院工作实际，最高人民法院印发了《最高人民法院关于进一步推进案件繁简分流　优化司法资源配置的若干意见》，就进一步推进案件繁简分流、优化司法资源配置提出若干意见。2017 年 5 月，为贯彻落实《最高人民法院关于进一步推进案件繁简分流　优化司法资源配置的若干意见》《关于人民法院进一步深化多元化纠纷解决机制改革的意见》，推动和规范人民法院民商事案件繁简分流、先行调解、速裁等工作，依法高效审理民商事案件，实现简案快审、繁案精审，切实减轻当事人诉累，根据《民事诉讼法》及有关司法解释，最高人民法院印发了《最高人民法院关于民商事案件繁简分流和调解速裁操作规程（试行）》。该规程颁布实施以来，北京法院配套建立和完善了多元调解平台系统、立案系统和审判系统，在整合法院内外调解组织资源、辅助法官办案等方面发挥了积极作用。

习近平总书记指出，"要适应人民期待和需求，加快信息化服务普及，降低应用成本，为老百姓提供用得上、用得起、用得好的信息服务，让亿万人民在共享互联网发展成果上有更多获得感"。党的十九届四中全会指出，要"坚持和完善共建共治共享的社会治理制度"。北京法院秉持"让信息多跑路、群众少跑腿"的服务理念，全力建设并大力推广分调裁一体化平台。同时，北京法院深入贯彻落实市委政法委关于将"多元调解＋速裁"工作纳入平安北京考核体系的精神，最大力度争取市委政法委的支持，为全部基层法院配备诉调对接中心给予资金支持，成立全国首家省级调解自治组织——北京多元调解发展促进会，整合 98 家行业专业性调解组织，形成矛盾纠纷层层过滤的诉源治理新格局。

（二）司法业务需求所趋

北京法院信息化建设始终坚持需求导向和问题导向，之前已经研发完成的"分调裁"相关信息化系统，散落在不同的系统中，实际使用过程中当事人与承办法官需要在不同系统跳转，并且在"分调裁"工作中办案规范推送、统计分析信息化建设方面仍未完善。根据工作实际情况和调研业务情况，北京法院打通多元调解、立案、速裁和精审的关口，实现"分、调、裁、审"有机衔接。2018 年 6 月 8 日在全国法院率先研发上线"分调裁一体化平台",实现繁简分流、在线调解、要素式裁判文书自动生成等功能,后续研发了该平台的手机端应用即"北京移动微法院",将诉讼风险智能评估、案件智能咨询、网上预约立案、案件查询、调解指引、试算工具在线调解等多种电子诉讼的核心功能持续融入手机端,进一步提升了"分调裁一体化平台"的易用性和实用性,进一步压缩程序性、事务性工作用时,以智能化、便利化为法官办案、调解员调解、当事人诉讼等提供了新路径、新方法。

(三)顺应司法改革要求

近年来,随着社会的进步发展,人民群众法治意识不断增强,司法需求更加多元化,北京法院收案数量持续增长,但是法官员额制改革后的法官数量较以往有所减少,案多人少的矛盾日益突出。北京法院以科技助力司法改革创新,坚持"首善标准",推进"互联网 + 政务"新模式。经过深入调研、反复论证,全力推进"分调裁"机制改革,结合前沿科技,优化司法资源配置,创建案件繁简分流机制,不断完善简案快调速裁机制。同时,将法律关系明确、事实比较清楚的多数案件通过调解或速裁方式处理,切实提高法官的审判质效,提升人民群众对矛盾纠纷化解效率和化解效果的满意度,增强人民群众的司法获得感。法官也能留出更多精力办理少数复杂疑难案件,有力推动诉讼机制与司法制度实现重大变革,助推国家治理体系和治理能力现代化。

二 平台主要内容

北京法院将推动健全非诉讼纠纷解决机制作为 2019 年工作的重中之重,深入推动立案工作、"多元调解 + 速裁"工作与互联网技术的深度适用与融合,进一步梳理"多元调解 + 速裁"案件办理的具体流程,切实提高工作效率,便利当事人解决纠纷,结合工作实际,研发建设了立案、分案、调解、速裁全流程一体化要素式审判信息平台。依托分调裁一体化平台实现诉调对接，实现"分、调、裁、审"全流程有机衔接。北京法院分调裁一体化平台分为法院内网端及外网端，法院内网端为法官提供窗口立案、立案审核、案件阻拦、重大敏感请示、繁简分流、随机分案、调解管理、在线调解、调解指引、要素式审判等服务。外网端为当事人、调解员等提供申请在线调解、起诉状自动生成、网上预约立案、多元调解、在线视频调解、调解名册及调解指引信息查看等服务。通过分调裁一体化平台的繁简分流服务，实现了诉前阶段将简单案件引导至多元调解环节、复杂案件直接进入审理环节，同时通过多元调解与要素式速裁审判模式的结合，进一步实现繁案精审、简案快审。

（一）立案方式立体化

北京法院分调裁一体化平台的立案方式立体化，实现了网上预约立案24小时不打烊，只让当事人跑一次。当事人及其代理人可通过手机扫描二维码，实现快速立案和微信直接预约立案。一是二维码快速立案。当事人根据案情，填写案由、标的金额、原告被告信息、案件要素表等必要信息，通过点击，一键生成带有立案信息的二维码，当在法院窗口立案时，当事人只需要将二维码提供给立案法官，扫描审核后即可立案。二是微信预约立案。当事人根据案情选择受理法院，填写案由、标的金额、原告被告信息、送达地址等信息，提交起诉书、证据材料、要素信息表后，方可提交预约申请。受理法院在线审核通过后，会发送短信告知当事人，预约立案申请已通过，并携带相关材料前往法院办理立案手续。两种方式切实为当事人提供了指尖上的便利化、智能化体验，满足了人民群众的多元化司法需求。

（二）甄别案件智能化

一是案件繁简分流。系统智能识别辅以人工判断的繁简分流标准，通过在立案环节确认案件类别的繁简因素，根据案件的类型和基本案情，对案件的繁简情况进行自动识别，针对9类案由，平台要素化提炼法官审理简单案件模式，加快此类案件的立案、审判工作。特邀调解员、特邀调解组织可使用北京法院授权的账号、密码登录多元调解系统，办理调解案件。在调解过程中，当事人足不出户就可以实现发言、证据展示、在线签字确认等操作。全流程的在线调解方式，真正体现了"让信息多跑路，让群众少跑腿"的司法为民宗旨。

二是智能分案。该平台形成了以随机分案为主、指定分案为辅的分案模式，支持串案、庭内小组、虚拟庭室等智能分案方式，持续解决速裁案件分流问题。

三是重大敏感案件处置规范化。北京高院将最高人民法院、市委政法委等有关机关通报的敏感事项录入提示系统，将有姓名、身份证号等明确身份信息的重点敏感当事人录入拦截系统，并将重大敏感案件处置全流程的规范性文件全部嵌入系统，实现全面融合办案规范、信息报送、请示汇报、案件拦截等功能，以信息化手段提高立案阶段重大敏感案件处理规范化程度、处置效率和质量。

（三）解纷机制多元化

一是为调解准备提供指引。手机微信端"北京法院微诉讼平台"为当事人提供了诉讼风险智能评估、试算工具、智能咨询等功能，帮助当事人提升诉讼能力、预测诉讼成本和风险，切实方便群众诉讼，提升群众体验。在调解开始前，当事人还可以通过"北京移动微法院"调解指引功能查看物业服务合同、供暖合同、买卖合同、民间借贷等常见案件的审查要点、典型案例、司法确认要点等内容，便于在调解前了解询问要点、参考典型案例、准备证据，为参加调解做好充分准备。

二是设置远程视频调解系统。为解决部分群众不方便前往法院、调解机构进行调解的问题，分调裁一体化平台设有远程视频调解系统，当事人可以"足不出户"，利用手机、电脑在线进行纠纷化解。该系统具备语音发言、证据展示、共享资源、文字交流等多种具体功能，缩短了当事人解决纠纷的时间，降低了诉讼成本，真正实现了"让信息多跑路，让群众少跑腿"。

三是具有调解管理功能。调解员可以在线填报调解流程节点、调解结果，实现多元调解工作全程留痕、全程监管，为规范案件管理、考核、经费发放提供了技术支撑。提供调解案件办理情况的网上查询功能，以及向行业调解组织分案、传递案件材料功能，进一步提升系统实用性、开放性。

（四）裁判文书自动生成

北京法院积极探索互联网技术在"多元调解＋速裁"工作中的深度应用与融合，为更好地保证类型化案件的规范审理，促进裁判尺度统一，提高诉讼的时效性，研发完成了"裁判文书自动生成系统"，并嵌入分调裁一体化平台。该系统依托北京法院自行研发的案件说理库，通过提取当事人填写的案件情况要素信息，自动生成裁判文书中的"当事人信息""当事人诉、辩称""审理查明""本院认为"部分，法官根据当事人填写的案件情况要素表，认定案件要素事实，进一步提高审判的规范度和效率。该系统还极大提高了速裁案件审理效率，降低了法官工作强度，统一了裁判尺度，在推动司法体制综合配套司法改革等多个方面发挥了重要作用。目前已经实现道路交通、物业、供暖、民间借贷、金融借款、信用卡、买卖合同、离婚、继承纠纷等九大类案由的要素式裁判文书自动生成，下一步将加大力度研发文书的批量自动生成功能以及离婚、继承纠纷财产的分配库。

（五）赋能要素式审判

一是深挖大数据技术。运用大数据技术，为一线办案法官提供智能便捷的信息服务，实现繁案精审、简案快审，促进法律适用的统一。民事部分研发智能辅助系统，为9类案由提供审判常用计算工具，供裁判文书生成直接复用。刑事部分挖掘案件法律属性特征点，帮助法官快速认定案件所涉要素以及影响定罪量刑的因素；并匹配相似案例，提供案例裁判尺度建议，为统一裁判尺度、提高审判质量和判案效率提供支撑。二是要素式审判。通过确认案件类别的繁简因素，采取将案件要素量化得分的形式按照约定规则分出简案和繁案，实现了将简案导入诉前调解和速裁程序进行快审、繁案导入普通程序进行精审的有理有据。

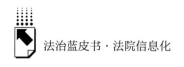

三 平台主要亮点

根据党的十九大报告要求，"深化司法体制综合配套改革，全面落实司法责任制，努力让人民群众在每一个司法案件中感受到公平正义"，北京法院分调裁一体化平台结合最前沿的科学技术，为人民群众提供多元化的司法服务。

（一）多样化技术支持

平台通过结合音视频、大数据、AI 等前沿技术，实现了在线预约立案、案件繁简分流、多元调解案件信息管理、在线调解、要素式裁判文书自动生成等多种功能，助力法官和调解员公正、高效办案，助力当事人便捷、快速解决纠纷。一是实现内外网信息互联互通。该平台将审判信息网上的立案信息导入法院内网的立案系统，并将内网立案系统中需要转发到外网的调解案件提供给互联网上的调解组织在线调解，实现在线诉调对接。二是利用音视频技术提供多方在线的视频调解，调解过程中全程留痕，保留调解中的所有文件和音视频材料，使得诉讼活动突破了时空限制，当事人利用碎片化时间即可参与诉讼，是未来诉讼模式发展的主要方向。三是在立案阶段提供智能打分功能，通过起诉信息对案件进行繁简分流。四是利用实体识别引擎、OCR 图像识别和大数据分析技术，实现对案件实体材料的智能提取、类案分析推荐功能，为法院办案提供智能化支持，并将获取到的信息与文书智能编写结合成为法官智能生成文书，切实减轻法官的工作负担。

（二）多渠道便捷登录

北京法院将司法服务落到实处，打造分调裁一体化平台分为微信端、互联网端以及法院专网法官端，将快速立案、预约立案、智能分案、在线调解、多元调解、速裁庭审、调解指引和大数据服务进行有机整合，以要素式审判为主线，形成了立案、分案、调解、速裁全流程一体化要素式审判信息平台。

一是微信端。为方便当事人、调解员使用,在分调裁平台计算机端上线后,北京法院又研发了手机端小程序,即"北京移动微法院",该平台是中国移动微法院的北京分平台,除具备中国移动微法院的通用功能外,还具备调解指引、试算工具、调解案件查询等特色功能,为当事人提供指尖上的便利化、智能化体验。移动微法院以群众需求为导向,充分借助我国移动网络广泛覆盖、微信程序便利沟通的巨大优势,嵌入微信小程序,无须下载安装App,一案一空间,一步一引导,当事人和法官不用同时在线,以其易普及、全流程、易操作、易升级、可推广的特点,让当事人足不出户、动动手指就能参与诉讼。当事人切实感受到了"指尖诉讼、掌上办案"的便利,打官司"最多跑一次"甚至"一次不用跑"成为现实。

二是互联网端。当事人及其代理人可以直接在线申请进行调解;对于已申请的调解可以先起诉至北京法院,选择调解的案件即可进入"我的案件"查看相关信息;对于调解成功需要申请司法确认的案件,可直接在线申请司法确认;对于调解不成功或者调解成功需要申请执行的案件,可以进行网上预约立案。特邀调解员/特邀调解组织可使用北京法院授权的账号、密码登录多元调解系统,经双方当事人同意,可以在线进行视频调解,通过网上材料对接、网上证据展示、网上确认调解结果、全程录制留痕,让当事人足不出户解决纠纷。

三是法官端。对于法官而言,借助分调裁一体化平台可以实现自动识别案件繁简分流,对多元调解进行全程留痕和全程监管,有利于形成"简案快审、繁案精审"的审判格局。同时,还可以通过要素式裁判文书的自动生成系统,提升类型化案件的审判质效,切实缓解了"案多人少"的客观矛盾,对推动司法体制综合配套改革等发挥了重要作用。

(三)全程留痕记录

北京法院立足立案关口,整合法院外部调解力量与内部审判资源,加快建设线上线下一体化分调裁平台,具备要素式起诉状自动生成、多渠道立案、繁简分流、多元调解、在线调解、文书自动生成等多种功能，为当事人提供全流程一体化的线上服务，保障"多元调解＋速裁"工作的全程留痕记录。调解员可以在线填报调解流程节点、调解结果，调解速裁团队对调解撤回起诉材料的案件在线归档，实现多元调解工作全程留痕、全程监管，为规范案件管理、考核、经费发放提供了技术支撑。分调裁一体化平台在全程留痕的基础上，实现全程贯通，从要素式起诉状中提取要素信息，结合被告填写的要素表，进行要素式调解、速裁，总结双方无争议事实及争议焦点，为最终形成要素式裁判文书奠定基础。立案环节的起诉状、证据材料，可以传送至多元调解系统，调解员同步上传的调解材料、自动生成的调解协议可以一键发送至速裁法官办案系统，速裁法官作出的裁判文书可以回传至调解员，实现立、分、调、裁工作网上办理的全程贯通，提升化解纠纷效率。

（四）全程监督管理

分调裁平台内置大数据展现系统，可以实现对分调裁成效、调解案件、速裁案件、繁简分流工作的大数据展现。北京法院利用该系统对全市法院"多元调解＋速裁"工作进行每月通报并提出针对性的工作要求，及时发现工作中存在的问题，推动工作有序开展。

一是节点管控。为防止先行调解案件程序空转，分调裁平台上线了调解案件办理期限警示功能及案件超期退回功能，先行调解案件临近调解期限的进行黄灯警示，超期案件进行红灯通报，60天超期未办结的自动退回立案系统登记立号，加强了先行调解案件的节点监控。按照北京法院《关于规范先行调解工作的操作规程》要求，增加调解员工作流程节点警示提醒功能，加强对多元调解案件的管理，避免程序空转。

二是分案管控。利用信息化系统实现分案管控的一横一纵。一横：利用分调裁平台繁简分流功能及随机分案功能，一审案件中的简单案件只能通过先行调解及速裁机制由前端调解速裁团队处理，复杂案件由后端审判庭审理。一纵：利用随机分案功能，对一审采用速裁方式审结的上诉案件由中院立案庭快审组进行快速审理，由高院立案庭统一对速裁、快审工作进行业务指导，实现前端案件裁判尺度统一。

三是大数据分析管理。分调裁平台内置大数据展现系统，可以实现对分调裁成效、调解案件、速裁案件、繁简分流工作的大数据展现。北京法院利用该系统对全市法院"多元调解 + 速裁"工作进行每月通报并提出针对性的工作要求，及时发现工作中存在的问题。

四是廉政风险管控。分调裁一体化平台具备补贴登记功能，确保调解案件补贴工作的全流程线上完成，以平台数据为依据，防控调解案件的廉政风险。

四 取得的成效

北京法院分调裁一体化平台切实将司法信息化资源进行优化配置，实现了司法数据共享。通过与网上立案平台、立案系统、多元化调解系统、审判系统进行数据互联、实时共享，在立案阶段根据案件性质和特点等因素对民商事案件进行繁简分流、诉调对接，通过借助调解组织力量，综合运用委托调解、法官调解和速裁审判等纠纷解决方式，实现大量纠纷在诉讼前端有效解决，提高纠纷解决质效。2019 年 1 月至 12 月，北京市基层法院通过"分调裁一体化平台"案件繁简分流功能分流简单案件 129674 件，其中 7 家法院超过 10000 件，使用要素式裁判文书自动生成功能案件量 35812 件，有 17 家法院多元调解成功和速裁结案量已经达到前端解决 60%一审民事案件的目标，其中 3 家法院达到 70%，5 家法院超过 65%，其余法院均达到 60% 的目标。在同期一审民事结案总量中占比达到 65.43%，同比上升 40.6%。截止到 12 月 31 日，17 家基层法院的多元调解成功和速裁结案量占比均超过 60%，完成了全年诉讼前端解决 60% 的民事案件的目标。

五 发展与展望

北京法院将以习近平新时代中国特色社会主义思想为指导，进一步推进

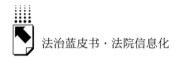

审判体系和审判能力现代化建设，结合新形势下的新任务，满足法官和人民群众的新期待、新愿景。目前，分调裁一体化平台已经取得了不错成效，下一步，北京法院将继续优化完善分调裁一体化平台，为智慧法院建设添砖加瓦，重点从以下几方面入手。

（一）推进电子卷宗深度应用

积极运用大数据、人工智能、区块链等前沿科学技术成果，不断拓展司法数据资源宽度和深度，持续推动电子卷宗随案同步生成，在全市范围内继续推广电子归档为主、纸质归档为辅的做法。以电子卷宗随案同步生成为基础，为立案审判提供智能化辅助支撑。不断健全电子卷宗随案同步生成技术保障。从案件立案开始，实现材料多渠道随案收集，文书自动入卷，自动生成电子卷宗。实现原审卷宗的远程调阅，并通过对电子卷宗信息的识别，实现案件信息回填，辅助生成文书。最终将卷宗材料自动匹配归目，可以一键生成电子档案。持续完善升级各信息系统集成，以实用、简单操作为准则，切实解决实际应用中出现的问题。在统筹规划的基础上，增强前瞻性和指导性、系统性和整体性，最终实现审判更高效、服务更周到、管理更精准、决策更科学、保障更到位。

（二）加大考核权重

加大"多元调解＋速裁"工作在业绩考核评价体系中的权重，形成有效激励机制。将诉讼前端的纠纷导出、委派调解等纳入考核工作范围，进一步提高引导非诉方式解决纠纷的积极性和主动性。科学评估本地区简单案件和复杂案件考核权重，按照案件数量、难易程度、适用程序等进行综合评估，不是简单地以案件数量作为考核评价指标。

（三）深挖业务需求

在此前调研的基础上，继续进行高质量调研，深入一线法官、诉讼当事人、专家学者等不同人群，对接精准需求，形成调研精品，有针对性地完善、升级平台功能,提升系统平台应用水平。同时,在统筹全市法院信息化建设的基础上,加大多样化培训力度,充分发挥各级法院信息化建设的积极能动性,更好地发挥智慧法院效能。

北京法院分调裁一体化平台不仅较好地缓解了诉讼中的难点痛点,也将司法公开从结果公开推向了过程公开,有效促进了诉讼公正,提升了诉讼效率,为构建更加公正高效、普惠均等、利民便民的新型司法公共服务体系作出了重大贡献。

B.16
四川法院构建新时代电子诉讼服务体系调研报告

四川省高级人民法院课题组 *

摘　要： 如何通过科学规范、卓有成效的诉讼服务，引导并提升人民群众的诉讼能力和诉讼体验，让人民群众切实感受到司法公正与效率，是诉讼服务工作肩负的重要任务。四川法院通过构建新时代电子诉讼服务体系，以信息化手段整合集中人民法院诉讼服务工作和审判执行辅助性、事务性工作以及部分审判执行工作，积极探索构建信息化、扁平化、集约化管理模式，以保障人民群众权益为出发点和落脚点，构建更加开放、动态、透明、普惠均等、便民利民的诉讼服务机制，以技术、管理和理念的现代化提升带动诉讼服务，将是司法价值的最佳体现，亦是社会进步的优良示范。

关键词： 智慧法院　电子诉讼服务　一站式多元解纷　分调裁审

　　2019年7月13日召开的全国高级法院院长座谈会要求，"要以电子诉讼服务为核心，推动形成一网贯通全程各项业务的'智慧诉讼服务'新模式"。《最高人民法院关于加快建设智慧法院的意见》将电子诉讼服务建设纳入整体规划，指出要打造"互联网＋"诉讼服务体系，提供更

---

　　* 课题组负责人：张能，四川省高级人民法院党组成员、副院长。课题组成员：曾学原、冯炳南、黄靖淞。执笔人：黄靖淞，四川省高级人民法院技术室综合科科长。

加优质、高效、便捷的诉讼服务,支持实现所有诉讼服务业务网上办理。《最高人民法院关于深化人民法院司法体制综合配套改革的意见——人民法院第五个五年改革纲要(2019~2023)》(以下简称《五五改革纲要》)指出,"进一步提升电子诉讼在全国法院的覆盖范围、适用比例和应用水平","打造世界领先的移动诉讼服务体系"。《最高人民法院关于健全多元化纠纷解决机制 建设现代化诉讼服务体系的意见》要求,"到2020年底,全国法院要基本建成现代化诉讼服务体系","智慧诉讼服务模式普遍推广"。构建完整的电子诉讼服务体系是诉讼服务现代化的关键和标志。

一 构建电子诉讼服务体系是诉讼服务转型升级的方向和动能

(一)社会发展的必然趋势

当前,大数据、云计算、人工智能和区块链等正重塑社会生产生活的结构和面貌,信息技术以前所未有的方式推动着社会发展变革,社会结构、经济结构也出现根本性的变化,信息经济产值逐渐上升。2018年,中国电子商务交易总额超30万亿元,互联网金融行业市场规模已达22.3万亿元。移动互联网接入量消费达711亿GB,是2013年的56.1倍。互联网社会的发展,既对传统的诉讼服务工作提出了深刻的变革要求,也为电子诉讼服务创新发展带来无限空间和广阔前景。

(二)人民群众的迫切需求

2018年底,中国网民数量达到8.3亿人,网购用户达6.1亿人。大量人群活跃在互联网上,大量的社会活动在互联网上进行。人们对于网上服务的需求日渐增加,对诉讼服务的需求也有了新变化,对司法公开的深度、广度要求更高,对诉讼服务的网络化、便捷化、智能化程度要求更高。建设电子诉讼服务体系，及时回应群众需求，正是对"司法为民"的进一步理解、高标准践行。

（三）司法改革的重要内容

《五五改革纲要》对打造先进电子诉讼服务体系提出了明确要求。建立便捷高效的电子诉讼服务体系，以信息化手段助力社会矛盾纠纷多元化解，剥离并集中处理诉讼事务，推动实现简案快审，能够有效缓解人案矛盾，进一步优化审判资源配置，提高司法效率。制度和技术的结合，对审判流程的再造、司法公开的深化和拓展，本身就具有非常重要的意义，是深化司法改革的重要内容。

（四）诉讼服务的时代课题

当前，诉讼服务正在从单一的立案指引，拓展为贯通诉讼全程的一站式服务；从大厅的现场服务，发展为现场、语音、网上、巡回等多渠道全方位的服务体系；从传统的服务当事人，扩展为服务群众、服务法官、服务审判的新格局；从审判辅助部门，转变为集服务、立案、裁判于一体，具有综合职能的业务部门。电子诉讼服务，不仅能够在线上提供涵盖诉讼指导、便民服务、诉讼辅助、纠纷解决、审判实务等线下一站式诉讼服务中心的所有功能，并能够贯通大厅服务、热线服务、移动端服务，覆盖三级法院和诉讼全流程，联通各类信息应用系统，对接相关部门服务网络，融合大数据分析功能，是完成现代化诉讼服务两个"一站式"的关键，是全省法院诉讼服务转型升级的动能和方向。

二 四川法院电子诉讼服务体系建设取得的成效

近年来，四川法院积极顺应时代发展，努力提升司法为民水平，建立了诉讼服务大厅、四川微法院和网上诉讼服务中心、12368 语音服务热线三位一体的诉讼服务模式，贯穿了信息化的理念、方法和手段，为人民群众提供更加方便、快捷、高效、优质的诉讼服务，取得了明显成效。

（一）电子诉讼服务的认识体系基本形成

1. 明确了电子诉讼服务的内涵

电子诉讼服务，即用信息系统和数据打造现代化诉讼服务体系，不断丰富诉讼服务方式、提升诉讼服务品质、完善和扩张诉讼服务职能、满足新时代人民群众日益增长的多元司法需求，促进司法便民利民，实现现代化技术优势与优质诉讼服务的结合，不断提升人民群众的满意度和司法公信力。

2. 厘清了电子诉讼服务的特征

根据全省法院电子诉讼服务体系的实际应用及发展方向，提出"四大特征"的论述。一是全面覆盖。电子诉讼服务要覆盖民商事、执行、行政、刑事等所有案件，贯通立案、调解、开庭、送达等所有流程，囊括线上和线下的所有业务。二是便捷高效。电子诉讼服务要打破时间分割与物理隔离的限制，极大地提高诉讼效率。三是精准服务。要针对原告、被告、律师、法律工作者、检察官等不同的服务对象，了解和掌握他们的实际需求，精准提供诉讼服务内容。四是智能智慧。要依托大数据、人工智能等信息技术，提供智能引导、智能分析、智能预测等服务。

3. 强化了电子诉讼服务的理念

坚持以人民为中心的理念和原则，以"互联网＋诉讼服务"为发展方向，以为人民群众提供更加快捷、方便的诉讼服务为目标，以线下为依托逐步建立线上线下融合为载体，从服务人民群众为主向服务群众、服务法官、服务法律职业共同体转变。核心价值是让司法过程更加透明、公开，更加高效、便捷，让审判更加公正，提升司法权威和司法公信力。

（二）电子诉讼服务的基础不断夯实

1. 信息化基础建设取得长足进展

全省法院信息化基础建设近年来加强了总体规划设计，以智慧法院建设为总揽，加大了投入。随着项目的推进和完成，软硬件建设不断升级，网络、数据、系统、安全等不断改善，跨界、融合、共享不断实现，运维力量和能力不断加强，信息化保障体系不断完善，信息技术和各项审判业务良性互动的格局初步形成，整体形成了"网络化、阳光化、智能化"三位一体的智慧法院总体框架。

2. 诉讼服务大厅智能化改造基本完成

全省三级法院有197个诉讼服务中心完成了升级改造工作，安装了信息化引导、辅助、自助和公开等智能设备，为当事人、律师提供自助立案、信息查询、材料收转、预约法官等服务。电子卷宗同步生成和深度应用，实现了从材料收转到卷宗归档的全链条信息化，并将服务群众和服务法官有机结合。

3. 电子诉讼服务平台框架日渐完善

一是完善了司法公开四大平台，及时公开案件立案、庭审、宣判、执行等诉讼过程，方便当事人及时查询、了解和参与诉讼进程，引导当事人正确行使权利、自觉履行义务。截至2019年8月，全省法院在审判流程公开网公开案件67.7万余件，裁判文书网公开裁判文书394.5万余份，执行信息公开网公开执行信息154万余条，中国庭审公开网直播庭审1.5万余次。二是全部开通了网上诉讼服务中心、当事人和律师服务平台、跨域立案系统等新服务平台，及时发布诉讼信息，提供多元化解和诉讼服务功能，推行网上纠纷多元化解、网上立案、电子送达、在线阅卷、网上调解、信息查询、信访、答疑等诉讼和非诉讼在线服务。截至2019年8月，网上诉讼服务中心受理案件41万余件，网上收转材料20万余份，网上送达文书27.6万余份。三是建设启用了移动微法院，四川微法院于2019年7月全省正式上线，截至2019年9月1日，收到网上立案申请12191件，审核通过并立案10026件。四是进一步完善了12368热线系统，为社会公众及诉讼参与人提供诉讼知识、案件进展情况、民意调查、信访等服务。2018年以来，全省各地法院热线总转接量20.6万余次，发送通知短信80万余条。系统与办公办案系统对接，具有初步分析统计功能。五是探索建立了在线多元化解平台，成都市中级人民法院打造的"和合智解平台"，集合调解组织和纠纷解决资源，为社会共治提供咨询辅导和解纷服务，共调解纠纷 3.4 万余件，调解成功 1.9 万余件。眉山市中级人民法院的社会纠纷多元化解平台，为当事人提供诉讼结果和成本预测，为调解组织提供智能服务，创新了社会纠纷多元化解途径。

三 当前电子诉讼服务体系建设存在的问题

虽然人民法院电子卷宗应用成熟度较高、电子诉讼平台搭建较全，各项配套制度已基本建立，电子诉讼服务体系已经初步构建，但是目前看来，电子诉讼服务还存在不少问题，信息技术与诉讼服务工作的融合还需要在司法实践中不断总结完善。

（一）电子诉讼服务尚未完全成为共识

部分法院干警还没有意识到电子诉讼服务的重要意义和必然趋势，部分法院错误地认为电子诉讼服务是"花架子"，缺乏主动作为、担当的精神，个别法院已经形成了惯性思维，在推动和落实电子诉讼服务过程中持等待观望态度，实际效果大打折扣。部分法院把电子诉讼服务简单地当作网上诉讼服务，认为只要建好了系统、买了设备就能解决问题，把信息化和诉讼服务工作割裂开来，不能形成有机整体。部分法院干警思想僵化，对信息化存在消极抵触心理，认为电子诉讼服务加强了监管力度、增加了工作量，对电子诉讼服务相关系统不想学、不愿用，导致电子诉讼服务平台使用率上不去。还有干警错误地认为，诉讼服务手段越先进、越便捷，当事人就会越想来法院打官司，会影响诉源治理工作。

（二）现有的电子诉讼服务体系建设短板比较明显

1. 统筹规划科学性不够

虽然电子诉讼服务方面存在"智慧法院""诉讼服务中心实质化运行""司法改革"等各类规划，都有专业细致的理论框架、认识视角和技术体系，但各要素没有形成内在关联和互动，各项规划"只见树木不见森林"。部分规划前期调研和研究论证工作不够充分，与中基层法院实际工作还存在一定差异，导致统筹性不高、指导性不强、实施难度较大等。规划的组织和实施也存在较大现实差距，条块分割、各管一摊、协同困难等问题屡屡出现。这些问题一旦表现在具体工作中就暴露出尖锐矛盾：业务技术"两张皮"，系统建设时间久功能差；衔接工作脱节，设计时业务部门参与度不高，造成系统建成后不好用，应用保障又不及时；应用平台广而多，且存在功能重复、数据不通、相互抵触等情况；统筹协调力度不够，存在铺张浪费、重复建设等情况。

2. 平台使用情况不理想

一是信息化平台建得多、用得少，部分系统建成之后没有使用过。例如，电子卷宗随案同步生成和深度应用系统虽然大部分法院完成了部署，但是部分法院还没有真正使用。二是部分信息化系统的平台功能不完善，办案系统的用户体验始终不高，一些系统只实现了基本功能，而法官、诉讼参与人真正想用的功能长期没有实现。例如，审判系统升级后法官反映的问题数量仍然居高不下，移动微法院还有待实现微信缴费功能，智慧执行系统还没有实现对接。三是部分系统优化程度不够，使用不方便，体验及反馈不佳。2018年执行法官反映系统运行慢，录入案件数据需要半夜人少的时候；律师、当事人反映网上立案系统不好用、不能用，网上诉讼服务中心系统响应慢的问题一直存在。四是电子诉讼服务运行机制还没有得到优化，当事人和法官还存在线上与线下诉讼方式频繁转换的重复劳动，部分法院对网上立案推广力度不够，网上立案大量集中在少数几个地区，有些法院线上线下还没有完全对接，导致当事人在网上立案后无人处理和回应，当事人使用积极性不高。

（三）电子诉讼服务的内容和保障能力不能完全适应诉讼服务工作的发展

1. 服务内容和品质有待提高

面对人民群众对司法工作的新需求、新期待，电子诉讼服务质量还有待进一步提高；诉讼服务的精准度还不高，服务对象仍然是以人民群众为主，服务功能缺乏针对性，且在服务法官、服务审判、服务法律共同体和服务党委政府、社会治理上还缺乏突破。

2. 基础性保障没有跟上

网络带宽窄、单线路访问导致系统访问效率不高，电子卷宗随案生成和深度应用还没有充分发挥作用，办案系统软件架构还有一些问题，计算资源不足导致系统容易出现故障且不能迅速恢复，内外网交互平台的承载量已不能满足实际需求。

3. 数据整合力度不够

法院的数据中心仅实现了存储部分办公办案数据等基本功能，人事、财物、执行等数据还没有整合进来；与政法部门、社会各界的数据交互量也不高，数据的共享、管控、分析功能都还没有完全实现，尚不能满足当前需要及发展需求。

4. 安全保障不充分

近年来，人民法院信息化发展迅速，应用系统数量激增，但不同程度地存在网络安全基础设施跟不上、网络安全机制不健全、网络安全平台建设力度弱、网络安全能力覆盖范围小、应急处理能力不足等情况。

四　努力打造新时代的电子诉讼服务体系

扎实推进电子诉讼服务体系建设，要坚持以"实质化"为目标要求，以电子诉讼服务应用体系为支撑，以两个核心节点任务为抓手，面向三个核心群体，夯实四项基础任务，全力以赴推动五项重点工作取得新突破新成效，为打造现代化诉讼服务体系提供坚实支撑。

（一）一个核心体系

电子诉讼服务应用体系。坚持集聚、整合的理念，利用电子诉讼服务平台，一网连接法院、党委政府、企事业机构、人民群众等诉讼服务主体；一网覆盖民商事、执行、行政、刑事等所有案件，贯通立案、调解、开庭、送达等所有流程，一套系统融合所有诉讼业务和系统数据；一网通办所有的诉讼服务业务，服务人民群众和当事人，实现诉讼服务工作高度网络化、数字化、智能化，构建更符合司法规律和网络规律的电子诉讼服务工作机制，实现"马上办、网上办、就近办、一次办、标准办、智能办"，努力做到让"数据多跑路，群众少跑腿"。

（二）两个核心节点

第一步，基本建成现代化电子诉讼服务体系，基本实现全业务、全流程、全覆盖各项诉讼服务工作，互联网、移动网络诉讼服务覆盖率达100%，支撑现代化诉讼服务工作的发展和社会治理。全面实现业务协同、流程融合、数据贯通和智能辅助，人民法院民商事、行政、刑事审判一审、二审、再审案件和执行案件各环节的电子诉讼服务覆盖率达100%，为法官、法官助理及诉讼参与人提供高效、便捷、智能的电子诉讼服务。

第二步，在更长时间，进一步深化完善现代化电子诉讼服务体系，建立健全电子审判体系和电子证据区块链存证体系，初步形成民商事、行政和刑事审判电子证据从行为发生、过程、纠纷产生、多元化解、诉非衔接到诉讼、审理和执行的全程信息化和智能化服务能力。

（三）三个核心群体

坚持服务群众，为诉讼参与人提供开放、动态、透明、普惠均等、便民利民的诉讼服务；坚持服务审判，为法官提供信息化、智能化辅助手段，满足法官办案需求；坚持服务管理决策，着眼于院庭长审判管理强化和党委政府社会治理创新，加强审判态势分析管控，助力推进诉源治理，优化完善诉调对接，为审判管理、社会治理提供信息化服务。

（四）四项基础任务

1. 深化理论研究

丰富完善电子诉讼服务工作理论，确认电子诉讼服务适用的情形，探索网上立案、当事人确认、电子送达、案件生效直至执行结案等的涉网诉讼规则，鼓励涉互联网案件、小额财产类案件、金融案件等优先适用电子诉讼程序。进一步明确全程电子诉讼的送达规则，扩大电子送达的适用范围，细化电子送达的规则设计，明确电子法律文书的接收效力，获取民众对电子诉讼服务权威性和安全性的认可。

2. 加强工作机制建设

一是健全运行机制。规范电子诉讼服务内部运行工作中的内容以及方法，优化工作流程，打破工作壁垒，统筹各项资源，协调各方角色，明确工作责任，加强宣传培训，促进沟通反馈，提升电子诉讼服务工作效率和服务对象的满意度。二是完善服务机制。健全完善服务工作举措、工作办理机制，畅通服务渠道，建立问题处理机制、问题转办机制、内部工作对接机制，强化服务工作落实效率。三是推进主体供给机制。利用信息化平台，积极构建多方参与、有机衔接、优势互补的多元诉讼服务机制，广泛吸纳整合各类社会诉讼服务资源，建立多层次、多领域、多渠道的诉讼服务供给机制。在电子诉讼服务平台中引入法学专家、律师、心理学家、社会志愿者等专业力量，为人民群众提供立案咨询、心理疏导、矛盾化解、代理申诉、法律援助等法律服务。探索建立集诉讼服务、立案登记、诉调对接、涉诉信访等功能于一体的"一站式"纠纷解决服务网络平台，鼓励相关调解组织在电子诉讼服务平台上设立调解工作室，办理法院委派或委托调解案件等，努力提供更多的诉讼服务资源直接惠及人民群众。四是完善监督机制。坚持标本兼治，常抓不懈，建立和完善以预防、监控、问责、管理为主的监督工作机制，畅通举报投诉反馈渠道，设立群众满意评估系统，听取办事群众对电子诉讼服务能力、服务质量、服务效率的客观评价，提高电子诉讼服务工作的质量及效率。

3. 提升基础能力

应用系统方面，整合资源，成立由诉讼服务、审判、执行、技术等人员组成的工作组，推进关键性理论和技术攻关，对应用系统的功能、使用、应用等进行创新，建设功能强大、内外覆盖、业务融合、方便易用的应用系统。及时收集分析反馈意见，掌握法官实际需求，找准切入点，优化软件环境，切实提升办公办案系统的实用性和稳定性，提升应用系统用户体验和满意度。

基础保障方面，大幅扩容升级人民法院内网带宽，建成大容量、高稳定、不间断运行的专网。加快优化法院内部网络布局，建立完善多式共存、高速接入、安全稳定的内部网络。大力推进刑事涉密网建设，确保涉密信息网上流转、涉密案件网上办理。完善法院移动工作专网，实现法院移动办公办案终端的安全接入。加快推进云计算和大数据信息基础设施建设，建立基于法院专网、移动专网和外部专网的法院专有云，将人民法院数据中心建设成面向全社会的云计算公共平台和大数据处理中心。推进科技法庭建设，满足"每庭必录"要求。

数据治理方面，逐步完善大数据管理系统、大数据分析系统，促进数据共享交换，实现面向最高人民法院各类应用系统、外部单位、全省三级法院、全省政法单位的数据共享。充分利用政法大数据平台，实现政法网络高度互联、信息深度共享和业务全面协同。不断推进电子卷宗随案生成和深度应用，拓宽电子卷宗生成渠道，利用大数据技术如图文识别、标签生成、智能提取、分析和回填等，进一步深化电子卷宗深度应用。推进电子卷宗智能化分析，向法官、诉讼参与人提供高效便捷的电子卷宗智能服务。充分利用政法大数据平台，实现政法网络高度互联、信息深度共享和业务全面协同。

运行维护方面，建立科学的质效型运维服务管理体系，加强运维管控平台建设，运用技术手段提升运维管控水平。加强运维队伍建设，提升运维人员技术和管理素质。积极探索运维服务外包模式，建立运维外包服务机制，全部网络、软硬件的维护服务全部由第三方提供，利用社会化资源提升运维管理水平。建立数据可视化运维平台，实现人民法院运维联动和常态化质效分析评估，降低系统故障风险、提升运维质量和系统使用效果。

4. 全面强化网络安全

加强对网络安全工作的领导，加强统筹协调，健全管理制度，完善相关标准，落实管理责任。完善信息安全监管体系，创新监管手段，切实提高风险隐患发现、监测预警和突发事件处置能力。加强关键信息基础设施和重要信息系统安全防护和安全系统建设，确保信息和网络安全。开展身份识别建设，确保用户身份唯一可信。建设网络安全监测预警和应急处置系统，提高全方位网络安全态势感知和应急处置能力。

（五）五项重点工作

坚持"稳"与"实"的指导思想，立足于抓住重点，统筹整合，更注重基层基础，更注重实际运用，将各级人民法院的规划与最高人民法院的安排部署有机结合，将服务、解纷、审判有机结合，将服务群众和服务法官有机结合，通过电子诉讼服务推动审判方式和模式变革，全面提升法院各项工作信息化水平。

1. 建立完善一站式多元解纷平台

依托信息化手段，完善一站式多元解纷机制，建立社会纠纷多元化解信息化平台（人民法院调解平台），重塑在线解纷流程格局，推进诉调对接在线完成。建立纵向贯通全国四级法院、派出法庭，横向连接法院、政法委的大调解平台，网格员、人民调解、律协、社会调解组织和其他调解人员的社会纠纷多元化解一体化应用平台，实现诉讼引导、非诉分流、调解指导、调解确认、诉非对接、智能辅助、管理监督和大数据辅助分析等功能，为当事人提供在线咨询、在线评估、在线调解、在线确认、在线分流、在线速裁快审等一站式网上解纷服务，助力完成诉讼终局裁判的分层递进、繁简结合、衔接配套的一站式纠纷解决机制。

2. 建立完善一站式诉讼服务平台

完善诉讼服务指导中心信息平台，强化平台管理功能，建立诉讼服务质效评估体系，对全省法院诉讼服务各项工作进行可视化展示、可量化评估，促进电子诉讼服务水平明显提升。推进一站式诉讼服务中心信息化建设，运用信息系统快速集中办理对外诉讼服务和审判辅助性、事务性工作及部分解纷工作。在诉讼服务中心配备便民服务一体机、自助填单机、诉讼风险评估机等自助式服务设备，为当事人提供查询咨询、分流引导、智能诉讼风险评估、联系法官等服务。设立自助立案区，建立快速办理通道，鼓励当事人选择自助立案。完善全国 12368 诉讼服务平台的覆盖使用，强化平台与办公办案等系统的对接融合，推动 12368 热线系统数据统一汇聚，增强其功能和服务效应。完善跨域立案系统与四川移动微法院的应用，确保实现跨域立案全省法院覆盖率达到 100%。进一步深化司法公开平台应用，优化各公开平台功能，发挥"组合拳"集合效应。

3. 建立完善全链条审判辅助系统

充分利用电子卷宗随案同步生成和深度应用的优势，建立诉讼事务智能化处理平台，实现诉讼材料的集中处理、电子化和流转，推动简易案件无纸质卷宗电子流转。整合电子送达平台，推进全国法院统一送达平台的对接应用，推进建立电子保全系统，加强与邮政通信部门、企事业组织的数据交互，利用人工智能和大数据破解查人找物的难题。将诉讼服务指导中心信息平台上下对接，纵向实现四级法院诉讼服务大数据集成和大平台管理，横向实现诉讼、调解、仲裁、行政裁决等多元解纷力量全方位互联和全流程互动。完善司法鉴定平台，推进与办案系统、电子保全系统对接。

4. 建立完善切实有用的分调裁审系统

加快建设繁简分流应用平台，促进案件繁简分流精准高效。进一步简化速裁快审程序，全面运用智能语音识别、视频调解、网上庭审等方式，提高速裁快审案件办理速度。通过互联网和区块链技术，建立快速、简单、智能的类型化纠纷在线（批量）化解新体系，打造简单类型化（如金融、保险等）案件新型电子诉讼模式，实现简单纠纷的证据和事实在线实时记载、在线调取、在线存证、在线质证和认证，实现诉讼快立快审快执，案件快速化解，促进简单类型化案件裁判个案精准、类案裁判尺度统一。建立以案为中心，打通法院专网、互联网、移动网络等网络，覆盖法官办案平台、诉讼服务网、移动微法院等内外网络和应用平台，通过科技法庭、手机、电脑等载体，实现时间空间多形式自由组合、实时在线的互联网科技法庭。完善互联网科技法庭审理体系，健全完善"异步审理""碎片化审理"模式，方便法官和当事人参与诉讼活动。

5. 建立完善上下贯通的举报信访系统

充分运用视频接访系统、网上申诉平台，规范网上申诉办理程序，切实发挥视频接访、网上申诉在实质性解决信访群众诉求方面的作用，促进矛盾纠纷最大限度解决在当地。完善信访信息管理系统与办公办案系统的对接，加强信访数据录入，探索开展涉诉信访大数据智能化分析。

电子诉讼服务体系不仅是诉讼服务模式的重大变革，也是司法模式的重大创新，更将推进诉讼服务在移动互联时代迭代转型，具有强大的生命力和广阔的应用前景。此项工作使命艰巨，责任重大，要以强烈的政治责任感和历史使命感，凝心聚力，开拓创新，积极推进电子诉讼服务体系建设，不断满足人民群众多元司法需求，推动人民法院审判体系和审判能力现代化再上新台阶。

B.17
移动微法院运行情况调研报告

——以宁波法院的探索实践为例

浙江省宁波市中级人民法院课题组*

摘　要： 移动微法院作为一站式、集成化的移动电子诉讼平台已在全国法院推广，它是智慧法院的最新形式，更是司法改革与信息化改革深度融合的产物，对完善中国特色社会主义司法制度、促进国家治理体系和治理能力现代化有探索性意义。本报告对移动微法院的产生背景和运行现状进行了深入考察，对其应用成效和建设经验进行了总结提炼，剖析了其运行中存在的问题并提出了完善路径，以期对移动微法院的发展完善有所裨益。

关键词： 移动微法院　用户需求　诉讼规则

移动微法院是依托微信小程序打造、贯通立案到执行全流程的新型移动电子诉讼平台，可以为群众在日常最熟悉、当前最普及的智能手机上提供各类便捷高效的司法服务，也能让法官在手机上整合多种资源实现高效办案。

2017年以来，浙江省宁波市两级法院认真贯彻习近平总书记有关"要遵循司法规律，把深化司法体制改革与现代科技应用结合起来，不断完善和发展中国特色社会主义司法制度"的重要指示精神，按照充分利用中国移动互联网普及应用的先发优势、建设全球领先的移动电子诉讼体系的要求，

---

* 课题组成员：周招社、邹立群、陆玉珍、马艳华、袁冠飞。执笔人：马艳华，浙江省宁波市中级人民法院研究室调研干部。

以司法领域"最多跑一次"改革为支点，积极探索移动电子诉讼新模式，在全国率先上线基于微信小程序的移动微法院，并于 2018 年 9 月向全省法院推广，2019 年 3 月向全国法院推广，在司法实践中取得了明显成效，切实提高了司法服务的便捷性和人民群众的获得感。

一　移动微法院的产生背景

（一）技术背景：微信小程序迅速发展

借助移动电子终端的广泛普及和移动互联技术的飞速发展，微信作为一种移动通信工具迅速融入国内网民生活，微信小程序凭借无须安装、触手可及、用完即走的优点及其自带的社群属性在微信平台中迅速成长。微信小程序的迅速发展及其本身所具有的优势，为移动微法院的产生奠定了媒介基础、技术基础和用户基础。

（二）需求背景：破解法院"案多人少"矛盾和满足群众多元化司法需求

近年来，随着中国法治建设的推进和人民群众法治意识的增强，全国各级法院尤其是东部沿海地区法院的案件数量持续增长，法院"案多人少"矛盾突出，法官工作任务繁重。以浙江省宁波市为例，近年来案件数增幅明显，但将近十年没有增加中央政法编制，法官工作量逐年增长，通过科技手段解放司法生产力已迫在眉睫。

随着各类信息化产品进入日常生活，人民群众的思维方式、生活习惯发生很大变化，司法需求日益多元化，对高品质、高效率司法服务的需求日益增长，对司法工作便捷化、个性化的期待也越来越高。

二　移动微法院运行现状及主要做法

移动微法院作为新时代司法工具的里程碑式创新，它深度融合了信息技术与司法实践，既可提供各类传统的诉讼服务，又可以在线办案，同时还整合了司法协同、监督管理等功能，不仅打造了新的诉讼平台和诉讼方式，也推动了司法流程和司法规则的重塑。其运行模式概括起来就是"打造四大平台、创新一项规程"。

（一）打造移动诉讼服务平台，打官司最多跑一次

移动微法院借助人脸识别技术及与公安部门的信息互通实现自然人用户的身份认证，借助电子签名技术实现各类文书的在线确认和送达，借助多路实时音视频交互技术实现在线开庭、调解、出庭作证等活动，努力提供人性化的诉讼服务。

一是创设"一案一空间"，实现跨时空充分互通。移动微法院为每个案件创设"一案一空间"，在线立案后当事人和委托诉讼代理人绑定手机号，经过人脸识别认证身份后即可进入案件专属空间，实现不同案件互不干扰。在空间内，法官、法官助理、书记员、诉讼参加人可通过文字、语音、视频、图片等方式进行最直接、最全面的互动交流，实现了法官、当事人、代理人之间跨时空充分互通。

二是架设"一诉一链条"，实现"一站式"服务。将原来分散的电子诉讼服务功能在移动微法院平台上集中串联、并联起来，程序全线贯通立案、证据交换、庭前会议、开庭、询问、调解、送达、执行等多个线下原有的诉讼环节，形成从立案到归档的全链条无缝对接。

三是实行"一步一导引"，实现诉讼规则充分告知。诉讼的每个步骤都有各种风险提示、诉讼告知、消息提醒、法官释明等，用最简明易懂的语言诠释各类诉讼要点，以便当事人更好地掌握和遵循诉讼规则在网上参与诉讼。

四是设计"一键一操作"，实现便捷"指尖诉讼"。充分考虑手机操作的用户体验，尽可能少地输入文字，大部分环节可一键操作、可勾选，可一键生成诉讼风险评估报告和格式化申请文书；立案环节、质证环节当事人可拍照一键上传起诉材料、提交证据、发表质证意见。这样的设计，操作简单，易学易用，使用对象基本无年龄限制。

（二）打造移动同步公开平台，让公平正义触手可及

移动微法院构建了实时性、直接性、可视化的监督管理平台，促进办案规范化，提升司法公信力，进而实现对当事人诉权更加经济、高效、公正的保护。

一是实现全过程留痕。移动微法院将诉讼参与人的在线诉讼行为及法官在移动微法院的办案过程全部纳入动态监管范围，各个节点均公开透明，且同步自动归档，节点可查询、风险可监控、过程可追溯，当事人可随时在线查阅，实现阳光司法全过程留痕。

二是实现可视化监督。开发配套可视化监管系统，以图表形式直观反映各法院、各部门、法官个人的办案质效情况，审判管理部门可实时掌握办案动态，实现办案监督管理从"事后化"向"预警化"转变。同时，办案全程可跟踪监督，可备查、可追溯，实现双方互动从非公开、随意化向透明化、规范化转变。

三是实现见证式执行。在执行案件办理过程中，申请人可以通过移动微法院向执行法官发送与案件相关的图片、语音、定位等信息，以提供执行线索，配合执行法官有效开展执行工作。同时，执行法官可以在搜查、调查、冻结、查封、扣押、评估、拍卖、拘留、罚款等多个重要执行节点以向当事人反馈图片、视频、定位等方式告知执行情况，也可以直播连线执行现场，在强化执行信息互通、方便申请人充分了解执行进程的同时，助力执行规范化和有效性的提升。

（三）打造移动智能办案平台，探索电子诉讼审理新模式

移动微法院积极创新电子诉讼司法流程，探索符合移动互联网特点的审理模式，努力使各方用户都能享受到科技红利。

一是探索错时审理模式。移动微法院对传统审判方式进行创新，当事人和法官可以突破时空限制，灵活安排诉讼活动时间和场所，在不同时间段进行起诉、答辩、举证、质证、辩论、宣判等环节，以非同步方式完成诉讼，方便当事人利用非工作时间、碎片化时间参与诉讼。

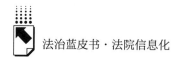

二是探索线上线下融合审理模式。各类用户均可根据实际案情和自身需要选择通过移动微法院线上进行哪些诉讼环节、实地赴法院线下进行哪些诉讼环节，这种线上线下深度融合的诉讼方式为诉讼参与人提供了更多诉讼方式选择，也为法官节约了审理时间。

三是探索当事人自助审理模式。移动微法院使当事人之间的交互性、协同性越来越突出，当事人可以自行推动诉讼进程，在指定期限内按提示自行进行证据交换和质证、自行进行沟通与和解，不再完全靠法官来引导推动诉讼进程。

（四）打造移动司法协同平台，优化司法公共产品

移动微法院推动官方解纷资源与非官方解纷资源整合，提供法院导航、法规查询、诉讼费计算、智能问答、线索举报、执行悬赏等诉讼便民服务，促进形成涵盖矛盾预防、矛盾化解、财产查控等多环节的网上司法协同化解纠纷新格局。

一是设置智能法律咨询功能，由智能法律机器人提供文书模板、法律法规查询，解答热点问题、常见问题，并以案说法。

二是对接 ODR 系统，打通纠纷多元化解通道，充分利用现有的各类解纷平台探索"网上枫桥模式"，引导各类主体共同参与矛盾纠纷的多元化解。

三是开通线索举报功能，方便申请执行人实时在线举报被执行人所在地及执行财产线索，并可利用定位功能，方便法官准确定位进行线索核实，加大力度深入解决执行难。

（五）创新移动电子诉讼规程，确保制度化有序运行

浙江省宁波市中级人民法院（以下简称"宁波中院"）结合移动微法院实践经验，在充分遵循诉讼原理、准确把握网络诉讼规律和理性分析用户需求的基础上，探索与重塑移动电子诉讼规则，制定了全国法院首个移动电子诉讼规程——《宁波移动微法院诉讼规程（试行）》，明确并适当突破从立案到

审理再到执行的诉讼全流程规则。

一是探索拓展移动微法院的适用范围。实践中移动微法院适用范围逐步由民商事案件向执行案件及其他案件拓展，由规程予以确认，除涉及国家秘密、商业秘密、个人隐私等不宜线上审理的案件外，其他民商事、执行案件及行政、刑事自诉、刑事附带民事案件都可适用移动微法院办理。

二是将电子签名的适用范围拓展到诉讼领域。当事人首次进入移动微法院需要预留电子签名，采用区块链技术进行防伪防篡改。规程规定电子签名可以用于通过移动微法院签收诉讼文书、调解协议等，其效力与线下签名效力等同，不需要再到线下补签。

三是探索电子诉讼流程简化。诉讼参与人不再局限于向法院提交纸质起诉状和证据，可将相关文件拍照后以图片形式上传；除当事人对证据有异议、证据涉及身份关系等情况外，证据原件不再一律要求提供；起诉状和证据以图片形式上传后，也无须再按照对方当事人人数提交副本，缩短立案周期。

四是探索电子送达裁判文书。电子裁判文书在审判系统签章并添附二维码后生成，书记员从内网可直接向当事人推送。在送达之前，需要当事人签署同意书，取得当事人的特别同意后，法院可以向其电子送达判决书、裁定书、调解书。

三　移动微法院的应用成效

移动微法院的推广运行不仅较好缓解了诉讼中的堵点、难点、痛点，而且有效促进了诉讼经济、诉讼公正、诉讼效率。截至 2019 年 10 月底，移动微法院全国累计注册用户 582 万人，引入案件超过 130 万件。其中，起步较早的浙江全省法院累计在移动微法院平台流转的案件超过 101 万件，总访问量超过 1.35 亿人次，日均访问量超过 50 万人次；浙江全省法院在移动微法院平台在线申请立案 47.7 万件次，网上签订调解协议 1.3 万件，参与证据交换、开庭及询问 4.7 万件次，用户反响良好。

一是有效提升了司法公信力，推动司法运行从"半公开化"到"全程可视化"转变。习近平总书记指出："司法改革成效如何，说一千道一万，要由人民来评判，归根到底要看司法公信力是不是提高了。"移动微法院具有全程公开、沟通充分、永久留痕的特点，消除了传统司法公开模式的被动性、迟延性、间接性等不足，实现了司法公开的可视化、实时性、直接性，拓展了司法公开的广度和深度，增强了当事人的参与性和互动性，压缩了暗箱操作空间，大大降低了因信息不对称、公开不够、沟通不畅所产生的信访问题、不信任问题，让当事人在全流程、同步性公开中看得见、感受到公平正义。移动微法院促进了执行工作的规范透明，增进了当事人与法官的理解信任，有效提升了司法公信力，这表现在当事人对法院执行工作满意度的提升上。以2018年上半年宁波法院执行信访量为例，信访量呈现明显下降趋势，其中宁波中院接待当事人信访数由2017年上半年的528人次下降至2018年上半年的249人次，降幅达52.84%。同时，移动微法院还有效解决了法官难找等当事人一直以来反映较多的问题，宁波市12368诉讼服务热线投诉找法官难的来电数量占比，从2017年的29.9%下降到2018年10月的16%，总量减少近一万个。

二是有效提升了司法服务能力，实现电子诉讼服务从"碎片化"向"集成化"转变。以往法院信息化建设多是一个环节开发一个软件，比较碎片化、单一化。移动微法院与现有的各审判执行软件全面对接，内外网系统全面打通，各种数据能够全面实时双向交互，从立案到归档、从一审到二审各个流程全面贯通，为法官和当事人提供"一条龙"电子诉讼服务支持。这种各环节可选择的增量服务，受到当事人和法官的普遍欢迎。在一起离婚案件中，被告常年居住在非洲做生意，愿意离婚，但短时间内无法回国，而原告又急于再婚。为避免拖延和当事人跨洲奔波，法官将双方引入平台，送达应诉材料，组织双方交换证据、调解，通过全程视频双方在各自所在地宣读了调解协议内容后书面签署并送达调解书，案件全流程在网上进行。

三是有效节约了司法资源，推动诉讼事务处理从"纸质媒介"向"数字媒介"转变。移动微法院的全面推行，促进了法院工作数字化转型，司法程序实现了由"线下人工"向"线上智能"的转变。每个案件的审理流程和数据对接智能立案系统、智慧庭审系统、裁判辅助系统、电子签章系统、电子档案系统,起诉、立案、送达、举证、质证、调解、庭审、归档等诉讼环节均实现内外网同步移动化、网络化、数字化。移动微法院创新了法律文书电子化送达方式,提高了送达效率。根据浙江法院微法院服务平台的数据,截至 2019 年 10 月底,仅宁波两级法院就通过移动微法院送达各种诉讼材料 21.36 余万次,每年宁波两级法院节约送达费用估算在 700 万元以上。移动微法院推进了诉讼过程无纸化,尽可能减少当事人提供纸质资料,据测算,归档案卷页码平均减少超过十页,向当事人寄送程序文书平均减少五页。

四是有效提升了司法效率,促进人案矛盾化解由"人力增产"向"科技增效"转变。移动微法院通过案件信息自动检索、法条案例自动推送、电子卷宗自动生成等加快案件审理节奏、缩短审限用时,促进了审判质效的提升。移动微法院有效促进了审判团队的科学分工,促使法官助理积极发挥审判辅助作用,把法官从大量的重复性劳动中解放出来,集中精力处理司法核心业务,缓解"案多人少"矛盾,大幅提升办案效率。比如,在宁波知识产权法庭审理的一起外观设计专利纠纷案件中,法官通过移动微法院庭前组织双方当事人交换大部分证据并在线调解,线下组织开庭对产品的外观设计进行比对,庭审半小时即可结束。以宁波两级法院为例,2018 年上半年,全市法官人均结案 116.91 件,同比增加 21.85 件,增幅达到 22.99%;人均执结 150.16 件,同比增加 18.85 件,增幅达到 14.36%。

五是移动微法院让群众打官司更省钱,实现了从"群众跑"向"数据跑"转变。在老百姓的印象中,一个案件从立案到结案,当事人往往要多次往返法院,不管路途有多远,人还是要亲自到场的。而移动微法院正是一项重大的司法供给侧改革,彻底改变了往常的司法服务模式,当事人足不出户、动动手指就能申请立案、参与诉讼,大部分案件可实现"零在途时间"和"零差旅费支出"。移动微法院有利于减少当事人奔波法院的讼累,节约大量的时间和经济成本。据测算,每个当事人可节约旅途用时 2~10 小时,节约差旅成本数百元、数千元。移动微法院有利于特殊群体诉讼,孕(产)

妇、高龄老人、残疾人等在家坐着就能把"打官司"的事给办了。在一起数兄妹分家析产纠纷案件中，当事人散居在两个省份三个城市且均年龄较大，年龄最小的一位当事人也已60多岁，有的还身患疾病行动不便，组织现场调解可行性极低。在法官的指导和亲属的帮助下，兄妹们进入移动微法院平台，经过长达两个月的网上沟通，老人们在线签订了调解协议并签收调解书。此外，移动微法院非常好地解决了涉外案件"送达难"的问题，也给集中管辖案件的当事人带来极大便利。宁波知识产权法庭由于集中管辖温州、台州、舟山、绍兴地区的部分知识产权案件，以往"打官司"必跑宁波，现在通过移动微法院远程开展送达、询问、证据交换、开庭等，解决了集中管辖带来的距离负担问题。

六是移动微法院有力推动了司法工具重塑、司法流程重塑和司法规则重塑，创造了具有中国特色、引领时代潮流的移动电子诉讼新模式。最高人民法院提出，要"主动回应实践需求，推动现代科技与法院工作深度融合"，全面推动工具重塑、流程重塑和规则重塑。移动微法院开启了移动互联网诉讼新模式，是新时代司法工具的重大创新，促进了司法生产力的解放，为缓解法院长期存在的"案多人少"矛盾提供了新的工具支持。移动微法院实现了办案模式从线下到线上线下的融合，促进了审判流程向无纸化的进一步迈进，开启了异域异步审理新模式，推进庭审观念、规程的变革与创新，拓展了电子签名的适用范围、简化了诉讼流程，实现了判决书、裁定书和调解书的电子送达，使传统的司法规则发生重大突破，实现了司法规则和司法流程的重塑，在司法体制综合配套改革方面进行了大胆探索和有效尝试。

四 移动微法院运行中存在的问题

(一)用户体验层面：新需求不断产生，系统仍需升级完善

移动微法院作为新生事物，虽然其运行已经进入正轨，但仍处于不断发展完善阶段，各类用户群体仍不断提出新的使用需求，这些需求是用户在高

频次使用移动微法院过程中产生并提炼出来的，具有坚实的实践基础和较强的合理性，对移动微法院系统的完善和提升具有重要意义。具体来看，这些需求分为两类，一类是用户需求较一致、有待移动微法院系统进一步开发的建议，如建议新增材料替换功能，以便当事人发送的众多材料中某一项材料存在错误时可以直接对该份材料进行替换，简化批量送达程序等；另一类是用户需求不一致，需要进一步论证决定的问题，如部分用户反映当事人或代理人进入案件空间后无法看见法院之前发送的材料或信息，在实际操作中造成重复发送问题，是否可以开通"历史信息可见"功能等。

（二）技术层面：信息安全保障仍有隐患，需不断加强

诉讼参与人身份的真实性问题是诉讼活动的源头性问题。与传统诉讼方式中诉讼参与人的身份信息反复得到当面审核与验证不同，移动微法院通过与公安部联网的人脸比对系统进行初始身份认证。但科技并不能总是万无一失，可能存在一定隐患。在后续的诉讼活动中，移动微法院因突破了时间和空间的限制，无法像传统诉讼那样全程对诉讼参与人身份进行当面审核与验证，客观上存在移动微法院使用者与诉讼参与人身份不一致的风险。同时，随着移动微法院的推广，其使用的广度和深度都将呈几何增长态势，内外网数据的交互、存储量的大幅增长，数据交互、存储过程中的安全性问题是下一步需要解决的关键问题。此外，如何使移动微法院中个人隐私安全风险达到最小化，也是需要不断破解的技术问题。

（三）诉讼规则层面：与传统诉讼制度存在冲突，呼唤电子诉讼立法的出台

宁波中院出台了全国首个移动电子诉讼规程，该规程是宁波法院移动电子诉讼实践探索与创新的结晶，但该规程的某些规定与目前的法律规定存在冲突，主要体现在以下几个方面：一是《民事诉讼法》明确规定判决书、裁定书、调解书不适用电子送达，《宁波移动微法院诉讼规程（试行）》则拓展了电子送达的文书范围，将判决书、裁定书、调解书纳入电子送达范

围；二是《电子签名法》第三条规定电子签名仅限于民事活动，《宁波移动微法院诉讼规程（试行）》则将电子签名的适用范围延伸至诉讼领域；三是《民事诉讼法》明确规定了"原件规则"，即书证应当提交原件，物证应当提交原物，《宁波移动微法院诉讼规程（试行）》则把提交证据原件由强制性规范转变为选择性规范；四是中国现行法律对电子卷宗效力的规定不明，但《宁波移动微法院诉讼规程（试行）》明确可以电子档案方式归档。可见，中国电子诉讼立法严重滞后于电子诉讼实践，并已严重制约了移动微法院的进一步发展，亟待进行专门的电子诉讼立法以巩固现有电子诉讼实践成果，规范和引领电子诉讼的未来发展。

五　移动微法院的完善路径

结合移动微法院的运行实践，针对移动微法院长远发展面临的困难和问题，建议从以下几个方面完善移动微法院发展路径，助力移动微法院功能提升。

（一）用户体验层面：坚持问题导向，推动移动微法院平台建设日益完善

其一，要强化运维，提升系统稳定性。强化移动微法院平台的日常维护，有效防范并及时化解程序故障，确保系统运行流畅、平稳；对于可以预见的、可能会造成系统不稳定的情况，要提早预警，强化用户心理预期；对于平台的系统升级，要尽量选择在用户活跃度低的夜间或节假日进行，最大限度减少对用户的干扰；对于系统界面的优化升级，要充分考虑用户的使用偏好和使用习惯，确保界面具有一定连贯性，杜绝单次大幅改动给用户带来的使用困扰。其二，要畅通问题沟通反馈机制。通过组建针对律师、当事人、法官等不同群体的微信联络群以及开通问题在线反馈通道、强化12368诉讼服务热线来电内容分析等方式收集用户问题，及时予以解答；此外，要强化已解答问题的汇总和共享，对于已经解决的问题要以清单方式记录解决方案、适时共享，方便其他用户对照查找，提高问题解决效率，减少重复劳

动。其三，要强化研发，完善系统功能。对于各类用户提出的合理需求建议，研发运维人员要制订方案、分解任务，做到逐一研究、逐一破解，坚持以问题为导向完善移动微法院功能建设。对于能够马上完善的要马上完善，不能马上完善的需要明确工期，确实无法完善的要说明理由，推动移动微法院系统的迭代升级。其四，要强化科学论证，把准用户需求。对于因用户需求不一致而需要论证解决的问题，研发运维人员应首先就该类需求建议进行调研，借助问卷调查、在线投票等形式真正掌握用户的倾向性需求，供研发运维人员参考。

（二）技术层面：依托人才支撑和技术进步，强化移动微法院平台后续服务和安全保障

其一，移动微法院的建设和长远发展离不开充沛的人力资源保障。移动微法院前期的开发和推广依靠的是最高人民法院牵头组建、全国十余家公司上百名技术人员参与的全国联合项目组，联合项目组为移动微法院的成功提供了充分的智力支持，但同时也带来了人员管理、薪酬支付等问题，后续应探索组建独立、稳定的研发运维公司，理顺人员组成、知识产权归属、资金来源、利润分红方式等问题，由该公司负责移动微法院系统完善和补充开发，确保技术支撑稳定到位。其二，要推动驻法院技术人员的业务培训，提升技术人员的业务能力和工作水平，以期更好地为广大干警服务。其三，要加强技术研发，依托最先进的信息技术为诉讼参与人身份真实性判断和内外网信息的交互及存储提供可信赖的技术标准和运行环境，有效防范网络安全危机。其四，要加强制度管理，规范电子诉讼平台管理人员和用户的行为，严厉惩治伪造、篡改、滥用相关电子诉讼信息的行为。

（三）宣传推广层面：内外合力，深化移动微法院宣传推广效果

其一，各级法院要继续发力，最大限度利用现有的海报、微信公众号、二维码、宣传册、内外网专栏、立案大厅服务专区等平台宣传推广移动微法院，还要积极改进原有宣传方式中的问题，不断拓展其他宣传阵地和宣传方

式。其二，要巧妙借力，借助政法干线各类走基层活动、行业组织等平台切实提高移动微法院的社会普及面和群众知晓度，优化宣传效果，以真实、生动的案例证实移动微法院的全方位优势，打消部分当事人的使用顾虑，进一步夯实移动微法院的用户基础，并在实践检验中逐步完善。

（四）诉讼规则层面：加快电子诉讼立法进程，为移动微法院的发展完善提供制度保障

电子诉讼在中国的发展已经日趋稳定成熟，具有强大的生命力和广阔的发展前景，尽快制定电子诉讼专门法律、为电子诉讼提供坚实的制度保障已迫在眉睫。总结国外电子诉讼立法模式的利弊可以看出，出台专门法律解决电子诉讼发展中的现实问题，相对风险小、易操作；修改《民事诉讼法》，可以从宏观上把握电子诉讼这一全新事物的发展趋势，但对立法的时机把握要求较高，灵活性较弱。立足中国电子诉讼仍处于飞速发展阶段的社会现实，建议中国采取以出台专门的电子诉讼法为主、以修改《民事诉讼法》为辅的立法方式，通过专门立法对电子诉讼原则、电子诉讼程序、电子诉讼适用范围等具体问题作出明确规定，同时修改《民事诉讼法》中制约电子诉讼发展的既有法律规定，为移动微法院的长期健康发展提供制度保障。

信息化与司法大数据

Informatization and Judicial Big Data

B.18

以数据为中心构建大数据管理与服务平台

广东法院课题组*

摘　要：　大数据战略是中国"十三五"规划中的重要战略、国家战略。围绕国家大数据战略，广东法院按照最高人民法院加快建设智慧法院的部署，以"大数据、大格局、大服务"理念为指导，积极推进各类数据的汇聚融合，加快推动数据资源共享开放和应用开发，构建广东法院大数据管理与服务平台。广东法院运用大数据、云计算等前沿技术，充分挖掘和释放多年来积累的大量司法数据的价值，用数据说话、用数据决策、用数据管理、用数据创新，分析把握新形势下审判执行工作的运行态势、特点和规律，助力广东法院智慧法院建设。

---

* 课题组负责人：钟健平，广东省高级人民法院党组副书记、常务副院长、一级高级法官。课题组成员：刘国喜、郑仲纯、陈伟平、文东海。执笔人：陈伟平，广东省高级人民法院综合保障中心一级调研员；文东海，广东省高级人民法院综合保障中心三级主任科员。

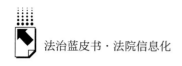
关键词： 大数据 司法管理 数据共享

近年来，互联网、大数据、云计算等新兴技术日益成为引领经济社会发展的驱动力量，智慧城市、智慧社会等不断重塑社会生产生活的面貌。广东法院全力以赴以支持全业务网上办理、全流程依法公开、全方位智能服务，实现公正司法、司法为民为目标，建设现代化智慧法院应用体系，深入推进智慧法院基础设施建设、推动科技创新手段深度应用、完善司法大数据管理和应用，以数据为中心，构建广东法院大数据管理与服务平台。

一 平台建设的背景及必要性

信息化建设作为人民法院发展的"车之两轮、鸟之两翼"，是推动法院现代化和智能化的强大动力。广东法院开展信息化建设以来，在最高人民法院的指导下先后建成和应用30多个信息化系统，满足广大干警日常办公办案需求，涵盖服务人民群众、服务审判执行、服务司法管理各个方面。信息化系统的投入使用为全省法院的法官及干警提供了很大的便利，辅助法官和干警进行办案和办公，大大提升了办案效率和办公效率，但在数据整合、共享、利用方面仍存在不少问题。

（一）数据没有集中，存在数据"孤岛"

广东法院有30多个主要核心业务系统，由10多个厂商搭建，并没有统一的大数据管理与服务平台，数据都分散在各个业务系统当中，只是其中的几个业务系统作了点对点对接，并没有实现完全的数据统一和数据共享。各应用系统生产的数据均独立存储，形成数据"孤岛"。庞大的、各种类型的数据未进行统一、集中管理与整合，对实现数据的快速共享、有效利用形成瓶颈制约。对司法统计工作的准确性与时效性以及对未来大数据的应用也造成了严重制约。

（二）数据不透明，缺乏有效监管

广东法院的数据存在于各个业务系统中，而各个业务系统中的数据库对于法院的数据管理部门来说是不透明的，数据管理部门并不完全清楚有哪些类型的数据、有多少数据，数据存在哪里、谁在使用这些数据、使用了哪些数据。数据管理混乱，法院需要对数据实现有效监管。

（三）数据没有统一标准，数据质量不高

在广东法院的几十个业务系统中，由于建设厂商不一、建设年限不一、标准不一，系统之间缺少统一的技术与应用支撑框架，大多相互独立，业务的协同性差。统一采集和管理、利用数据，需要有统一的数据标准规范作支撑。不同用户提供的数据可能来自不同的途径，其数据内容、数据格式和数据质量千差万别，给数据共享、管理和利用带来了很大困难。造成上述现象的原因主要是缺乏数据的标准化以及对数据标准的管理，并且没有形成对数据标准规范统一管理、反馈、修改的体系。

（四）数据参差不齐，上报数据与最高人民法院数据不一致

由于目前各业务系统的生产数据独立存储，司法统计数据上报最高人民法院时需要对各业务系统的数据周期性地进行数据汇聚，还需要大量的人工转换才能完成数据上报。由于数据量比较大、涉及的内外网和上下级法院数据比较多，数据汇聚过程中经常出现数据丢包的情况，上报的数据从源头上就缺乏准确性保障。数据标准不统一，需要进行多次转化，数据的准确性也难以得到有效保障，同时也极大浪费了人力和财力成本。

《人民法院信息化建设五年发展规划（2019～2023）》和《最高人民法院关于深化人民法院司法体制综合配套改革的意见》明确要求，提升服务司法管理水平、以"大数据、大格局、大服务"理念为指导，积极将信息化运用拓展到行政事务、档案管理、人事管理、纪检监察、财务管理和后勤装备等管理领域，为各级领导及内外部管理部门提供"数据集中化、流程

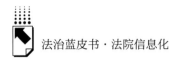

可视化、管理精细化"的辅助管理手段，构建以案件信息为核心的统一信息共享服务标准，实现法院之间和法院内外的数据共享和交换，支持各级法院内部及其与外部应用系统之间的业务协同，切实提高司法决策和管理科学化水平。

为解决现实存在的数据问题，落实最高人民法院加快建设司法大数据应用的战略部署，广东法院启动了大数据管理与服务平台项目建设。

二 平台建设的基础

广东法院经过多年信息化建设的大量投入，在网络基础设施、云服务、数据资源、应用推广等方面为大数据平台的建设和运用打下较好基础。

（一）网络基础设施建设完成

广东法院积极构建由法院专网、移动专网、外部专网、互联网和涉密内网组成的五大网系。全省法院完成法院专网全覆盖，160家法院、417个派出人民法庭全面互联互通，省高级人民法院到中级人民法院网络带宽不低于500兆，中级人民法院到基层人民法院网络带宽不低于300兆，基层人民法院到派出法庭网络带宽不低于100兆；建成外部专网，利用外部专线或本地政务网络建立与相关部门的点对点连接，初步满足信息报送、信息共享等业务需要；建成非涉密数据隔离交换边界平台，实现跨网数据交换，具备法院专网内部、法院专网—移动专网、法院专网—互联网、法院专网—外部专网等应用协同服务能力。网络基础设施的完备为大数据平台的数据上传和交换，各个系统数据的采集、汇聚、共享提供了良好的网络通道。

（二）混合云架构建设完成

广东法院根据各类数据和音视频应用需求，优化技术架构，重点推进模块化数据中心建设，配置小型机、高性能服务器和存储设备，实现效率提升、能耗降低、微模块冗余互备，为信息系统提供稳定可靠、绿色节能、高效智能的基础保障。精心打造法院内网专有云平台，可提供超过3000台虚拟机支撑能力、超过5PB数据存储空间。针对各级法院互联网业务不断增加的情况，充分利用广东省数据管理局提供的开放云资源，将法院涉及互联网的业务全部迁移到开放云，全面提升法院互联网业务支持能力。广东法院混合云的建成，实现了业务灵活开展、资源弹性伸缩、成本按需可控、系统稳定运行，为大数据平台性能拓展、资源动态服务和集约管理提供技术支撑。

（三）内外数据资源已积累相当规模

近年来，为充分发挥信息化对法院审判体系、审判能力、法院管理能力现代化的重要支撑作用，加快建成"全面覆盖、移动互联、跨界融合、深度应用、透明便民、安全可控"的人民法院信息化3.0版，广东法院围绕"智审、智执、智服、智管"，全面加强智慧法院建设。法院内建立了综合业务系统、执行系统、减刑假释系统、司法统计系统、信访系统、公文流转系统、档案管理系统、人事管理系统、科技法庭系统、运维管理系统、内外网网站、12368系统、诉讼服务网等信息系统，涵盖服务人民群众、服务审判执行、服务司法管理各个方面。同时，广东法院与司法、检察、金融、公安、工商、国土、房管等部门建立数据共享平台，可获取大量的外部数据资源。数据的种类和数量逐年增加，目前，核心审判相关的信息系统已汇集了超过20T结构化数据、300T非结构化数据，外部可利用数据超过30T。大量内部数据和社会数字资源的积累为广东法院大数据平台建设提供了丰富的可利用原始资源。

三 平台建设的主要内容

广东法院构建大数据管理与服务平台的总目标是落实习近平总书记关于"推动大数据、人工智能等科技创新成果同司法工作深度融合"的指示要求，围绕"智审、智执、智服、智管"的目标，建设大数据辅助智能化应用，推进政法跨部门数据共享和业务协同，全面提升法院系统司法管理和科学决策水平。

平台建设的主要内容如下：以《人民法院信息化技术标准（2015 版）》为基础，结合广东法院实际，制定具备广东特色的数据标准规范；整合现有广东法院主要业务系统数据，实现可视化的资源和目录管理，建立数据集中管理和质量保障机制，狠抓数据源头，重视数据质量，做到汇聚快、要素全、质量高；建立审判执行库、司法人事库、司法政务库、司法研究库、信息化管理库、外部数据库六大标准主题库，实现数据全面覆盖；建设数据共享交换平台，实现法院之间和法院与外部之间的数据共享交换和业务协同；建立大数据分析系统，研发面向司法公开、诉讼服务、决策支持、监控预警、司法研究和工作评估等方面的智能服务，并利用 Web 页面和 LED 大屏以简单明了的图表等可视化形式，从业务视角对广东法院的各项工作进行多维度展示；建立数据安全防护平台。具备事前预防、事中控制、事后审计的能力。具有数据安全管理、数据安全审计、数据权限管理、数据脱敏管理等功能，提供企业级的数据权限管理机制，保障大数据管理与服务平台的数据安全。

（一）构建大数据基础服务平台

广东法院大数据基础服务平台基于 hadoop 技术框架，使用 hadoop 平台进行搭建。平台基础功能涵盖主机管理、用户管理、权限管理、系统管理、平台监控、告警信息等，具备高可靠性、高性能、高可扩展性、高灵活性，可支持高并发低延迟的查询检索，高效的统计分析和高吞吐低延时的处理能力。系统提供统一的平台监控功能，实现对数据、平台及故障的监控或预警，可查看服务器进程的内存和 CPU 占用率等信息，可进行服务器的日常维护与管理，对服务器上的服务进行监控，如有服务停止，及时发出报警，用图形方式分析服务器，为用户提供了解平台运行情况的渠道，保障大数据分析平台的正常运行。

（二）制定广东法院数据标准规范

广东法院在大数据管理与服务平台建设中，制定有广东特色的法院数据标准规范体系。标准体系总体框架遵循国家标准、行业标准、人民法院信息技术标准规范，在上述基础上，结合本地审判工作需要和信息化建设特色，健全标准化管理制度和工作机制，为数据的采集、处理、交换、共享提供了标准指引。

1. 总体标准

标准规范体系建设是大数据管理与服务平台建设的要素之一，它是一定范围内相关标准组成的科学有机整体，是促进系统开发运维趋向科学、合理和配套的技术手段。广东法院大数据标准规范体系建设包括总体标准、数据标准、数据采集与数据处理标准、数据传输与交换标准、业务流程规范、业务应用标准、安全标准和管理规范。对于有国家（行业）标准的，优先遵循国家（行业）标准；即将形成国家（行业）标准的，争取在标准基本成熟时，将该标准率先引入适用；无国家（行业）标准的，等效采用或约束使用国际标准；无参照标准的，按标准制定规范，自行进行研制；在编写数据交换标准时，特别考虑未来的发展和变化。

2. 数据标准

广东法院数据标准规范重点根据《人民法院信息化技术标准（2015版）》与广东法院实际情况来制定，内容包括数据格式标准、信息分类及编码标准、元数据标准等。

通过建设数据资源管理平台，对数据标准进行维护，对数据标准和信息项进行新增、修改、查询等一般性维护工作。

3. 数据采集标准

广东法院数据采集标准规范用于对数据采集方式、采集频率、采集执行时间、全量采集和增量采集等进行规范。采集的规范结合各业务系统的现状，还有数据共享平台技术特性，从实际出发，便于标准落地。

4. 数据处理标准

广东法院数据处理标准规范，主要是数据采集入库规则、数据处理标准、数据归集和使用管理办法。

5. 数据传输与交换标准

广东法院数据交换标准对数据共享平台提供数据服务进行规范，内容包括总体技术框架定义、数据接口规范、技术管理要求。数据交换规范的制定参考最高人民法院的技术规范，结合广东高院的 IT 体系实际情况来进行。根据数据接口规范，数据共享平台可为第三方提供数据服务。

6. 数据安全标准

广东法院数据安全标准用于规范数据采集、传输、共享过程中的安全规则，包含大数据安全防护的工作细则。

（三）建立数据资源管理平台

广东法院数据资源管理平台负责将广东法院主要数据源同步采集至大数据管理与服务平台，并进行数据清洗、转换、融合，形成资源目录。在采集过程中以质检规则对数据进行校验，发现问题及时反馈数据源系统进行修正和整改，提高大数据平台数据的质量。数据采集的范围包括审判类、执行类的案件数据，信访类、鉴定类的案件数据，公文流转等 OA 系统数据，诉讼服务类的司法公开数据，第三方交互系统的交换数据等 30 多个业务系统数据。目前平台已经汇聚了广东法院全省 1998 年以来 10 多亿条结构化数据、1306 万件案件数据、5866 万份诉讼文书、6877 万份电子档案。

1. 数据采集管理

广东法院大数据管理与服务平台数据采集管理模块利用数据采集技术，在元数据驱动下从法院内部、法院外部及互联网三大类数据来源汇集各方数据。对于法院内部业务系统数据，采用 ETL 数据采集方式，直接从各个业务系统采集数据，并汇聚到数据采集平台；对司法、检察、金融、公安、市场监管、国土、房管等法院外部各单位的数据，使用共享交换技术，依托数据交换管理系统打通各方信息"孤岛"，从各个单位的系统中交换数据，并汇集到数据采集系统中。采集的内容支持结构化数据（案件信息等）、半结构化数据（文书信息、档案信息等）、非结构化数据（音视频等），采集方式支持数据接入、数据填报、网络爬虫、视频抓取等多种方式，实现了对数据库、数据仓库的全方位适配采集。

2. 数据交换管理

广东法院大数据管理与服务平台数据交换管理模块用来实现各数据库、各业务系统与大数据平台之间的数据交换功能。数据交换管理定义交换数据的格式，明确交换数据的方式，确保数据交换安全可靠。建立数据交换的相关标准，以一定的标准格式和标准接口，可兼容异构系统、异构数据库间的数据交换，不受操作平台和各种业务平台的限制。利用面向应用层的消息中间件技术或其他相关的传输服务程序，保证传输过程中发生各种异常情况时，将数据安全、可靠、完整地传送到大数据平台。可通过交换数据库、交换标准格式文件、建立中间库等形式实现数据交换。

3. 数据清洗管理

广东法院大数据管理与服务平台数据清洗管理模块对存在数据质量问题的数据进行清洗和校正。在数据清洗过程中不仅能将脏数据清洗和校正，还将调用数据剖析功能，对脏数据进行分析，判断脏数据的来源和严重程度，并分类输出，可以统计分析。

4. 数据资源目录管理

广东法院大数据管理与服务平台数据资源目录管理模块按照统一的标准规范，对分散在各级部门、各个领域、各地区的信息资源进行整合和组织，形成可统一管理和服务的数据资源目录，实现数据资源规范管理、共享交换和信息服务，为使用者提供统一的信息资源发现和定位服务，建立部门间信息资源共享交换和信息服务的信息资源管理体系。目录对数据资源摘要、数据资源提供方、数据资源分类、数据资源共享属性、数据资源公开属性、数据资源标识符、元数据标识符、数据项描述等元数据信息进行明确，对已注册的基础数据按照业务、层级等进行编目、发布。资源目录管理能够对大数据平台建设的各类应用的清单信息进行注册、编目、填报，便于数据集中化管理，能够对资源目录进行注册、查看、修改、搜索，关联数据项、关联资源文件、导入、导出。对于未向平台提供实际数据的职能部门信息系统，提供数据资源录入界面，支持自行填报数据资源清单，在数据资源目录进行标识。

5. 数据质量管理

广东法院大数据管理与服务平台数据质量管理模块建立大数据质量管理机制，以案件、文书、卷宗为重点，健全完善司法大数据质量管控体系，扩展数据质检规则，加强数据质量管理，保证数据的完整性、及时性、规范性和准确性。数据质量核检实时对采集到的数据进行数据质量检查，制订完善的质量分析细则，对大数据平台的数据不断进行数据校验、比对，完成不规范数据的清洗和过滤。建设问题数据库，提供问题数据下载和查询统计功能，提供相应的数据质量分析报告，促进数据质量提升。建立数据质量知识库，将常见的数据质量问题总结为文本知识给其他维护人员参考，减少解决重复问题的时间。按照相应的数据质量检查规则和数据质量检查结果，可自动生成相应的数据质检报告，展示数据全面质检情况，反映现存问题，提供统一的数据质检报告模板。可以根据具体情况，提供多种数据质量问题处理方式。

（四）建立六大主题数据仓库

广东法院大数据管理与服务平台将广东法院案件信息、文书信息、电子卷宗和庭审音视频数据汇聚后，依据人民法院信息化标准，在标准化数据资源的基础上，从业务的角度，对数据集重新划分和组合，形成审判执行库、司法人事库、司法政务库、司法研究库、信息化管理库、外部数据库六大标准主题库，涵盖 5 亿多条数据。主题数据仓库通过各类数据关联，实现"案件、人员、财物、外部"数据的一体化，支持司法数据汇聚和深度应用，逐步构建智慧司法知识中心，形成司法大数据知识库。

审判执行库：涵盖广东法院审判执行类数据，包括刑事、民事、行政、知识产权、司法合作、破产清算等法院审判执行业务数据。

司法人事库：涵盖广东法院内广大干警和人民陪审员及其考勤、休假、绩效等相关人事信息。

司法政务库：涵盖广东法院内行政办公，信息列表、公文流转等业务数据。

司法研究库：涵盖广东法院司法调研报告、司法改革、司法理论创新等相关信息。

信息化管理库：涵盖广东法院信息化固定资产、项目管理、运维管理等信息化建设相关数据。

外部数据库：涉及司法、公安、检察院、外单位政府部门等外部数据。

（五）构建数据服务平台

广东法院大数据服务平台实现了与法院审判流程、裁判文书、执行信息等的对接，持续提升数据服务的智能程度，面向广大干警、人民群众、其他政府部门、法院内技术开发公司，提供大数据服务。对内满足法院内部数据资源服务需求，对外提供与外部单位的业务协同服务，满足数据服务在稳定性、交换容量、安全等方面的要求。平台通过统一的数据、统一的权限、统一的审计，提供统一的服务、统一的接口标准。利用数据审计、日志服务、数据分析进行安全管控，通过元数据管理、数据标准服务、接口订阅服务、接口访问服务实现数据资源共享。目前平台对外提供了科技法庭相关的开庭信息、当事人信息等20多个接口，接口日均请求量超过10万人次，高峰期超过20万人次，满足各业务相关人实时获取数据服务的需求。

广东法院数据服务平台可实现跨层级、跨网系、跨部门的应用系统信息资源共享与交换，提供法院专网内部应用系统、上下级法院、跨部门之间数据汇聚共享交换能力，提供法院专网与互联网、移动专网及外部专网间的数据交换能力，能够将需要共享的数据从一个应用共享到其他应用，也可以把数据从一个共享平台交换到另一个信息资源共享服务平台。外单位和法院内部业务厂商可通过共享资源目录申请数据资源，平台根据所申请的数据资源生成统一规范的接口或服务，供第三方业务系统调用。数据服务平台可根据第三方应用的要求，根据申请的数据资源生成对应的 XML 文件，用于文件交换共享数据。根据业务需求，数据共享服务可提供数据加密机制，加强数

据传输安全控制。

同时，数据服务平台面向司法管理，开发了审判资源配置评估、司法研究与指导、司法统计分析、法官干警业绩档案、工作量智能评估、信息化成效评估和视频智能分析等司法研究和工作评估智能服务，并与管理决策和人事工作等应用系统实现无缝集成；持续开展司法统计工作，提升司法统计性能，提升对司法管理的支持水平及司法研究和工作评估服务的智能程度。

（六）构建数据分析平台

广东法院数据分析平台结合审判动态分析和司法统计智能分析，科学研判审判运行态势，提高司法决策的时效性和针对性；运用海量司法案例资源，针对刑事、民事和行政等案件，探寻新形势下的司法规律，提高司法预测预判和应急响应能力；关联运用案件与人事、行政、财务、后勤、装备和信息化等数据资源，建立信息化支持的人民法院综合管理分析体系，提高各级人民法院科学化管理水平。

广东法院大数据分析平台结合大数据 Web 可视化系统和大屏可视化系统，以图形化的方式全方位展示广东法院业务情况。以审判态势为例，平台实时展示和分析全省法院审判情况，包括收结存情况、案件审级情况、各类案件审理情况、法官结案情况、广东法院机构人员情况、全国法院案件总体情况，从宏观上对全省法院审判态势进行分析和对比。以 2019 年 1 月到 8 月审判态势为例，大数据平台通过分析统计，以可视化的方式展示了这一时间段内的审判动态。2019 年 1 月至 8 月，广东法院新收审判案件 1118202 件，同比上升了 20.14%，新收案件数居全国首位，其中民事案件占比 80.86%，同比上升 24.16%，刑事案件占比 10.92%，同比上升 1.28%。民事纠纷案件上升趋势明显，刑事案件趋于稳定，在审判案件收案增加的情况下，结案率依然保持稳定。

数据分析平台依据社会热点、国家战略、司法改革等要求，利用文书、案件、外部数据进行融合挖掘，提供多角度多层次的专题分析服务，可实现广东法院案件受理和来源信息分析、案件审理信息分析、结案方式信息分析、结案情况信息分析、一审案件信息分析、二审上诉信息分析、执行案件信息分析等各维度信息分析。目前实现的各种分析主题包括综合分析主题、民事分析主题、商事分析主题、刑事分析主题、行政分析主题、执行分析主题、非诉分析主题、质效报表主题、司法统计主题、黑恶犯罪主题、毒品犯罪主题、职务犯罪主题、离婚案件主题、金融案件主题、知识产权案件主题、环境资源案件主题等。

以知识产权专题分析为例，平台实时展示和分析全省法院知识产权案件审理情况，包括的知识产权新收案件情况、近五年收案趋势分析、结案方式分析，知识产权民事、刑事、行政一审案件审理情况，涉港澳台涉外案件情况分析等。广东法院2019年1月到8月知识产权专题分析显示，2019年1月到8月，广东新收知识产权案件117699件，同比上升75.85%，近5年收案呈现逐年上升的趋势。在结案方式上，调解和撤诉比例达到46.77%，二审改判和发回重审的比例仅0.65%。案由分析方面，民事知识产权一审涉及著作权纠纷的案件占比最高，其次为商标权和专利权纠纷案件。行政知识产权一审专利纠纷诉讼案件占比最高，其次为技术监督、商标和版权纠纷案件。

广东法院大数据分析平台建设有效提升了广东法院审判执行工作的决策科学化、管理精准化、服务高效化水平。

（七）构建数据安全防护平台

广东法院大数据管理与服务平台汇集了广东法院多年以来的业务数据，构建数据安全防护平台为数据提供安全保障。数据安全防护平台需具备数据安全管理、数据安全审计、数据权限管理、数据脱敏管理等功能，提供对数据安全规范的定义，根据此规范对数据进行备份、审计以及数据权限的管理，保障法院信息化过程中数据的安全可用。数据安全防护平台从事前预防、事中控制、事后审计三个方面对大数据平台的数据进行安全防护。

1. 事前预防

事前预防使用安全监测、冗余备份、加密存储、数据脱敏等技术，能够帮助用户发现数据库中的弱安全配置、风险代码、弱口令，并对已知漏洞进行分析，有效暴露当前数据库系统的安全问题；数据采用多副本冗余的方式，进行冗余存储，以防数据丢失；对敏感数据采取加密措施进行存储；对敏感数据进行脱敏。

2. 事中控制

事中控制使用数据权限管理、接口监控、数据库监控等手段，围绕登录用户的信息及权限提供一整套管理机制，控制用户功能权限、数据访问权限、资源访问权限，支持按用户、角色进行权限管理。广东省高级人民法院管理员拥有最高数据服务权限，各地市中级人民法院管理员拥有各地市数据服务权限，各基层人民法院管理员拥有自身的数据服务权限。如需跨地区、跨级访问数据，可线下通过各级部门申请，由被申请端的管理员进行审核确认。对所有数据共享平台的接口，对外提供服务的所有数据库，进行实时、全面、精确、高效的监控、告警和审计，实现对服务接口和数据库风险和攻击行为的有效描述，对违反策略的访问行为进行及时告警，保障数据共享平台的安全。

3. 事后审计

事后审计使用日志管理、安全审计等手段，对用户的登录行为、数据授权行为、修改系统配置行为、修改业务规则配置等特殊行为，均记录日志，这些信息作为用户行为审计的依据。对数据共享平台接入接口和对外提供接口，进行日志记录。对接口日志，不但可以记录访问信息，还可统计接口使用频次情况，可对常用信息内容进行查询分析，显示高利用率、高访问接口。对数据共享平台对外提供服务的数据库，进行日志记录，包括记录数据库的访问行为、权限控制、恶意及危险操作、DML 操作等信息，可基于各类日志，进行安全审计。

四　存在问题及未来展望

大数据开启了时代转型，对社会治理方式也产生重大影响，既给法院工作带来了难得的发展机遇，也提出了更高的要求和新的挑战。广东法院构建大数据管理与服务平台，为广东审判执行工作提供了有力的技术支撑，是以信息化为核心的智慧法院建设取得的阶段性成果。

在目前取得的阶段性成果基础上，广东法院大数据管理与服务平台各项功能有待进一步完善。信息资源库资源汇聚的自动化程度有待提高，司法政务、司法研究、信息化管理、外部数据等方面数据量有待增加；文书、案件、卷宗信息等问题发现、整改未完全闭环，数据质量有待提升；上下级法院之间、法院和其他单位之间、不同网络之间的数据共享交换机制有待完善；基于深度学习等前沿人工智能技术的功能开发及应用程度不高，司法大数据资源的效用远未充分发挥。

下一步，广东法院将不断探索推进大数据技术与法院审判执行的深度融合，在已有的数据服务基础上，不断融入法官的审判执行工作经验智慧，为智慧法院建设提供强有力的技术支撑和保障。

（一）大力推进政法跨部门关联业务的全面协同

联合公安、检察和司法行政部门，召集政法业务领域专家和大数据技术领域专家，共同研究制订政法大数据整合标准，健全和完善政法网共享数据交换的机制和方法，明确数据共享的职责、义务、范围和边界，从根本上解决内网融合、上下对接中存在的困难。以大数据平台为依托，全面推进政法单位网上办案业务协同系统开发和应用，拓展跨部门网上办案业务类型，推进公安立案侦查、检察批捕起诉、法院审判等诉讼业务全链条流转试点推广工作，开发刑罚执行、移送戒毒、减刑假释、社区矫正、安置帮教、重点人员管控等跨部门网上办案业务协同一体化应用，推进执法办案高效流转、网上业务协同无缝衔接，提高政法单位整体作战能力。

（二）积极探索大数据审判执行管理决策工作的智能化应用

大数据应用分为三个层次，第一层为描述性分析应用，第二层为预测性分析应用，第三层为指导性分析应用。当前，在大数据应用实践中，描述性、预测性分析应用多，决策指导性等更深层次的分析应用偏少。广东法院将利用大数据、机器学习、知识图谱等前沿技术，围绕"智审、智执、智服、智管"，探索大数据审判执行管理决策工作的智能化应用，提高广东法院决策管理水平。

（三）努力提升法院大数据服务能力

提升法院大数据服务"战斗力"，通过大数据应用升级服务，对社会风险进行预测，实现对各类风险的预测预警预防，切实形成信息化条件下破解社会治理难题、提高社会治理智能化水平、维护公共安全、履行职责使命的"战斗力"。增强科学决策能力，促进社会治理与法院大数据技术融合，通过智能化手段对海量数据的整合、挖掘，揭示传统技术难以展现的关联关系，在案件态势管理、审判执行等业务场景中提供政策法规、处置预案、工作指引等方面的决策数据支撑，提升决策可预见性、精准性和高效性。

B.19
司法数据的深度挖掘

——以重庆法院"数智说"平台实践为例

重庆市高级人民法院课题组[*]

摘　要： 通过推进智慧法院建设，人民法院的信息数据飞速增长，积累了一座司法大数据的"富矿"。发掘司法大数据的巨大价值，服务经济社会发展大局，成为智慧法院建设的一个重要方向。重庆法院在数据智能和数据治理方面积极探索，引入人工智能技术，全力打造"数智说"平台，运用电子卷宗和裁判文书智能标注工具，提取非结构化信息，实现数据深度挖掘。通过探索"数智说"平台建设，深挖司法大数据价值，推进全方位数据公开。

关键词： 司法大数据　数据智能　数据治理

从世界范围来看，信息技术的飞速发展带来了经济社会的整体变革，人类已经进入大数据时代。大数据开启了一次重大的时代转型。就数据本身而言，人类存储数据的数字化比重早已远超模拟数据，数据的增长速度也越来越快。就其作用而言，大数据已经撼动了世界的方方面面，从商业、科技到医疗、政府、教育、经济、人文等各个领域。掌握大数据可以转化为经济价

---

[*] 课题组负责人：孙启福，重庆市高级人民法院副院长。课题组成员：余镇洋，重庆市高级人民法院信息技术处副处长；张伟，重庆市高级人民法院信息技术处副处长；卿天星，重庆市高级人民法院信息技术处信息管理科科长。执笔人：卿天星。

值、科学价值和社会价值已成为人类共识。从法院系统来看，在最高人民法院的领导下，全国法院正在经历"智能化革命"，智慧法院建设作为提升司法公信力的重大举措、提升人民群众获得感的有效手段、深化人民法院司法改革的重要支撑，取得了一系列扎实成效。伴随各系统、平台的深度应用，各级法院存储的案件信息、裁判文书、电子卷宗、庭审录像等数据飞速增长，积累了一座司法大数据"富矿"。如何发挥司法大数据的巨大价值，推进"智审、智执、智服、智管"，提升服务经济社会发展大局的能力，成为智慧法院建设的一个重要方向。

以司法大数据服务经济社会发展大局可以从三个方面着手。一是发挥司法大数据指导审判实践的"体检仪"功能，预判案件总体趋势、指标变化、优化审判资源配置、提高审判质效、服务群众诉讼；二是发挥司法大数据服务经济社会发展的"晴雨表"功能，针对发展中的难点、热点问题，服务地方经济社会发展和人民群众生产生活；三是发挥司法大数据评价社会行为的"度量衡"作用，打造评价道德失范行为、判断是非曲直的参照标准。

从当前实际来看，对司法大数据的运用往往局限于司法决策或审判质效评估领域，所涉及的数据也以结构化数据为主，司法大数据的巨大价值尚未充分开发和有效利用。重庆法院始终高度重视司法大数据的深度挖掘和应用。2011年建成"重庆法院法智云中心"，实现三级法院数据实时汇聚。2018年，围绕"深度挖掘数据价值，强力推进数据公开"，全力打造"数智说"，在挖掘电子卷宗、裁判文书等非结构化数据和公开司法大数据等方面开展积极探索。

一 人民法院司法大数据发展现状

（一）人民法院司法大数据应用推进迅速

近年来，在最高人民法院统筹下，全国法院司法大数据应用工作取得了长足进步。从地方来看，北京、上海等地高院先后建立了司法大数据分析平台,各类司法大数据分析应用成果正在不断推陈出新。2017年,最高人民法院建成了人民法院大数据管理和服务平台,实现了全国法院案件数据、文书汇聚。依托人民法院大数据管理和服务平台,最高人民法院先后组织开展了三期司法大数据专题协作分析、数助决策项目等司法大数据分析项目,发布了一系列成果。2017年底,中国司法大数据服务网正式上线,围绕提升大数据服务人民群众、服务审判执行、服务司法管理、服务社会治理能力,提供专题深度研究、司法知识服务、涉诉信息服务、类案智能推送、智能诉讼评估、司法数据分析六类服务,司法大数据应用进入快车道。最高人民法院于2018年3月发布的大数据分析报告《司法大数据:"七年之痒"已经变成"三年之痒"》引起全国热议。2019年3月,最高人民法院工作报告披露了涉及危险驾驶、离婚纠纷、司机乘客冲突等一系列司法大数据,获得高度评价。司法大数据应用及研究较其他行业虽起步较晚,但发展迅速、成效喜人。

(二)司法大数据分析仍存在不少痛点

尽管全国范围内司法大数据应用取得长足进度,产出了一系列成果,但与充分发挥司法大数据价值还有较大差距,造成这种情况有多方面的原因。

其一,技术存在痛点。目前,以深度学习、自然语言处理、语音识别等为代表的人工智能前沿技术风生水起,但实事求是地讲,这些技术都还有待进一步成熟。同时,人工智能与法院工作的融合也还处在起步阶段,复杂裁判文书的智能生成、方言在庭审中的识别等智慧法院产品还远没有达到真正实用的要求。人工智能技术核心中的一些算法,还需要投入更大的资源去突破和创新。

其二,思维存在痛点。司法大数据不能将数据局限在案件信息范畴,但改变这一思维定式尚需时日。以重庆为例,多数大数据分析还是围绕司法统计,分析案件收案趋势、结案均衡情况、审判质效及态势等。当务之急是要改变观念,跳出思维定式,探索融合、整体和真正智能、自动的司法大数据分析。

其三，对象存在痛点。人民法院尤其是地方各级法院，受限于数据来源渠道，现阶段的司法大数据更多是对案件信息进行分析，缺少与外部数据的融汇关联。分析的数据多数仍局限于采集、汇总的结构化信息，对裁判文书和电子卷宗等非结构化内容的分析虽然已经起步，但由于技术、投入等多方面原因，远未达到预期。

其四，成果转化存在痛点。司法大数据要真正落地，需要在确保数据安全的前提下，将数据转化为服务和产品，才能真正服务公众、服务经济社会发展大局。人民法院是司法的最后一道关口，获取信息有迟滞性，时效性数据分析成果转化性价比不高。以刑事案件为例，时效性、突发性情况，公安机关、检察机关在前期已获取，人民法院再分析得出结果，提出司法建议，时效价值已大打折扣。

二　重庆法院"数智说"建设实践

司法大数据是一座富矿，为有效利用这些数据富矿资源，探索大数据为司法审判和经济社会发展服务，重庆法院依托"法智云中心"，研发电子卷宗和裁判文书的智能标注提取工具，积极尝试打造"数智说"。

（一）建设历程与思考

重庆市三级法院于2010年1月起全面实行网上办公办案。为掌握最新工作动态，2011年建成重庆法院法智云中心，实现三级法院审判、人事、政务数据实时汇聚。同时积极开展数据分析，研发了金融、醉驾等数十项专项分析功能。2017年5月，重庆市高级人民法院与百度公司签署智慧法院建设战略合作协议。双方依托百度公司的搜索、大数据、云计算、人工智能等前沿技术，利用手机百度、百度地图、百度秘书等亿量级应用优势，开展全方位、深层次的合作，从更大范围和更深层面拓展智慧法院的广度和内涵。引入百度OCR和自然语义分析等技术后，重庆市高级人民法院于2018年全力打造"数智说"，形成盗窃、毒品、金融借款等数十项分析报告，深度挖掘数据价值，强力推进数据公开。

重庆法院打造"数智说"，数据主要来源于各业务系统。打造"数智说"的过程中，始终坚持了三项原则。其一，坚持数据标准统一。重庆三级法院一体化推进智慧法院建设，审判、政务、队伍等系统均实现大集中升级改造。通过坚持整体规划和顶层设计，始终确保同一系统、同一平台、同一标准，并将其作为信息化建设的"基石"。不管是高院还是中基层法院、人民法庭的法官，都用同一套系统，确保系统中所有流程、节点、信息的标准都完全相同，便于数据汇聚和处理。其二，坚持数据实时真实。数据实时真实是信息化的生命。通过集中部署和强力推行同步录入、同步扫描，确保数据即时生成、实时汇聚、全面准确。所有分析结果都最终关联到原始数据，可按照权限查看对应的数据来源。其三，实现数据深度融合。坚持系统与系统之间的深度融合，数据与数据之间的相互关联、彼此印证。重庆法院各系统均依托同一底层数据库架构研发，审判管理系统、队伍管理系统、信访管理系统、审判业绩系统等系统之间的信息通过案件、法官等连接要素自动关联。

（二）"数智说"的主要特点

"数智说"平台有三大特点。一是可扩展性强。平台由重庆市高级人民法院自行组织研发，底层图像文字识别和自然语言分析由战略合作伙伴百度公司提供技术支撑。数据汇聚、清洗以及分析和结果展示由合作运维公司负责研发。因此，该平台可以根据实际工作需要，不断推出新的大数据分析模块。二是分析性能强。"数智说"的源数据，既包括案件、人员、外部数据等结构化数据，也包括通过对法院历史档案图片的 OCR 识别、自然语义分析以及裁判文书结构化生成的数据，数据总量已达到千万量级。通过不断优化，"数智说"中以年为分析期间的报告均可在数分钟内生成。三是结果可靠性高。"数智说"平台在设计之初即考虑到分析结果的可验证性，平台生成的各个图表均可链接原始数据，反查到原始卷宗图片、文书、案件信息等，实现了智能分析、深度挖掘和关联追溯的有机统一。

（三）“数智说”的具体实践

1. 探索“边缘”数据利用

为充分运用“边缘”数据，拓展数据挖掘维度，“数智说”第一期推出了各平台、系统运行情况分析。数据来源于各平台汇聚至法智云中心的日志表，包括用户登录时间、操作行为记录、资源占用情况等，在几个方面取得成效。

第一，根据用户登录情况调优系统架构。通过对 2018 年全年政务管理、审判管理两大系统全市法院用户登录情况的分析发现三个特点：每月月初月末，用户登录数量明显偏高；每日上午 9 点是用户登录高峰；节假日用户登录人数呈逐渐上升趋势。将分析结果与实际情况对照发现，数据录入集中在月末的情况普遍存在。原因有两个：一是录入人员操作习惯难改，很多人仍旧是月底突击集中录入；二是审判管理系统设置结案日期可选范围为当月，设置条件较宽松。相关问题交审判管理部门研究，出台解决方案。针对工作日上班即进入登录高峰的情况，安排运维公司在每个工作日 7 点开始对各平台、系统进行巡检，确保正常运转。司法统计报表制作时间在每月月初，必须在上月完成结案数据录入。由于重庆三级法院法官人均收结案数量不断攀升，周末加班在部分法院已成常态，为适应这一新的变化，已在节假日安排运维人员值班。

第二，根据操作记录调优系统设计。对使用频率最高的政务管理系统、案件管理系统中每个用户的操作日志进行统计，对进行的操作和使用的功能进行使用热度排名。通过排名再进一步对政务管理系统、案件管理系统进行优化，参考使用热度对功能树菜单自动即时排序，同时围绕扁平化优化页面布局，方便操作人员使用。

第三，根据易审平台使用情况出台推动电子卷宗随案同步生成和深度应用的措施。根据易审平台中智能回填、智能文书生成、自动分目、电子卷宗整理、案件办理各阶段图片上传数量等，统计电子卷宗覆盖率和各功能使用情况，对全市法院进行排名和通报。由审判管理部门根据统计数据，出台了

《审判流程管理办法》，其中规定了案件流程冻结的具体操作办法，通过对应用情况不佳的功能设置节点冻结功能，提高电子卷宗覆盖率和智能辅助功能使用率。

通过解放思想，跳出司法大数据分析仅围绕案件信息开展的窠臼，尝试分析法院工作日常不受重视的数据。总体来看，系统运行过程中的一些痕迹信息数据，经过数据分析和人工干涉后，看似不着边际和不重要的分析结果，却在一定程度上促进了实际工作。类似的数据分析，在数据汇聚、处理、分析方面都较容易，性价比较高，可以进一步拓展和深入。

2. 探索非结构化数据深度运用

重庆法院法智云中心专项分析已有毒品案件分析，对涉及毒品犯罪的结构化数据开展统计分析，包括各法院涉毒案件收案数量、涉毒案件罪犯的年龄和学历等。但基于结构化数据，无法实现毒品犯罪的深度分析。2018年全面推行电子卷宗随案同步生成后，研发了电子卷宗和裁判文书智能标注工具，开始尝试从文书及案卷中提取信息。

以制造毒品为例，如需分析所有涉毒案件中的制造毒品情节，就需要突破结构化信息的限制。所有毒品案件在人民法院受理时，均以走私、贩卖、运输、制造毒品罪的案由录入，此案由下并未再细分。数据范围即无法从现有结构化数据中区分，需要从生效裁判文书中提取。

为确定数据分析范围，工作人员首先尝试将所有毒品案件的起诉书通过OCR识别后进行自然语义分析，提取关键信息。但通过关键字检索，无论"制造""制造毒品"还是类似其他关键字，得出的数据都有较大偏差。经分析，仅从起诉书提取的信息无法确认案件是否涉及制造毒品。为解决这一问题，工作人员将涉毒品案件的生效裁判文书纳入，同样进行关键字检索，得出的结论同样不精准，既有非制造毒品被纳入统计，也有制造毒品反而被遗漏。最终经分析人员研究发现，在生效裁判文书的判决主文中，对是否涉及制造毒品有比较规范的文字表述。例如，被告人某某犯制造毒品罪，判处有期徒刑15年，剥夺政治权利三年，并处没收财产10万元。为此，通过技术人员对所有涉毒品案件的生效裁判文书进行标注定位、分段提取，只将判决主文的内容作为判断依据。另对判决主文中的表述进行要素重组，进一步提高精度，由此确定了分析数据的范围。

确认分析范围后，抽样一个中级法院人工统计情况进行对照，结果基本一致。后续按照该方法确定的范围对大宗制毒犯罪情况、毒品本地造、贩卖制毒技术等情况进行分析并形成简报上报有关部门。

总体来看，在多项分析中都突破结构化信息的局限，实现了从电子卷宗、文书中提取数据。但自然语义分析等相关技术还不能任意获取想要的数据。利用现有智能技术并不能从前后文得出精准结果，需要辅以人工进行修正。此间更涉及业务知识和数据分析功底，需要专门人才介入。

3. 探索司法数据公开

盗窃案件在刑事案件中历来占比较大，2019 年 1～8 月重庆三级法院刑事一审收案中盗窃案件占侵犯财产犯罪的 79.73%。深入分析盗窃案件的特点，有助于向广大公众提供有益的防盗警示、参考。重庆法院"数智说"第二期围绕盗窃案件的相关要素开展分析，设计了案发月份、历年收案趋势、盗窃案件占比、被告人籍贯、案发区域、销赃区域、被告人年龄、被告人学历、团伙犯罪、前科情况、判决结果、标的物价值、标的物类型、案发场所、案发时间等 15 个分析项目。在大量的分析项目中，筛选了数项有价值的分析结果对公众公开。

其一，盗窃案件案发月份。在直接使用收案时间后出现较大偏差。收案时间是人民法院受理案件的时间，不能准确反映案发时间。为准确提取该数据，平台采用提取案卷中检察院起诉书的图片，经 OCR 后将案发时间提出，按照月份对应。得出的结论是每年 3 月的盗窃案件偏多。出现的问题是当月或者前三个月的数据明显偏低。分析后发现，是由于案件受理晚于案件发生导致。盗窃案件发生后，经公安机关和检察机关再到人民法院，往往有数月延迟，这就导致每月案件发生的数据，要到数月后才能通过起诉书获取。

其二，盗窃案件案发场所。案发场所也是盗窃案件的一个重要信息项目。通过分析得出的盗窃案件高发场所，可以对公众提供警示，但在实际数据提取过程中遇到一系列问题，导致未取得较好效果。首先是场所描述较多，界定起诉书是否为案发场所有困难。其次，盗窃案件往往存在被告人多次在多次实施盗窃的情形，准确判定每次案发地点也存在障碍。最后，起诉书中对案发场所的描述五花八门，需要进行穷尽和标注分类，要建立统一标准，需要人工参与的程度极高。

其三，盗窃案件案发时间。数据来源仍旧是检察院起诉材料。从分析的结果看，凌晨 2 点左右、上午 9 时和下午 6 时的上下班高峰期是盗窃案件高发的 3 个时间段。主要成果是，通过大数据与小数据结合对分析结果进行验证，从分析报表中反查案例，能够印证分析结果。凌晨 2 点为深睡眠时间段，盗窃惯犯往往利用这一时间段实施盗窃。上下班高峰期由于人流量大和反扒力量投入集中等因素，盗窃案件明显发案较高。从横向对比来看，公安机关历来发布的防盗指南也指出该三个时间段为高案发时间。

其四，盗窃案件标的物。标的物主要集中在现金、手机和车辆，三项占比达 65.24%。现金和手机都具有目标小、易隐藏的特点，手机普及率高，二手交易也较活跃和方便，容易被罪犯当作主要目标。重庆市由于是大城市加大农村，摩托车保有量较大，转移和销赃较便捷，所以也是被盗的高危区域。发布此项分析结果，可以提醒公众注意三类盗窃高危目标物品的保管和存放。

三 主要问题与思考

（一）联合研发机制未真正形成

2016 年以来，最高人民法院先后组织开展了四届司法大数据专题协作研究，形成了一系列成果。在该项目运转过程中，初步形成了法院内部业务部门、技术部门与研发公司共同推进的工作模式。但从省级层面来看，一方面，难以设立专门的司法大数据研究部门或机构；另一方面，业务部门存在不愿意对数据分析投入智力的情况，而目前的人工智能分析技术难以在无人工干预的情况下取得设想的分析效果。实际工作中，产生了研判报告需要手工统计数据的情况。目前，急需对司法大数据研发、应用的整套运转机制进行探索和磨合。

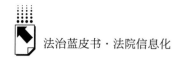

（二）司法大数据投入较大

当前，正处于大数据建设的兴盛时期，但由于涉及的技术领域广，大数据投入也相对较高，司法大数据也一样。总体来看，一些社会组织和商业公司在大数据分析和应用方面已经走在前面。这主要是由于涉及商业利益，公司的投入意愿强，资金和人力很充裕。但就人民法院本身而言，人力、物力和技术等层面均存在一定限制，投入的资源和一些科技公司相比如九牛一毛。但由于人民法院的数据往往同国家安全、政治安全等紧密相关，如果向商业性机构开放，存在极高的数据风险，这在一定程度上限制了引入科技企业开发司法大数据的途径。目前，主要是引入科技公司的相关技术，如底层的语音识别、图文识别和自然语义分析，其他数据挖掘仍旧需要依赖传统的为法院行业服务的一些技术力量。

（三）专业数据分析人才匮乏

2016年11月，最高人民法院成立了中国司法大数据研究院，通过引进高端人才开展大数据分析，数据分析团队建设和人才储备都已步入正轨。但从全国范围来看，各高级人民法院直至基层人民法院，都鲜有专门的数据分析人才储备。在重庆本地的一些基层法院，甚至连司法统计工作都由其他人员临时兼办，变动频繁。数据分析工作在基层人民法院普遍得不到重视，更无从谈及统计分析人才的引进和培养，这就造成了人才的匮乏。从另一个角度来看，大数据分析在数据汇聚和资金、技术投入方面还有一定门槛，所以不应该盲目要求各级法院都投入。但是掌握数据资源、人物物力相对充足的法院应该高度重视，积极搭建平台、引进人才、培育团队，形成全国法院司法大数据人才的梯次培养和储备。

（四）数据挖掘存在技术瓶颈

司法大数据涉及数据积累和数据挖掘两个方面，在数据积累方面，目前已不存在大的技术障碍，但在数据挖掘方面存在的问题较大。大数据挖掘所依赖的人工智能相关技术，如自然语义分析、机器学习等在司法大数据领域的结合还有不少困难，尤其在裁判文书等非结构化数据的运用上还非常局限。比如通过 OCR 和自然语义分析提取电子卷宗和裁判文书信息时，初期无法达到想要的效果，后期还需要投入很大的力量进行人工干预。司法大数据的核心价值又往往存在于庭审录音录像、电子卷宗和裁判文书当中，技术瓶颈限制了司法大数据作用的发挥。客观来讲，人民法院在人工智能技术的发展中，更多扮演的是使用者的角色，在核心和关键技术上，更需要国内的科技公司加大研发投入。

（五）难以规避数据公开的风险

众所周知，数据公开是推进司法公开的重要途径，甚至是绝对途径。司法大数据的重要价值也需要通过公开数据分析的成果和结论来体现。但在实际工作中，数据公开也往往受到各方面的影响，一些数据分析成果可能引起不确定的争议，最终停留在了纸面。例如，"数智说"中关于盗窃案件的分析，其中对重庆市所辖区县的盗窃案件生效判决数量的分析结果，生成了热力图。在对本院内部公开时即有部门提出，此分析图可能引起案件量偏高的区县关注甚至提出异议。司法大数据的敏感性决定了数据公开过程中存在难以规避的风险，也对数据准确性、分析严谨程度和综合考量能力提出了更高要求。

（六）获取横纵向相关数据难度大

司法大数据分析在很多情形下需要运用横向平行单位以及纵向上级单位的相关数据进行比照、验证。现实情况是，最高人民法院通过"人民法院大数据管理和服务平台"向全国法院开放了部分统计数据和外部数据查询接口，但更深层次的数据资源支持仍有待加强。横向单位方面，法院虽然与检察院、公安局、司法局等实现对接，但多是通过接口方式解决数据交互以实现工作协同，将横向单位数据落地到法院的极少。因此，司法大数据在外部数据获取方面尚有较大缺陷，仍需持续发力。

B.20
兰州法院法官办案负荷精算
调配系统调研报告

宁康 廖雪*

摘 要： 为优化审判运行机制、化解人案矛盾，兰州市中级人民法院于2018年建立了全市法院案件难度系数标准、计算体系和配套系统，建成了办案负荷精算和审判业绩量化评价系统。该系统改变了以往凭感性评价法官工作，以案件个数为量化标准的传统模式，而是以平台自动生成的法官审判业绩数据为准，客观公正地评价法官的审判执行工作，成功破解了长期以来困扰办案负荷精算调配、审判业绩量化评价等法院管理的一系列难题，为创建人民法院科学、系统、规范、动态、精细、实用的新型审判管理模式奠定了基础，为更好地择优选拔审判人员提供科学依据。

关键词： 难度系数 办案负荷 人案矛盾

甘肃省兰州市中级人民法院（以下简称兰州中院）审判管理办公室根据最高人民法院关于创新审判业绩量化评价新模式的要求和《兰州市中级人民法院关于办案负荷精算调配办法（试行）》，积极转变管理理念，深化改革审判管理模式，应用自行研究设计的难度系数体系和办案负荷精算调配

---

* 宁康，甘肃省兰州市中级人民法院审判管理办公室审委会事务科副科长；廖雪，甘肃省兰州市中级人民法院审判管理办公室科员。

系统，更为科学、准确地计算评价个案负荷及法官人均负荷，为"深化司法体制综合配套改革，全面落实司法责任制"提供创新支撑。

一 办案负荷调配改革背景

（一）传统考核模式过于单一

司法责任制和"员额制"改革是法院改革的中心任务。传统量化评价考核按照审结案件数计算工作量，评价标准单一模糊，无法全面衡量工作负荷，不能客观反映不同案件带给法官的压力、突出的人案矛盾和法院、部门、法官之间工作压力的不平衡，无法体现难案精审、简案快办的要求，难以彰显能者多劳和多劳多得的原则。担当疑难复杂案件审判重任的法官受理案件数、结案数和效率上不去，导致业绩评价不高，工作积极性受影响；办理简单案件的法官办理案件数量多，依传统简单量化方法无法保证负荷评价真实可靠。这种情况严重妨碍了公平竞争和司法责任落实。

（二）推进办案负荷均衡化

兰州市两级法院建立的案件难度系数测算体系和办案负荷精算调配系统，为审判业绩量化评价法院之间、部门之间、专业之间、法官之间办案负荷、审判业绩科学对比提供了智能化、可视化支撑，也对促进审判资源均衡配置形成竞争择优的良好局面，帮助高素质、有担当的精英法官脱颖而出，为提升审判管理决策水平、优化审判运行机制提供了坚实基础。

办案负荷精算对创新审判管理具有重要价值。一是有利于对改善全市法院内设部门与审判人员办案负荷宏观和微观两个层面上均衡对称关系，促进审判活动有序有节运行，提高审判执行工作质量效率；二是有利于准确测算各序列人员工作量，适时调整各单位、部门、团队办案法官和辅助人员职数，科学划分各序列人员岗位职责与工作任务，从源头上促进司法资源合理配置，提高人才资源和物质资源利用率；三是有利于均衡公正与效率利弊关系，从根本上维护司法权威，让人民群众从每一个司法案件中感受到公平正义；四是有利于从办案负荷准确量化角度保障审判业绩科学准确评价，科学评价考核各庭室、各序列人员工作负荷和目标任务完成情况，激发和调动审判人员工作积极性，准确辅助各序列人员绩效考核、评先选优、晋职晋级以及入额退出工作。

二 审判业绩量化的核心——法官办案负荷精算

为体现审判业绩评价科学公正性，兰州中院运用大数据思维和实证方法，科学筛选案件样本和量化要素，深度测算分析，建立科学合理的案件难度系数体系，转化为法官办案负荷精算系统。

第一，全面分析各类案件及案件内部的具体情况，制订合理的评价标准，以组构的方式合成各类案件难度系数。根据课题计划和实证研究方案，对全市法院四年（2013年至2016年）结案的15万件案件，依据1287个刑、民、行、执四大专业法定最低级案由，两级法院实际受理的508个案由和各专业领域183个高级别案由，作为测算案件难度系数的数据基础，进行大数据分析，采取客观＋主观的评价模式，从案件类型和评价要素两个层面进行科学分类，由分而总地合理确定所有案件难度系数。

第二，以案件程序内容是否具有变动性为标准，从各类案由中划分出标准案型和特殊案件，分别通过组构方式和对比方式赋予不同案件以难度系数，客观反映各类案件的内在差异，建立完整的难度系数体系，准确计算现行个案负荷和法官承办案件的实际负荷。对标准案型采取四要素加后缀"2 + 2 ± X"合成模式，解决基本面的问题。

一是用审理时间指数和卷宗页数指数两项客观要素，合成各类案件难度的客观系数。

二是在此基础上，以程序模式难度指数和结案方式难度指数主观要素合成各类案件难度的矫正系数，与客观系数进行二次合成，对客观系数的弊端与不足加以矫正，由此形成四要素标准案型难度系数，并将此设定为案件基准系数，作为判断符合各类标准案型的各类案件难易水平的基本依据。

三是考虑标准案型各类案由、具体案件实体和程序内容的繁简和差异，筛选增加和减少系数的因素，赋予相应调整系数。其中，设定案件增加诉讼结构因素或者程序性事项共4项，设定案件增加实体法律关系和程序性事项共24项，设定减少程序内容或者重复办理的特殊案件类型共6项。实现对基准系数偏差的调整弥补。

四是对全市法院近年受理的各专业案件104个高级别案由和508个最低一级案由全部测定难度系数，其中，对样本足够的439个案由按四要素计算模型测定，对69个样本不足的案由，采取参照类案平均值上归一级的方法加以拟定。例如，兰州中院一审办结一个"组织、领导、参加黑社会性质组织罪"案件，是一个典型的标准案型，按相应计算模型，把审理时间指数0.705、电子卷宗指数1.143、程序模式（中院一审普通程序）指数2.8、结案方式（中院判决）指数2.4，按3:3:3:1的比例加权计算，得出基本负荷1.634。这个负荷只标定在一个被告、一个罪名、一起犯罪的标准情形下的评价结果，只是一个基础分值，虽与其他结构简单的暴力刑事案件负荷有差别，但不明显。恰好该案件出现多项增加负荷的具体要素，依关联紧密度的不同进行增加负荷的二次计算。首先，这个案件中被告人人数、犯罪起数、罪名增加了25个单位，增加基本负荷的1.275倍，取得首次增加的结果，即3.717。如果存在增加实体法律关系和程序内容的，有二次增加的情形，需要在此基础上进一步计算。本案有几个因素需要进一步增加负荷，如"刑事公诉附带民事案件"，增加0.7倍，"未成年犯罪与成年人犯罪一并审理案件"，增加0.6倍，"刑事主犯刑罚无期徒刑以上的案件"，增加0.1倍，"刑事公诉侦查卷超过10册每增加5册增加0.1倍的分值"，侦查卷共44册，增加0.6倍。二次计算得出这个案件的最终负荷为11.157。相对中院刑事一审案件平均负荷2.775，高出很多，客观真实地反映了本案带给法官的实际压力。

五是对中院70个和基层法院67个不符合"2+2±X"的合成模式，内容单一、程序繁简相似（如申请强制医疗审查、减刑假释、管辖权异议、民事特别程序等）的特殊案由或案型，通过大数据测算和难易感性对比分析，赋予相应固定难度系数，用于直接计算此类案件未结和已结案件的办案负荷。

第三，兼顾未结案件，建立办案负荷精算调配和审判业绩量化评价两套难度系数计算体系。一方面，针对标准案型收结案内在关系，关注办案负荷均衡化导向，对未结案件负荷计算，采取了具有独立应用价值的标准和方法，建立未结案件难度系数体系，实现对法院、部门、法官未办结的个案和所有案件整体负荷的准确计算，为办案负荷精算调配系统奠定了数据基础。另一方面，根据精确评价已结案件实际负荷的要求，对结案负荷计算采取了相应的标准和方法，建立已结案件难度系数体系，对法院、部门、法官已结个案和所有案件整体负荷加以精确计算，为下一步审判业绩量化评价打好基础。

第四，以法官办案负荷精算为核心，建立纵向到底、横向到边的审判业绩量化体系，突出法官主体地位，推进核心应用，做好延伸应用。审判业绩量化体系和数据系统充分体现了架构上最新、内容上最全、量化上最准、计算上最深，成功跨越了许多审判业绩评价的技术难关。同时重点实现了所有案由、所有案件、所有程序要素和所有办案主体"四个全覆盖"的管理目标。

一是对近年未曾受理的刑事、民事、行政、执行四个专业700多个案由，通过测算对比赋予相应难度系数和负荷计算方法。二是同步解构和改造了原有评估体系，建立了公正效率效果3项二级指标、三级19项固定指标的宏微观评价体系，预留了少数临时指标作为补充，建立以法院、部门、法官已结案件（负荷＋公正＋效率＋效果）四指数、指标加权合成的审判业绩评价体系。三是增加了法官政务业绩量化内容和计算模型，建立了法院、部门、团队、法官综合业绩评价体系。四是根据最高人民法院司法责任制有关规定，分别针对法官助理和书记员，建立了包括审判和政务两大项的综合业绩评价体系。

三 人案矛盾的调配原则与调配方式

根据案件难度系数和审判业绩量化评价的相关计算体系开发的计算系统和可视化平台，科学、全面、系统、客观地展示以下内容：①各专业、各案类、各案由案均负荷；②各法院、各部门、各法官人均办案负荷；③各法院、本院各部门法官助理、书记员人均办案负荷；④以办案负荷与三项指标分别合成法官审判业绩的数据；⑤以承办事项负荷与承办事项质量评分合成的助理与书记员审判业绩数据；⑥以若干指标分别合成三类人员政务业绩数据；⑦以负荷、审判业绩与政务业绩分别合成三类人员综合业绩数据；⑧以难度系数为基础产生的人案矛盾预警数据；⑨以难度系数为基础计算产生法官履职监测数据；⑩其他可用于二次统计和综合分析以及质量评价的准确数据。

（一）人案矛盾调配的原则

通过测算各办案主体的办案负荷，目的在于缓解和消除办案压力不均问题。建立人案矛盾调配体系就是要对各层面办案负荷不均、审判运行紊乱、结案效率迟缓的程度加以客观评价，对因负荷差异过大影响公正公平评价审判业绩的问题进行化解，及时发现和定性案多人少和人多案少等不良状况，为制订"以案配人"或者"以人配案"方案提供依据。通过负荷均衡性分析和帮助合理调配办案力量和负荷压力，最终实现各办案单位年度承办的案件与审判力量相适应。只有人案均衡，才能有效促进矛盾问题化解，改善审判执行工作节奏，保障办案质量，提高办案效率，实现审判执行工作良性运行，夯实内涵式发展基础，最大限度地让审判人员感受到公平与舒适。

依据办案负荷精算开展人案调配应当遵循以下原则。

1. 均衡化原则

通过科学调配人案矛盾，使本辖区、本单位、本部门审判执行工作从明显不均衡走向均衡。

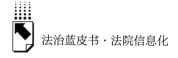

2. 合理性原则

人案矛盾调配需要依据办案负荷平均值，确定本辖区、本单位、本部门办案负荷合理区间，确定适当的调整幅度和人案比例。在全员平均负荷基础上，研究制定单位、部门、个人办案负荷合理上限和下限，为具体开展人案调配提供合理标准。

3. 配合性原则

根据人案矛盾的特殊情况，确定先调人还是先调案的方式，先调人就是根据专业特点，在不宜分流案件的情况下，对办案压力小的部门人员进行分流，这项工作由人事部门负责操作；先调案就是在审判组织团队人员不宜分流的情况下，采取分流案件的方式，这项工作由审管部门负责操作。

4. 动态性原则

人案矛盾具有动态变化的特点，审判运行不均衡也是动态变化的结果，应当尊重案件发生的动态规律，经常性关注和分析人案均衡数据，发现新情况新问题，在办案压力失衡情况出现时，适时启动不同幅度的人案调整。

（二）数据应用与标准制定

通过对每一类案由项下每个已结、未结案件的负荷测算，精算每个法院、部门、法官阶段性办案负荷，以此作为评价审判执行工作各层面压力的依据，根据实际计算办案负荷数据所暴露的负荷失衡、压力不均问题。在准确分析人案矛盾的症结和根源基础上，找到破解人案矛盾的切入口。

科学调配办案负荷是破解压力两极化、矛盾堆积化、评价模糊化、考核虚置化的重要手段。人案调配的目标是人均负荷平衡，但是，消解负荷两极分化，并不是要达到单位之间、部门之间、个人之间的绝对均衡，为此，需要应用办案负荷精算调配理论体系中"均衡合理区间"的概念和大数据测算的结果，人案均衡合理区间应当为所在辖区、法院、部门法官人均负荷中线±20%，超过±20%视为严重失衡，即办案负荷不超过或者低于平均线20%方为合理。

（三）办案负荷精算调配方式

用于法院、部门（团队）、法官阶段性未结案件负荷指数测算和部门（团队）之间、法官之间办案负荷调配。未结案件负荷调配主要采取"以人配案"的方式，必要时也可以采取"以案配人"来实现。

办案负荷精算调配主要针对作为裁判主体的部门、团队、合议庭法官，调配的具体方法，一是对于专业无法混同的，如行政审判庭、知识产权法庭、少年法庭等特殊部门，以案件负荷大小调配法官及其辅助办案人员，以人力资源动态管理方式化解负荷不均造成的人力不足或者人浮于事的矛盾；二是对于专业相近的，如人民法庭之间、民事和刑事审判部门、团队之间，可以把负荷高的案件调向负荷低的部门或团队，即采取人员分流和案件分解两种方式，根据实际情况选择适合的条件运用。

因为案件负荷明显不均而启动的调配决策，不仅关涉审判部门、团队、合议庭的主审法官，同时兼顾法官助理和书记员的同步调配。甚至在必要时，法官与案件之比为主要内容的参数基本稳定，既不以案件数量调配法官，也不以法官数量调配案件，可以根据某个专业和某类案件中法官助理和书记员工作内容和工作负荷的具体情况，通过调配来实现审判庭、团队、合议庭之间这两类人员的力量均衡。

办案负荷精算调配系统的数据基础是以难度系数体系的实体案由、程序案由四要素难度系数合成系数和特殊案件的固定系数为支撑，计算审判庭、团队、合议庭未结案件的负荷量，在相关数值达到一定水平时，对案件或者人员"高低差"部分及时进行测算并重新分配。

（四）办案负荷精算调配方法

采取科学调配人案方法，即在审判运行过程中，根据办案人员因素、案件内容因素和外部干扰因素导致人案趋向不均衡的情况，适时预测分析并及时调整人案数据关系。

一是运用科学分案方法。从源头上防止内部人与案两个方面的不均衡现象发生。以年度收案总数和一线法官总数相对应的平均随机分配方式为主，以人工调整分案为辅，关注专业特点和案件难度标准，最大限度地均衡法官办案负荷。

二是适时采用以人调案方法，即办案部门、团队架构相对固定，不便调整人员岗位时采取这种方法。

三是适时采用以案调人方法，即办案部门、团队主业相对固定，不便调整案件类型和数量时采取这种方法。

四　办案负荷精算数据分析

（一）负荷精算数据可信度分析

2018 年始，兰州中院审管办应用难度系数体系和自主研发的办案负荷精算系统，用新模式、新方法自动计算各专业、各类案件、各案由、各法官、各部门、各法院办案负荷，取得了全面系统的可视化数据。之后，对系统自动生成的数据与案件信息的对称性、计算逻辑进行了反复核查，加强信息录入识别，改善软件计算功能，微调了少数案件难度系数，优化了计算模型，经过反复测试、重新计算、对比分析，达到了全面、准确、客观、真实计算的设计要求，为自动生成 2018 年和 2019 年上半年以上各层面负荷数据奠定了坚实基础，从而可以直接或者通过二次统计和实务分析，为展示全市法院人案矛盾情况和办案负荷调配提供科学依据。

此次人案矛盾数据分析以法官为准，法官助理和书记员办案负荷数据依承办事项得分同步自动计算完毕，形成了全市法院、各法院、各部门和个人负荷统计，并在相应平台上直观可视。但因本次报告主题所限，不作详细展示和对比分析，只在法官办案负荷调配中相应地提出两类辅助人员的动态调配建议。

（二）2019年上半年兰州中院办案负荷精算数据及人案矛盾情况

2019年上半年的数据显示，人案矛盾仍然保持和上年类似的态势，民事审判庭尤其突出，进一步验证了2018年数据的可靠性。上半年兰州中院共受理案件9232件，审结6073件，实际办案法官104人，人均结案58件，诉讼案件中结案最高的达到99件，法官人均办案负荷102.99，其中法官人均已结负荷51.98，未结负荷51.01。

各部门的相关数据依然畸高畸低，同样反映了显著的负荷不均和人案矛盾。以±20%为人均结案负荷满意区间，民一庭、民三庭、审监庭、执行局属于相对高负荷运转，民二庭较为适中，立案庭、刑一庭、刑二庭、行政庭、少年法庭、知识产权法庭均较大幅度低于全院人均值。

综上所述，此次展示和分析的办案负荷数据，非常直观地反映了全市法院人案矛盾的突出状况，集中暴露了审判管理、人事管理以及审判执行工作微观运行中存在的不科学、不均衡，以及由此引起的效率不理想、质量隐患多等诸多问题。全市各法院和各法院内部人案矛盾数据直观准确地反映了忙闲不均情况十分突出，这也是各法院人案矛盾研究不深入、人案调配工作相对滞后造成的，需要研究可行对策加紧解决。

以上数据反映了2019年上半年案件消涨情况和各部门法官的具体状况仍然在办案负荷不均和人案矛盾严重的轨道上运行，相关数据更加准确地佐证了部门之间负荷不均的情况。

五 基于办案负荷精算的人案矛盾解决方案

（一）兰州中院人案调配的基本思路

前面的数据展已经清晰显示，中院各部门、各专业负荷畸轻畸重情况严重，应当立即启动人案调配。此次办案负荷调配应当按以下思路进行。

第一，拉高办案负荷低位运行的部门人均负荷值，削低办案负荷高位运行的部门人均负荷值，使两者向中位线靠近。

第二，人案调配要留有余地，防止极端计算，避免顶格配置。留有余地也具有合理性的含义，即应当考虑调整后的人员工作状况变动和案件增减态势变化对负荷的影响，防止调整后形成办案负荷低者触高、高者探低的反向状态。

第三，此次调配工作具有人案双向调整的性质，在此基础上确定先调整人，即按专业板块员额法官不少于一个合议庭规模的原则，从办案负荷畸低的部门或团队向外调出多余员额，加上新入额的法官，一同计算并分配到办案负荷畸高的部门或团队；之后针对办案负荷畸低又不能减少员额的专业审判部门或团队，从调人后办案负荷仍然较高的部门或团队所辖案件中，选择某类案件固定分配给办案负荷畸低的专业审判部门或团队，从而拉高这些部门的办案负荷。

（二）中院人案调配的具体方案

先确定不同专业、不同部门负荷标准。对于目前负荷超标的部门，确定调整后负荷控制在全院人均负荷线上 20% 以内，对目前负荷低于全院人均负荷线下 20% 的部门，确定调整后负荷控制在全院人均负荷线下 20%以内。

同时考虑扫黑除恶等专项工作的要求，对参与长期专项工作的部门适当调整负荷比例，如将刑一庭、刑二庭的负荷放宽至全院人均线下 40%以内。

以 2018 年员额法官人数和 2019 年新入额的法官人数作为办案法官的总数，以 2018 年全年负荷作为 2019 年的总负荷，计算出 2019 年人均办案负荷水平，并在此基础上增加减少 20%的负荷，确定办案负荷的上限和下限，按照各部门 2018 年的办案负荷，计算出在此负荷水平上需要的法官人数（见表1）。

表1　中院各部门案件负荷、法官人数预测

庭室	2018年部门办案负荷	按+20%测算部门需要的法官人数（人）	现有人员（人）	现在需调入调出的人数（人）
执行局	3990.636	24	7	17
民三庭	3634.719	22	15	7
民一庭	3425.264	21	14	7
民二庭	3059.296	18	15	3
庭室	2018年部门办案负荷	按-20%测算部门需要的法官人数（人）	现有人员（人）	现在需调入调出的人数（人）
少年法庭	104.391	1	3	-2
立案庭	424.62	4	6	-2
行政庭	307.26	3	4	-1
审监庭	669.447	6	7	-1
庭室	2018年部门办案负荷	按-40%测算部门需要的法官人数（人）	现有人员（人）	现在需调入调出的人数（人）
刑一庭	712.824	9	12	-3
刑二庭	483.494	6	11	-5

第一步，以案调人，平衡办案负荷。

一是确定维持员额现状的部门。根据员额现状和新入额法官数量，以及各部门2018年和2019年办案负荷消涨情况，结合精算调配基本数据和方法，统筹考虑各部门办案性质的实际情况，对各部门间人员调配提出以下建议。①执行局配备员额法官的主要作用在于裁决类案件的法律适用把控，在现有的分案系统下，此项工作由立案庭法官完成，加之目前的团队办案模式，执行案件办理中大部分工作可由助理独立完成，且目前已经配备了与法官数相匹配的助理参与办案，法官实际办案负荷不高，无须再调入员额法官。②知识产权法庭为新设立部门，2019年的人均负荷虽然低于人均负荷20%以下，但考虑到其为专门设立的法庭，暂时维持现有员额人数。③少年法庭属于固定合议庭，只有3位员额法官，无法继续调出人员，立案庭即将受理速裁案件，需要至少一个合议庭承担速裁案件的审理工作，为确保合议庭的正常运转，这两个部门不再调出人员。④行政庭属于专业审判庭，只有4名员额法官，考虑到合议案件的方便，且行政案件收案数上升趋势较高，上半年同比上升73.96%，故维持现状，不再调出人员。

二是根据办案负荷精算调配数据分析结果，确定员额调出的部门。①两个刑事法庭需调出 8 名员额法官。②审判监督庭需调出 1 名员额法官。

三是确定增配员额法官的部门及数量。①2019 年新入额法官 12 名，从其他部门调出法官 9 名，根据负荷精算调配数据分析结果，这 12 名法官需要全部分配到三个民事审判庭。②由于新成立的知识产权法庭承担了民三庭办理的知识产权案件，故民三庭的总负荷应当减去知识产权案件所占的负荷即 365.75，民三庭总负荷变更为 3268.969，所需法官人数相应减少 2 名，还需调入 5 名法官。③三个民事审判庭中，2019 年的办案负荷民一庭最高，不仅是因为 2018 年旧存案件较多，而且新收案件增幅 17.86%，远高于其他两个民事审判庭，其中民二庭新收案件同比下降 33.38%，民三庭新收案件同比下降 10.8%。虽然 7 月份已将民一庭受理的民间借贷案件及三类异议之诉案件调整至民二庭办理，但仅 7 月当月受理的案件，民一庭仍然比民二庭高出 51.6%，故民一庭分配 7 人符合预测的案件增长情况。民二庭根据办案负荷精算调配数据分析结果分配 3 名法官。④以上第一次分配方案是按照民事上限负荷进行的测算，为保留余地，将剩余的 6 人采用平均分配方式，二次分配至三个民事审判庭，调整后的各部门员额法官情况见表 2。

表 2　人员调整后中院办案负荷精算调配与员额法官配备统计情况

庭室	2018 年部门办案负荷	调配后的法官（人）	人均负荷	需要调入调出的人数（人）
执行局	3990.636	32（含助理）	124.707	
民三庭	3268.969	22	148.590	7
民一庭	3425.264	23	148.925	9
民二庭	3059.296	20	152.965	5
少年法庭	104.391	3	34.797	
立案庭	424.62	6	70.770	
行政庭	307.26	4	76.815	
审监庭	669.447	6	110.358	−1
刑一庭	712.824	9	82.769	−3
刑二庭	483.494	6	82.769	−5

　　各部门人员经过以上调整后，根据人均办案负荷预测对比，各部门人均办案负荷差距明显缩小，畸高畸低情形得到改善。

　　第二步，以人调案，平衡办案负荷。

　　一是将少年法庭合同诈骗二审案件调整到刑二庭承办，刑二庭负荷可以再拉高一点，略高于刑事一庭。

　　二是调案后的少年法庭人均负荷比目前更低，需要从三个民事审判庭调整少数类型的案件到少年法庭，实现其人均负荷与刑事审判庭基本持平。

　　建议调整办理的案件类型：生命权、健康权、身体权纠纷案件或侵权责任纠纷案件。2018 年侵权责任纠纷一审收案 6 件，二审收案 74 件，生命权、健康权、身体权纠纷二审收案 102 件，2019 年上半年这两类案由收案分别是 32 件、49 件，初步估算，调整任一案由至少年法庭办理，可以基本满足均衡少年法庭负荷的需要，同时对拉低民事审判庭的负荷影响不大。

　　三是合同诈骗案件调整后，拉高刑二庭的人均办案负荷，与刑一庭大致平衡。

　　通过以上两步调配，全院人案矛盾和负荷失衡问题可以最大限度地缓解，也对各部门和各专业负荷变化保留了适度的弹性空间（见图 1）。

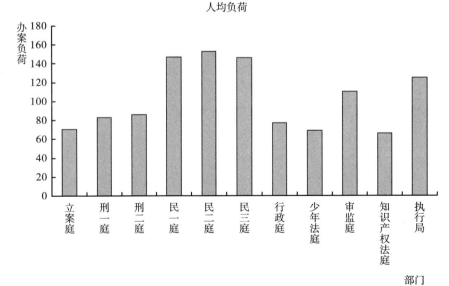

图 1　案件调整后兰州中院各部门法官人均办案负荷预测对比

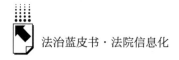

第三步，防止在各部门员额法官人均办案负荷均衡化的过程中导致辅助工作负荷失衡的情况出现，需要按员额法官调配的人数，对应调配法官助理和书记员，原则上仍采取1∶1∶1的配置，同步调动两类辅助人员。

（三）需要说明的问题

第一，此次人员调配中，员额法官调动采取人走案随原则。

第二，案件调配以新案为准，纳入调配范围的类案，从调配时间起新立案件分配到新的部门办理。

第三，根据办案负荷精算调配数据分析结果作出的员额法官调整方案已于10月份经院党组讨论通过，但考虑到年终结案压力较大，人员变动数量太多可能影响年底结案工作，所以并未完全按照此方案调整人员。同时，计划在2019年底进行一次全面精算，策划下年度人案矛盾调配的方案，进一步推进本院办案负荷均衡化的研究工作和数据整理工作。

人案矛盾调配需要面对的问题比较复杂，一次调配不可能一劳永逸彻底解决所有矛盾，特别是不可避免微观负荷差异，恰恰这种情况是正常的。在后续研究人案情况和应用数据进行调配时，还要继续主动作为，大胆探索，适时总结各阶段应用负荷精算数据和人案调配的思路、方法和结果，不断优化人案矛盾调整方案。

互联网法院的实践与展望

Practice and Prospects for Internet Court

【编者按】2019 年 10 月 13 日，由中国社会科学院法学研究所、河南省社会科学院主办，郑州市金水区人民法院、国家法治指数（河南）协同创新基地协办的全面依法治国论坛暨实证法学研究年会（2019）在河南郑州召开。其间，三家互联网法院的院长及专家学者围绕网络空间矛盾纠纷的特点、互联网审判、互联网法院的信息化建设、证据采集保存、在社会治理方面的作用以及未来发展方向等论题进行了一次中国互联网法院院长高峰对话，集中展现了中国互联网法院在全面依法治国实践中的探索与思考。蓝皮书将本次对话的内容整理后刊发，以飨读者。

B.21
中国互联网法院的现状与发展
——中国互联网法院高峰对话实录

主持人： 杨延超　中国社会科学院法学研究所副研究员
对话人： 杜　前　杭州互联网法院党组书记、院长
　　　　　张　雯　北京互联网法院党组书记、院长
　　　　　张春和　广州互联网法院党组书记、院长
与谈人： 王亚新　清华大学法学院教授
　　　　　钟会兵　天津社会科学院副院长、教授
　　　　　支振锋　中国社会科学院法学研究所研究员

杨延超： 尊敬的各位领导、与会嘉宾、各位朋友，我们接下来将进入特别环节：中国互联网法院高峰对话。我是中国社会科学院的杨延超，十分荣幸能够主持和聆听这一环节。互联网法院作为中国司法改革的重要举措，从其产生之日就备受社会关注，"网上的案件网上审"更是被视为审判模式的重大创新，历经了几年的实践，它又将迎来怎样的机遇和挑战？我想今天的对话将带给我们最权威的声音。针对今天的议题我们十分荣幸地邀请到了几位重量级的嘉宾，他们是杭州互联网法院杜前院长、北京互联网法院张雯院长、广州互联网法院张春和院长、清华大学王亚新教授、天津社会科学院副院长钟会兵教授、中国社会科学院法学研究所支振锋研究员。

让我们用热烈的掌声对他们的到来表示欢迎！

各位朋友，对话即将开始，需要说明的是，为了让今天的对话更富有成效、更聚焦、更具前沿性，我们建议嘉宾们的对话可以围绕以下关键词展开，包括互联网、互联网审判、互联网取证、人工智能、区块链、知识产权

保护、科技与发展、机遇、挑战、未来的可能性。既然是对话，我们尤其欢迎嘉宾们的观点可以有碰撞。接下来，让我们带着上述问题和期待正式开启今天的高峰对话。

首先，问题可以从我们几位院长开始。对于互联网法院，有人说它的基因是互联网，为什么要设立互联网法院？它的审判模式和我们普通的法院又有怎样的区别？经历了几年的实践，大家又有怎样的感受？我想先请几位院长给我们介绍一下。

杜　前：非常感谢中国社科院的邀请！我先介绍一下，杭州互联网法院于 2017 年 8 月 18 日正式挂牌成立，揭开了中国互联网案件集中管辖、专业审判的新篇章。为什么第一家互联网法院会落户杭州呢？其实这与浙江互联网经济特别发达是分不开的，尤其作为省会城市杭州，被誉为移动支付之城、电子商务之都，集聚着阿里巴巴、网易等知名互联网企业，同时还在打造中国的数字经济第一城。新时代、新形势催生了司法新需求。2015 年，浙江高院在杭州中院及三家基层法院试点设立全国首批电子商务网上法庭，探索对电子商务、互联网知识产权等三类案件进行集中管辖。经过两年试点，发现网上法庭不足以涵盖整个互联网经济领域，所以根据中央全面深化改革领导小组审议通过的方案，2017 年 8 月 18 日，杭州互联网法院正式挂牌设立。

成立两年多以来，互联网法院深受老百姓的欢迎。我们依托在线诉讼平台，累计收到立案申请 7 万余件，是未设立互联网法院时期的 3 倍多，而年均网络纠纷化解量是未设立时期的 5 倍，可以看到司法需求和司法供给之间的关系。我们利用先进的科学技术对互联网法院审判模式进行了革命性的变革。一是全流程在线模式，让老百姓可以在自己的工作场所甚至住所都能够进行在线庭审，突破了物理的法庭空间的限制。二是首创异步审理模式，可以让法官、当事人在不同时间、不同地点参与庭审。三是探索智能审理模式，在浙江高院指导下，我们联合浙江大学、阿里达摩院等研发智能化审判系统，运用先进算法，构建完备可用的知识图谱，从而实现特定案件从立案到裁判全程"智能化"。

杨延超： 您讲话中提到非常重要的关键词叫"异步审理"，当事人可以足不出户完成诉讼，这应该说是对司法模式的创新，我想请问张雯院长，就"异步审理"北京互联网法院这方面有什么经验？

张　雯： 我觉得刚才杜前院长对三家互联网法院共同的特质作了非常好的背景性介绍，开始讨论之前我也想介绍一下北京互联网法院。按照中央全面深化改革领导委员会的要求，要在北京和广州增设互联网法院，北京互联网法院是 2018 年 9 月 9 日挂牌，同时在杭州互联网法院实践一年基础之上，我们进行了再学习和再深化。最高人民法院在 2018 年 9 月 7 日出台了一个专门的司法解释，明确了三家互联网法院审理案件的审理模式，主要是 11 类案件，如涉网络著作权及权属案件、电商/网络服务合同案件、金融借款案件、域名案件、公益诉讼案件、行政监管案件。有了这样的背景，对于互联网法院现在的职能属性就有一个大体了解，社会比较关心的 P2P 案件没有进入互联网法院。一定程度上我们通过国家政策顶层设计、通过司法解释，是把 11 类案件集中在一起进行网上审判的专门法院，实际是司法改革和智慧法院建设的先行者。我在这里补充杜院长的背景介绍，便于大家更好地对我们进行指导和调研。

关于信息化的智能审判——异步庭审技术，北京互联网法院也有深化发展。我们建立了一个电子诉讼平台，在外网上，这个平台的建设是由 25 家技术公司完成的，从立案到送达、调解、开庭、存证、上诉、宣判，以及电子诉讼卷宗生成，卷宗在上诉、二审阶段已经全部实现电子化，我们 3 万多件卷宗全部是电子化的。另外，涉及微信小程序这方面，我们不光开拓了 PC 端的网上诉讼方式，还开发使用了手机端同步的所有程序。北京互联网法院有一些新的特色，就是我们在 AI 使用问题上进行了深层次的突破，如诉讼服务审判领域，我们基于一些数据还有一些知识图谱，研发出"AI 法官"，我们在 PC 端或者手机端都能看到。如果你要问一些比较简单的问题，就会有一个"AI 法官"出现，这个"法官"可以拉近情感距离，使司法变得更加友好和亲民。

涉及异步审理的问题，我觉得这是信息化技术带来的非常好的场景，会把打官司这个"打"字变得柔和，不会一次性地把力量放到一次完成的庭审过程中。其实庭审过程中作为当事人和律师，他们的压力极大，因为要求诉讼力量对等，防止证据突袭或者不真实情况出现，但是如果把战线拉长，从起诉就开始支持提交，包括证据的交流，然后把一次庭审分散在不同的时间、不同的地域，大家在网上进行诉讼庭审过程。我想群众应该是非常欢迎的，这也是司法回应互联网时代需求的创新。

杨延超： 张院长，我听网上有人说，面对三家互联网法院，您的压力很大，面对前面两位女院长的经验，您也谈谈广州互联网法院在工作方面有哪些创新吧！

张春和： 今天这个场景、今天这个发言顺序让我想到了网络上的一句话："走自己的路让别人无路可走。"刚才她们两位院长都讲了我们互联网法院的精彩之处、创新之处，把我们很多要说的共同的东西都说了，我是不是说同意她们的观点就可以了？但是正如今天早上吃早餐的时候，在座的一位著名专家说，今天上午要看你张院长精彩的表演。我这段时间本来在北京参加培训，今天专门来这里，首先我是学习者，我来向与会的专家，包括其他两位互联网法院的院长来学习，同时我也是一个汇报者，因为确实正如刚才两位女院长所说，互联网法院成立以后广受瞩目，互联网法院运行中有哪些创新点、有哪些不同、有哪些困难和问题，也是我们在思考的，也是社会各界，包括在座的专家所关注的。在这样的情况下，如果专家有什么问题，我们有责任汇报解答，向在座的各位专家、向社会公众进行汇报。

广州互联网法院和北京互联网法院有一张出生证，2018 年 7 月 6 日深改委讨论决定，在北京和广州设立第二批的两家互联网法院。设立以后，我们一方面积极向先前成立的互联网法院学习，同时广州互联网法院有自身的特点、有自身的创新点，因为我们身处广州、身处岭南，身处被大家称作改革前沿的地带，很多问题在改革开放前沿地带先发、首发。同时，岭南人、广州人敢闯敢试敢为人先的精神也一直激励广州互联网法院要做出自己的特色。我想大家平时通过广州互联网法院的官微也能看到，广州互联网法院一直以努力建设有鲜明广州特色、国内一流的互联网法院为工作目标，已经初步建成六大体系。这"六大体系"主要包括司法科技体系、审判方式体系、审理规则体系、多元解纷体系、裁判规则体系以及网络治理体系，以六大体系建设为依托，我们努力实现司法资源整合、先进科技集成、服务平台建构及领域联合共治。一年来，我们依托智慧审理平台立案 38157 件，审结 28978 件，25 名员额法官人均结案 1159 件，可以说借助司法科技力量和审理模式创新，让智慧审理越跑越快、越跑越优、越跑越强。但是通过一年实践，我也更深刻地认识到，三家互联网法院是一个有机的整体，因为互联网法院的审判机制、内在审判规律都是有共通性的。我们要创造自己有特色的一些新东西，但是同时全国全球只有三家互联网法院，我们也有责任共同研究创造互联网审判机制、规则等方方面面，我们应该拥有的共同东西。一句古话叫"和而不同"，只有"和"才能找到共同的有规律性的东西，只有不同才能各自出新出彩，互相启发互相借鉴。刚才主持人问到，杜院长讲到异步审理的问题，我们广州互联网法院也根据审判模式的创新，创新在线交互式审理方式，对于当事人及其他诉讼参与人已认证关联并明确同意不开庭审理的简易案件，推行在线交互式审理；创建多案在线联审方式，从符合条件的案件中选取一定数量的案件进行在线集约化联合审理，实行要素式庭审，有效提升审判质效；创建示范调解方式，通过对示范案件在线调解、在线庭审以及发布示范案例的方式，引导同类型案件当事人在线选择自动履行债务、自行和解或调解等多元化解手段快速解决纠纷。已实现缩短案件平均审理周期至 36 天，比传统审理模式节约时间约 2/3，提升庭审效率至平均开庭时长 13 分钟，比传统审理模式节约时间约 3/5。

我觉得我们正是通过各自出新出彩的东西共同受启发，然后共同推动中国互联网法院向前发展。同时，为提升在线审理效率，我们上线了粤港澳大湾区首个在线纠纷多元化解平台，全面推动在线诉源治理；推出了在线"类案批量智审系统""E 链智执"执行工作平台，首创 5G"E 法亭"，全面拓展司法便民终端，等等。也希望今天与会嘉宾关注我们的官微——我们三家互联网法院的官微，很多创新都会在官微上呈现。

杨延超：谢谢张院长，他虽然很谦虚，但还是委婉巧妙地提到了广州互联网法院的很多工作优势。我们刚才谈到了很多优势，便民、效率高，利用了很多先进的技术，但是我们在理论界也听到了另外一种声音。说"异步审理"方式虽然便民，但是审判真的科学吗？有学者提到，现场审判有其独特的优势，现场审判法官可以更好地形成自由心证，而且现场审判可以更好地建立法庭信仰和法律仪式感。对于这种声音我想听听几位与谈嘉宾的观点，这种创新性的审判模式理论界、实务界怎么看？

王亚新：很荣幸有这个机会跟三位互联网法院的院长交流，也很期待借这个机会进一步了解三家互联网法院实际的审理情况。刚才主持人提的问题我觉得非常重要，借此我也想向三位院长提一个与其有关的问题。据我所知，三家法院的目标就是所有的案件、所有的程序都全部在线完成，就是说当事人用不着到法院来，完全用不着把原告、被告、代理人、法官都凑到同一个时间空间内，这具有节省资源、提高效率的极大优势。我想问的是，到目前为止，三家法院所受理、审理、裁判的案件中，有多大比例的案件实现了全部在线、完全没有线下环节？同时，我们还可以把这个问题扩展一下，即便一个案件不一定全部在线，只要大部分在线，也算是节约了很多时间精力。这一点甚至更有普遍性，因为很多法院正在建设智慧法院，只要案件审理中大部分或者关键性的环节（如送达）能够全部在线，那就很了不起。所以我想问的是，三位法院院长，除了全程在线案件的比例之外，你们所有的工作量究竟有多大的比例还需要在线下进行？

接着我要稍微评论一下刚才讲的"异步审理"程序，虽然跟"在线不在线"很有关系，但是庭审与别的程序如送达、保全、取证等不一样，这些程序在线越多越好，没有问题。但为什么大家对庭审这么在意呢？就是庭审是比较特殊的程序环节。学诉讼法的都很重视这个环节，不仅民事诉讼，行政诉讼、刑事诉讼也是一样。庭审要求采取公开原则、直接原则，还有言辞原则。如果说我们不在同一个封闭的空间内，但同时都在线，这个时候一次性完成的是以网络图像、画面和声音的结合来代替当面庭审，所以直接、公开还有言辞原则都能实现。但是一旦采取"异步"方式，有点像微信上的群聊，可以今天聊、明天聊，一会儿以声音或文字留个言等，断断续续也没有关系，在方便的同时也带来了随意性。对照庭审的几项基本原则，公开性可能就不是当面公开了，因为不是面对面可以看表情的，直接性也要打折扣，作为言辞的表达也有明显改变。这样一来，与集中的、面对面的所谓公开、直接、言辞交流就有比较明显的差异。对于这种特点，可以设想有两种可能的价值指向。一种是可以向没有什么仪式感、现场感但最大限度地方便参与、节约资源的方向发展，最极端的就是程序从头到尾都是原告、被告、法院工作人员之间通过网络平台或在一个微信群里进行"细水长流"式的交流沟通，愿意用视频就用视频，愿意用留言就留言，就跟微信群里的聊天一样，最终解决掉纠纷后就解散。另外一种价值取向则主张庭审不能采取这种方式，可能不少刑事诉讼和民事诉讼专业的学者会说，仪式感、现场感很重要，解构了就不能称为"庭审"了，至少应要求所有主体同时在线，保证公开、直接和言辞原则能够以网络方式实现。确实，采取前一种观点的话，开庭与调解、证据交换甚至其他任何程序环节都不再有区别。或者说，诉讼程序中所有的环节都可以变成一个月两个月或更长时间内连续或断续的"留言"，或者这种不拘形式反复进行对话交流的集合。对于这样的前景，可能会引发争议和分歧，对于强调"拥抱"互联网技术、重视在线便利性的人来讲，绝对是值得鼓励和提倡的发展方向；但对于担心整个诉讼程序碎片化或被分解、被解构的人来讲，则成为批评甚至反对的靶子。我认为这些都算是尝试"异步审理"可能触发的一些争议性观点吧。

杜　前：杭州互联网法院刚成立时，作为院长，我最担心的就是这么多案件能不能在网上全部跑通。从运行两年的情况看，我院90%左右的案件是全流程在线的，其余10%是线下的。无论线上还是线下我们遵循一个原则，就是要取得当事人同意。对于一方当事人要求线上开庭而另一方当事人不同意的案件，实行线上线下相结合的庭审方式，以寻求司法效率与当事人诉讼权益的最佳平衡。

为什么会有异步审理的创新？因为传统诉讼制度更多是在工业时代背景下形成，在新的经济模式下，现有的诉讼模式出现了不适合互联网经济新业态和发展状况的情形，所以我们才创设异步审理等模式。我们变的是庭审方式和场地，但不变的是司法为民的初心。运行两年下来，两万多件案件开庭，没有一件出现当事人在法庭的另一端对法院、法律不尊重、不敬畏等情况。我简单讲四个原则。

第一，互联网法院有规则。我们通过建立网上诉讼规则，设置法庭纪律在线宣读程序，形成互联网审判特有的"仪式感"。

第二，技术面有保证。我们借助噤声按钮等技术手段，强化法官对在线庭审的驾驭能力，当事人在全程录音录像的摄像镜头前亦不自觉地自我约束。

第三，从法官的职业素养来讲，依托法官与当事人沟通过程中所展现的专业水平、职业能力来强化当事人对司法裁判的"体感公正"。

第四，和互联网案件本身有关，当事人本身活跃在网上，所以他们也比较能够接受在线审理模式。

所以，很欣慰这两年多试点下来，没有发生过一次庭审不端言行。法官主持庭审的庄严，对当事人的仪态、举止甚至眼神都能清晰地捕捉到。所以我很希望也欢迎各位嘉宾到三家互联网法院参观一下，如果您走进互联网法庭，不要说普通的参观者，我作为院长每次走进去都有一种肃然起敬的感觉。哪怕放的是录像，不是看现场的庭审，但是当你踏进这个法庭时，庄严感、凝重感还是油然而生。我每次进去都会看看手机有没有静音，希望大家到互联网法院真实感受一下。所以，总体来说两年的试点最后能够获得一定的认可，包括最高人民法院 2018 年的司法解释基本采纳了杭州互联网法院试点工作的具体成效，其实也是跟全程在线让老百姓打官司"一次也不用跑"密不可分的。

杨延超：刚才王亚新教授的担忧，在学术界很多学者中也有，当然从互联网法院的视角也在全新建构网上庭审的权威性，我看到法院法官审判时他们其实对衣着都有严格要求的。另外也有一种声音说，通过 VR 技术试图打造更加权威的立体型的庭审，让整个法院的庄严性通过远程得到体验，我不知道在新技术的探索方面，在回应王亚新教授的担忧方面，几位院长还有什么新的思考？

张　雯：其实这个担忧怎么说呢？今天是非常好的聚会，司法实践走到了哪一步，互联网技术有时候让从事互联网审判的人都会大吃一惊。因为北京互联网法院成立以后一直在统计线下到互联网法院进行立案的当事人，从2018年9月9日到2019年9月9日来了不到800人，但是线上立案一天提交的起诉状有时候就有一千多件。是这样的诉讼方式让我们觉得互联网改变了诉讼模式，这一点应该说是越实践越深入。

再来回答王老师的问题。北京互联网法院从9月9日挂牌，有六千多个案件线上开庭，线下开庭的只有48个，占百分之九十九点几，这个数据非常令人吃惊，作为法官我们都想象不到，中国网民对互联网的包容度和接纳程度远超世界任何国家。

第二个数据，我们判决书的在线送达率达到95%以上，最高人民法院领导认为互联网法院的文书应全部线上完成送达，包括裁判文书，但是后来考虑到群众接受度的问题，所以可以进行线下送达。从这些数据可以看出，互联网的接受度，中国的网民是非常高的。

关于异步审理的问题，我们跟杭州的叫法不太一样，我们叫异步智审，从庭审的角度来讲，现在网上呈现在法院面前的就是原告被告都在大屏幕上。北京互联网法院的第一个案子是我审的，我问当事人，你的庭审环境是什么？他是在百度的办公室，我说你用什么开庭的，他说用手机，连的别人的热点。但是庭审过程中，无论庭审纪律、律师着装，还是言辞的规范，跟传统法院没有区别。其实对于法官来讲，我们开庭、宣判时，想通过屏幕"望闻问切"，现在的技术可以支持，可以瞬间对当事人进行训诫，可以瞬间对他的言辞提出质疑，可以看到他的微表情。我审过一个暗刷流量的案件，宣判时当事人没有想到是那种状况，汗珠都掉下来了。进入那个语境以后，庭审这种殿堂式或者同席这种感觉对于法官没有什么差异，但是对当事人可能有差异。如当事人面对一些复杂问题时会求助，他会把脑袋偏向其他方向，他可能有超过两个代理人。庭审过程中经常会看到他在办公室甚至在家里，我们看到最多的画面是十字绣"家和万事兴"。这对我们来讲是互联网审判的探索，我们看到庭审实质化和殿堂化这些特质保留的同时，也要用发展的眼光和互联网眼光看互联网审判模式。这可能是符合互联网审判规律的。

杨延超：张雯院长提到的很多例子让我印象深刻，用手机开庭、电子送达率95%、上网庭审率99%。这个过程中技术的确发挥了很大的作用，但是也引发了另外一个思考：技术在审判当中的作用和弊端。也有学者提到过分依赖技术引发的一系列法律危机，包括当事人的案卷隐私都在网上，如何保护？还有算法，由于过分依赖算法，而算法的公正性由谁来监督？钟老师、支振锋可以就技术问题谈一谈你们的观点。

钟会兵：坐在这里感慨很多。听了三位法院院长的分享，最大的一个感受就是创新，我觉得会议安排也有很好的创新，三位互联网法院院长能够聚在一起也是很大的创新，所以跟王老师一样特别期待跟他们交流。刚才他们把互联网法院的情况作了很好的介绍，按照中央的意见，我感觉互联网法院蕴含的意义要更加深远，中央说设立互联网法院是为了维护网络安全、网络纠纷化解以及网络与经济社会的深度融合，我想这个意义就十分重要了，当然现在三位法院院长已经把这个意义初步揭开了。刚才主持人讲的关于技术和司法的关系，这是很大的议题。科技对司法冲击巨大，很多问题已经解构了、颠覆了传统司法模式，包括刚才王老师谈到的整个庭审模式的改变、杜院长谈到异步庭审的问题。我们以前是以现场仪式来强化司法权威，但是在互联网环境下，缺乏了现场审判仪式，司法权威受损大不大？我个人认为应该有初步答案，仪式本身并不权威，只是通过仪式加深权威。比如见到一个人，没见到他时特别尊敬，一见到时发现个儿跟我差不多，感觉也不一样了。从几位院长分享的信息看，互联网虚拟场景也会形成这个环境下特殊的神圣感、权威感。我感觉通过科技手段也解决了一些当事人适度隔离问题。在现场庭审中，各种突发事情——当事人的不理智在法庭上都能看到，杜院长讲两千多例网上审理没有一次言行不端行为，我觉得这个事情是有深远意义的。另外，刚才讲的法官的"望闻问切"问题，"望闻问切"的问题实际现在技术手段能解决，甚至比法官主观的观察有更精确的判断，因为我们可以通过图像识别，甚至可以纠正个人主观判断的误差。我感觉互联网技术的拓展为未来的司法审判提供了更加广阔的空间，包括刚才提到的关于证据的问题、技术的问题。

我还对一个问题很好奇，几位院长能不能解答一下，就是技术鸿沟的问题。对技术不太熟练的当事人面临的不仅是操作问题，而且是思维理念的缺憾造成对自己权利不知晓的问题，这个可能会影响当事人诉权的实现，进而造成正义性问题，我不知道你们审判当中怎么校正这个问题？

支振锋：今天非常荣幸能够参加这个对话。我想可能在人类司法历史上今天都是值得纪念的一天，三位网红法院的网红院长，是中国仅有的三家互联网法院也是全球仅有的三家互联网法院的院长，这是非常难得的。

现在互联网法院也有两年的实践了，而且我注意到公开的数据，三家法院的结案量都达到了两万的量级，我记得两周年的时候杭州互联网法院受理案件 2.6 万件，审结接近 2 万件。北京一周年时受理 3.4 万件，审结 2.5 万件。广州一周年时结案 2.7 万件，员额法官每人 1100 多个案件，非常了不起。尤其我注意到一个数据，杭州互联网法院说每年节约 114.7 万小时，除了绿色、低碳、减排之外，还节约时间。北京互联网法院一件平均审理时间是 37 分钟，广州是 25 分钟。

我想问的是，经过这几年互联网法院的实践，三家加在一起接近 10 万件案件量，这里能不能看到规律性的东西？比如，审判执行工作和传统法院相比，互联网法院审判执行工作有没有一些值得关注的新的规律性的东西？从案件类型看，按照中央全面深化改革领导小组布署和最高人民法院司法解释，有 11 类案件可以受理，在案件类型上有没有值得关注的规律？从案件审判执行、案件类型能不能看到网络空间发展，包括产业、技术，还有网络空间矛盾纠纷的一些规律性东西？我想这不管是对网络空间治理、中国特色社会主义治网之道，还是对我们法学研究也有可以借鉴的东西。

杨延超：还有一点时间谈谈技术与互联网法院的话题，我们可以谈一谈人工智能、区块链。互联网法院有个关键词，对于区块链取证我们看到很多判例，包括互联网法院的案例也认可，最高人民法院的司法解释中也提到了区块链取证。我想请几位院长也介绍一下，在互联网法院建设中，区块链在未来的法治建设和审判中又将承担什么样的角色?

张春和:主持人问这个问题我觉得跟刚才其他几位专家讲的问题有高度关联性,如果我们强化互联网思维,强化互联网意识,很多问题可能就容易理解了,也容易回答了。我也结合最新提的几个问题回答一下。

首先,关于全流程在线审理的问题。王老师问到比例,实际这个比例如果我们在教室里、在家里思考的话可能比较复杂,但是考虑到互联网纠纷的特点,互联网案件当事人对互联网司法公正高效的需求,我们推断肯定这个比例是很高的。因为当事人足不出户,他零成本就可以打官司,就可以打赢官司,所以,何乐而不为呢!所以这个比例很高,广州也不例外,超过95%。

其次,关于杭州互联网法院提出的异步审理。广州互联网法院也有不同的实践,我们叫交互式审理,但异步审理也好,交互式审理也好,我想这不能适用于所有的案件,对于那些重大、敏感、复杂的互联网案件是不适用交互式审理的。比如,广州互联网法院首案,这个案件我们全程在线审了2小时57分钟,同时进行直播,在线围观的人数超过77.1万人。很多案件法律关系非常简单,争议标的额不大,处理起来双方当事人都觉得不需要正式的传统意义上的那种开庭,那我们何不方便当事人,实现多赢呢?所以,我觉得异步审理也好,交互式审理也好,它的生命力是非常强的,也是根据互联网案件的特点,适用互联网当事人对案件快速处理、公正处理的司法需求,不是为搞创新和炒作概念来做的,我们是根据互联网司法的实际需求和当事人迫切的需求来完成的。

关于刚才有的专家提到,采取全程在线审理方式,是不是牺牲了仪式感、直接言辞原则,我跟其他两位院长达成了共识,方便当事人——司法公正、司法为民是我们的主旨,是我们的生命线,但是一些基本程序要求,当事人的权利,我们只能做加法,而不能做减法。我强调为什么要把互联网思维作为现在互联网社会、互联网业态高度发达的基础性思维,只要做互联网审判工作就要把互联网思维作为基础性思维,实时用互联网思维思考问题、处理问题、解决问题。前两天我听中央党校一个博导讲我们党的优良传统和作风（一切从群众中来到群众中去，密切联系群众），群众现在在哪里？田间地头没有了，现在大部分人都进城了，都在网上，所以总书记提出，大家经常到网上看一下。作为互联网法院的院长和法官我们早就达成共识，一定要用互联网的思维、互联网的意识、互联网的眼光考虑问题。尤其是构建网上诉讼规则，一定要结合互联网技术和网上诉讼的特点，在传统诉讼规则基础上进行创新。既要坚持积极开放的态度，大胆对传统诉讼理念和规则作出改变，又要秉承谦抑审慎原则，恪守传统诉讼规则中反映司法规律的基本理念和原则。虽然传统诉讼规则的设计思维要变，但程序正义的理念不变；虽然传统案件审理形式要变，但直接言辞原则不变；虽然传统诉讼义务的内容要变，但诉讼权利的保障力度不变；虽然传统诉讼参与方式要变，但司法严肃性和仪式感不变；虽然传统司法供给方式要变，但司法在纠纷解决中的地位不变。所以，我们是在互联网社会用互联网思维打造了新形势下的直接言辞原则，我觉得互联网法院要进行创新，要进行规则创新，我们用最新的5G技术，我们用其他很多高科技的东西，现场感非常强，画面清晰稳定。所以，我觉得我们互联网法院在直接言辞原则的生动实践方面也好、仪式感也好，在权利程序的保障方面，我们要做出我们的特点。

我们广州互联网法院官微有两个例子，一个是有人发了一个图片，他自己配了一个图，在线开庭时上面穿了一个西服，下面穿了一个大裤衩在家里开庭，让家里人拍下来发了朋友圈。我们知道以后说这不是小事儿，这是对法庭秩序、是对法治权威的破坏，我们结合这个事情出台了全国首个在线庭审规程，明确了诉讼参与人行为规则、在线庭审技术问题处理规则、证人作证规则等，以规范指引保障在线庭审秩序，确保法官能够"以在线庭审为中心"，通过听取当事人的直接言辞、各方当事人的当面抗辩、证人的亲自出庭证言等，实现对案件证据、事实的亲历性集中审查。还有前一段大家看到的，我们在在线审理一个案件过程中，儿子冒充父亲开庭，这也是一个新问题，我们及时作出处罚。我举这两个例子反映了在线庭审秩序问题。在当事人足不出户的情况下，如何保证庭审秩序的权威性、严肃性、规范性？我们坚持问题导向，制定了《关于在线庭审秩序若干问题的规定》，对在线庭审、存证取证认证、事实认定、法官职权统一等都作出了规范和创新探索。通过发现问题、解决问题，提炼规则、总结经验，我们有效地回应了专家、社会公众对所谓在线庭审这种模式有没有违反诉讼法的一些原则的问题。

我们互联网法院本身跟其他法院不同，本身它就是司法改革的一部分，就是要不断进行创新。当然，这些创新需要顶层设计，但也需要我们有改革精神、改革意识和改革的生动实践。

杨延超：张院长，对于审判的合法性大家是没有质疑的，对于您提到的互联网思维以及它的便捷性，大家也是认可的。只不过我们可能还有一些忧虑，比如您刚才提到的，通过技术手段进行身份认证，保证这个主体的合法性等等，这些都很好。但是对技术的过分依赖，前面专家们也提到，是不是会导致另外一个问题，就是技术在这个过程中，由于算法的不科学性，会影响审判的结果，而这个算法本身对于普通老百姓来说是"算法黑洞"。在这种情况下，包括有些技术公司对算法的调整是不是会影响我们工作本身，互联网法院怎么解决大家的忧虑和担心？

张春和：这个问题让我想起了广州互联网法院举办一个活动时一个专家讲到的：你们广州互联网法院从产生之时起，就被绑在了高科技快车上。所以我们广州互联网法院成立之初就有这个意识，我们终极的目标是要为网络空间治理提供法律保障，但是作为"互联网＋"审判一个基础性的东西——技术对我们特别重要，我们需要借助它的智力资源、基础设施资源，合法合规地向当事人提供更便捷的诉讼服务，为拓展"智慧法院"实践提供强大技术保障。如果技术出了问题，我们审判质量就会有问题，所以这方面我们始终秉持开放共享的心态，新的科学技术，最好的高科技公司，都在保持"亲""清"的原则下，与它们密切合作，促使我们互联网技术与审判深度融合发展得非常好，数据不会被绑架、篡改。我也关注到其他两家互联网法院，它们都在利用区块链等最新技术，运用得非常好，同时保证了法院自身数据的安全，在这块我们都有一些机制和制度保障。我想三家互联网法院院长都是一致的，我们头脑也是非常清醒的：一方面，要依靠技术武装我们的互联网法院；另一方面，我们要保持自己的中立、独立，还有审判数据的安全，坚持安全可控和开放创新并重，从而保证审判质量和效率稳步提升。

杨延超： 您提到了区块链技术，区块链技术在互联网法院得到了应用，以前人们公证一次价格高又麻烦，现在用区块链取证，我们了解到很便捷，而且很便宜很及时。作为一项新型技术，我想了解一下北京和杭州，区块链在我们互联网法院中的应用情况怎么样？我了解到，我们做了很多天平链等区块链的司法应用，可以给大家做一个介绍。

张　雯： 我说一下吧，回答这个技术点之前，我也想回应一下张院长刚才提出问题的角度。其实我们互联网法院建立之初有一个采访，当时我跟媒体强调的是，技术是一种渠道和辅助手段，司法公正是核心是灵魂。如果不把握住这点，大家对互联网法院的发展有担心是正常的，技术是渠道，公正司法是核心是灵魂，这是我们三家互联网法院一直在秉持的司法实践，这是第一。

第二，我们法院在最高人民法院有个重点调研课题，就是互联网司法程序性规范。司法区块链解决的是诉讼证据的核心问题，这是庭审实质化问题，程序法规定电子证据可以作为证据提交，但是现在技术的迭代性和先验性，实际上使得电子证据瞬间的改变和篡改非常容易，这是我们必须面对的问题。所以北京互联网法院挂牌时就主导建设了一个天平链，就是区块链技术应用的场景。2019年3月，工信部通过了第一批197个区块链的司法应用场景，北京互联网法院天平链是唯一的司法区块链的应用场景。我们区块链实际上不光实现了电子证据的存证、取证，还有验证，在有了案件以后可以瞬间实现验证，这样的验证对于司法来讲非常方便，也很便宜，大概一个存证也就5块钱，解决了上链以后证据真实性的问题。到目前为止已经有9个管理节点，18个接入节点，还有9个应用节点，这些节点我们已经上链了800多万条电子证据，相关电子证据上了2000多万条，涉及案件400多个。我们进行了实证追踪，有了区块链存证以后当事人很少对这样的证据形式提出鉴定申请，案件的调撤比例很高。所以区块链的使用对未来非常有帮助。我们现在也跟专家学者进行了区块链接入标准、管理标准和技术应用标准规范化的研讨，我们希望通过专家技术的规范化，使区块链司法应用的场景能够更加标准化和科学化，这是北京互联网法院区块链的实践。

5G 马上就要来了，5G、人工智能、算法、知识图谱再加上区块链，实际上区块链在 5G 以后大家很难想象数据会产生什么样的作用，会加强诚信社会建设，产生诚信诉讼，产生证据保驾护航、安全阀的作用。这是我们学习过程中感受到区块链对于未来数据和数字经济产生的核心效果，也想在这个场合请各位专家关注一下区块链将来对数字经济和数字诚信建设这方面的价值作用。

我们在参加数字博览会的时候，美国一个专家说，未来区块链技术应该像我们的基本生活来源一样，就像煤水电这样简单，复杂的技术过程和支撑过程都是由科研人员完成的，是在后台完成的，对于应用方来讲，就像打开水龙头、电灯一样，瞬间完成校验，对于法官和当事人来讲非常便利。法官需要掌握什么？就是要理解区块链这样的技术场景和技术手段，理解了以后讲给当事人听，法官用 20 分钟讲解区块链存证、验证、校验的过程，当事人撤诉了，所以对于法官来讲只是掌握技术原理的讲授和沟通。当然区块链还会有新的问题，如上链之前的证据真实性问题，这也是很多学者关心的问题。我觉得上链之前的证据真实性问题，可以用制度性或者技术性补强性的方法解决。

下一步区块链在执行领域应用，智能合约技术对于执行颠覆性的变化、对于实质性推进执行难的解决，会不会有所突破呢？我相信我们三家法院都会愿意在这方面有所实践。

杨延超： 杭州也有区块链的应用是吧？

杜　前： 我先回应一下，像阿里巴巴这样的大企业在杭州会不会影响我们互联网法院的公正司法呢？我觉得大家不用对这个问题过多担忧，因为技术首先是中立的，我们无论采取哪一家科技公司的技术，其实也是通过依法有偿的采购程序，而不是捆绑式的。互联网法院成立以前，我们杭州市委市政府专门成立了一家国有控股公司，为互联网法院平台做基础性建设。当互联网法院实体运行以后，我们采取严格的招投标程序，还约定前面参与前期建设，但后期没有中标的公司要遵守保密义务，包括源代码移交等，所以技术的中立和可靠性大家可以放心。当这些大公司有案子在互联网法院时，对法官来说肯定是一视同仁，公平公正地对待每个当事人。同时我们认为互联网企业也要肩负更多的社会责任，所以它们的平台也在加强自我净化能力和调节，更好地对纠纷进行诉源治理。

说到杭州互联网法院的区块链，其实互联网法院案件最大的痛点就是这些电子数字证据存证、采集等非常不方便。2018年9月，我们正式上线全国首个区块链存证平台。我举个司法区块链具体应用场景的例子。中国网络文学作家村坐落于杭州，许多知名的网络作家像唐家三少等，都是这个网络文学村的"村民"。这些作家向我们反映著作权维权太困难了，因为他们写好以后，尽管网上阅读正版费用不高，但还是有不愿意支付的，因为盗版小说途径很多，盗版成本非常低。这些作家往往很年轻，觉得打官司太复杂了，有些作者则因为不容易证明他们的作品是原创的，与其进行复杂的诉讼还不如重新写一本。针对这种情况，我们让中国网络作家村在2018年12月9日正式上线了杭州互联网法院司法区块链，成为我们区块链的一个节点以后，这些网络作家发表作品的同时就可以以哈希值的形式把作品提交到我们的平台，一旦有纠纷发生就可以通过哈希值进行比对、取证。目前，一百多位作家上链到区块链当中，作家村的侵权纠纷发生率下降了约20%，被作家称为司法对中国网络文学20周年发展的最大献礼。这给我们的鼓舞和触动非常大。

杨延超：几位院长说了很多，其中很重要的就是让我们放心，没有问题，几位学者言简意赅。听了他们的解释大家还有什么要阐述的观点吗？

王亚新：其实刚才我们讨论的问题有一部分可以采取"区隔"的方法来解决。需要最大限度强调效率的，比如简单的或者小额的案件，也应该是越有效率越好，采取"异步审理"的主要是这些类型的案件。但是标的很大案情复杂、存在新型法律问题等类型的案件，还是要保证审理方式的慎重性，"要案精审"，注重在现有制度内的规范性。

最后提一点希望。三家互联网法院历史还不是很长，尽管一直在总结经验，但是一些深层次的、规律性的东西还需要时间才能逐渐"浮出水面"。

互联网法院是先行先试，今后所有的法院都有建设"智慧法院"的任务，需要互联网法院发挥引领作用。三位院长所在的法院各有千秋，都已经做得很不错，但是你们可能还有另外一个社会责任，要给整个法院系统的发展创新提供经验和素材。也希望互联网法院向社会和学界更加开放，希望有更多机会去接触和学习线上的纠纷解决方式，获得更丰富的研究素材。

钟会兵：刚才我们说的一个核心问题，就是改变尤其是技术改变引起精神上思想上的不安，这种改变会不会减损司法正义，这是核心问题。互联网技术影响司法虽然在形式上有很多的改变，但是如果实质上没有对传统的价值追求、制度要求产生颠覆性的改变，就不会对司法公正产生实质性伤害。刚才谈的区块链技术，几位院长也作了很好的阐述，当然它是全链条的，核心问题涉及证据问题等。前面孙佑海院长提到一个"技术黑箱"问题，当事人也好，围观群众也好，就是不知道不懂，如何解决不知道不懂问题？就是公开，正义不仅要实现，而且要以看得见的方式实现。看得见了自然就容易让人民群众感受到公平正义。刚才几位院长也说，在证据的存储、验证、校验上，如果能够现场及时、瞬间解决质疑的，马上解决问题就好。但是有些证据疑问不是马上解决的，应该有一种深度的、事后可验证方式，那么这种司法证据大家都能看到。我相信大家的不安也好，我们提出的问题也好，都能很好地解决。当然，一个新鲜事物出来会有很多问题、很多质疑，需要大家的理解和鼓励，中央深改组的要求也是鼓励大胆尝试，要求是依法有序、积极稳妥、尊重规律，只要符合老百姓需求，最终大家会把不安全降到最低，最后会得到大家衷心的支持。

支振锋：总书记说，互联网是新事物，未知远远大于已知。所以三位院长带着互联网法院在进行探索。最近几年我也在关注，我们一方面关注互联网法院的智慧司法可能会给裁判流程、裁判规则甚至诉讼流程、诉讼规则，甚至整个司法制度带来重塑、再造，甚至颠覆性的做法，比如算法治理现在是非常麻烦的问题。在座的杨延超教授，他自己是设计算法的，我们经常开玩笑，算法治理先把自己治理好。我想要有一些前瞻性的思考，的确有需要关注的方面，比如我在思考刚才杜院长讲到工业时代的法治，我们现有的法治不管是思想、理念还是具体的制度构造，实际是在古典时代、西方工业时代所构造的，到了信息时代，可能工业时代的法治以及制度体系和制度构造会有颠覆性的变化。以智慧法院为例，一方面我们希望通过流程再造、规则重塑，甚至司法制度的重构，通过新技术、新应用、新算法去缔造更高水平的社会主义司法文明；但是另一方面，我们可能对颠覆性的前景也应该有预见，比如我们讲算法，智能裁判辅助系统，刚才几位院长都提到智审，会得到更深入更广泛的应用，这种智能裁判辅助系统，本身就是人工智能，就是一套算法。所以我有一个问题，是不是全国四级法院都用同一套算法，如果各个法院的算法不一致，我们怎么保证法治统一、公平正义？如果说算法一致的话，我们未来可以做一个大胆的设想，如果最高人民法院和基层法院的算法都是一样的，还有必要坚持两审终审吗？所以我最后提出这么一个问题供大家思考。

杨延超：问题很多，但是美好的时光总是过得很快，时间也差不多了，今天这场对话很有意义，这是一场完全没有剧本的对话。听了以后说实话真的是收获非常多，对于未来互联网法院也充满了很多期待。其实在各位学者对话的同时我也在思考，互联网法院真的有可能会对我们的社会生活带来很多改变，除了网上的案子网上审，以后再拓展，普通案件是不是也可以网上审？而且由此带来的改变，包括聚众扰乱法庭的违法犯罪是不是就可以取消了，当然还包括法院紧张的停车位问题是不是也可以解决了。当然，对这一系列的改变我们充满了期待，我们也衷心希望互联网法院越办越好。

各位嘉宾，我们今天的论坛就到这里。再次感谢三位院长，再次感谢与谈嘉宾。中国互联网法院高峰对话圆满结束。谢谢大家！

大 事 记

Chronicle of Events

B.22

2019年中国法院信息化大事记

一月

1月15日 中央政法工作会议在北京召开，中共中央总书记、国家主席、中央军委主席习近平出席会议并发表重要讲话。习近平指出，政法系统要深化诉讼制度改革，推进案件繁简分流、轻重分离、快慢分道，推动大数据、人工智能等科技创新成果同司法工作深度融合。要持续开展"减证便民"行动，加快推进跨域立案诉讼服务改革，推动诉讼事项跨区域远程办理、跨层级联动办理，解决好异地诉讼难等问题。

1月15日 重庆移动智能法院——"易法院"App正式上线。重庆"易法院"App是重庆高院在原有的"智能终端服务平台"基础上，整合重庆智慧法院新生态中的"易诉""易解""易审""易达"四个平台的核心功能，升级打造的移动智能服务终端。据悉，目前App包含六大类100余项功能，当事人可通过App申请立案、申请调解、网上缴费、网上开庭、接收法律文书等，享受与法院现场无差别的司法诉讼服务。

1月17日 最高人民法院召开全国高级法院院长会议，会议强调，各级人民法院要积极推进大数据、人工智能、区块链等科技创新成果同审判执行工作深度融合，努力攻克以智慧法院人工智能技术为标志的一批关键技术，大力推动"智审、智执、智服、智管"建设，扎实推进电子卷宗随案同步生成及深度运用，以电子卷宗为基础全面推进智能化辅助办案工作，推动智慧法院建设向更高层次发展。

1月22日 世界执行大会在上海召开，中方在参加"信息化与强制执行的新发展"专题研讨时指出，中国法院建立并完善中国执行信息公开网，充分运用大数据、云计算、人工智能、区块链等新兴技术，建立"总对总"网络查控系统，全面推行网络司法拍卖，建立全国四级法院"统一管理、统一协调、统一指挥"执行管理新模式，大力推进信息化建设，促进现代科技与执行工作深度融合。

1月23日 全国法院首次运用"推进以审判为中心诉讼制度改革——上海刑事案件智能辅助办案系统"（简称"206系统"）辅助庭审。"206系统"设有26项功能、88项子功能，减少了司法任意性，解决了公检法三机关证据标准适用不统一、办案行为不规范等突出问题。

1月29日 最高人民法院司法改革领导小组2019年第一次会议召开。会议强调，要大力完善多元化纠纷解决机制，坚持把非诉讼纠纷解决机制挺在前面，实现矛盾纠纷及时、高效、源头化解。要全面推进诉讼服务中心现代化建设，加快推进跨域立案诉讼服务改革，推进案件繁简分流、轻重分离、快慢分道，优化网上诉讼服务功能，让人民群众有更多获得感。

二月

2月27日 最高人民法院向社会公开发布《人民法院第五个五年改革纲要（2019～2023）》。纲要提出，"智慧法院"主要包含两方面内容：一是依托北京、杭州、广州三个互联网法院，探索推进"网上纠纷网上审"的互联网诉讼新模式；二是推动语音识别、图文识别、语义识别、智能辅助办案、区块链存证等科技创新手段的深度运用，不断扩大移动电子诉讼的覆盖范围、提升适用比例和应用水平，推动审判方式、诉讼制度与互联网技术深度融合。

三月

3月1日 "法治蓝皮书《中国法院信息化发展报告 No. 3（2019）》发布暨 2019 年中国法院信息化研讨会"在北京举行。蓝皮书指出，2018 年人民法院信息化 3.0 版的主体框架已经确立，智慧法院的全业务网上办理基本格局已经形成，全流程依法公开基本实现，全方位智能服务的方向已经明确并展现广阔前景，先进信息技术推动法院审判执行方式发生了全局性变革，有力促进了审判体系和审判能力现代化。

3月2日 广州互联网法院举行了粤港澳大湾区首个一体化在线多元解纷融平台上线仪式，该平台高度融合了大数据、人工智能、区块链等前沿科技，以"预约调解、远程调解、异步调解、跨境调解、联合调解、邀请调解"+"自行和解"+"司法确认"+"在线诉讼"的"6＋1＋1＋1"纠纷化解模式，实现多元纠纷化解全流程、全业务、全时空；同时，高度融合律师、公证、仲裁、行业协会等法律服务要素，畅通市场、社会、行政和司法各个部门解纷渠道。

3月12日 十三届全国人大二次会议举行第三次全体会议，《最高人民法院工作报告》指出，2018 年全面建设智慧法院，发挥司法大数据管理和服务平台作用，为群众诉讼提供服务，为科学决策提供参考；上线"类案智能推送""法信智答版"等系统；推进电子诉讼应用，浙江法院开展移动微法院试点，让当事人和法官充分感受"指尖诉讼、掌上办案"的便利；增设北京、广州互联网法院，杭州互联网法院依法审理涉"小猪佩奇"著作权跨国纠纷等案件，率先在国际上探索互联网司法新模式。

3月14日 《最高人民法院工作报告》解读第五场全媒体直播活动举

行，解读指出，一年来，智慧法院由"初步形成"向"全面建设"迈进，2019年将全面推进智慧审判、智慧执行、智慧服务和智慧管理的系统建设，推动智慧法院向全面智能化转型升级。

3月22日 最高人民法院在宁波召开移动微法院试点推进会，对移动微法院下一步试点推进工作进行具体部署，并发布了《最高人民法院关于在部分法院推进"移动微法院"试点工作的通知》《关于推进"移动微法院"试点工作的方案》和《移动微法院标准化建设指南和技术规范》。根据方案，试点从浙江省扩大至北京等12个省（自治区、直辖市）辖区法院，适用于民商事第一审、第二审和执行案件。

3月29日 最高人民法院网络安全和信息化领导小组2019年第一次全体会议召开，会议强调要大力推进"智审"建设，以电子卷宗深度应用为主线，加强技术与业务的深度融合，努力攻克以智慧法院人工智能技术为标识的一批关键技术难关。要大力推进"智执"建设，以执行流程管理信息系统升级为主线，依托智慧执行建设建立执行长效机制，促进执行案件流程管理系统升级再造。要大力推进"智服"建设，以诉讼服务中心转型升级为主线，统筹建设移动微法院、电子诉讼等，为建立一站式纠纷解决平台提供有力支持。要大力推进"智管"建设，以全流程办公自动化和大数据辅助决策为主线，整合完善法院各项管理系统，切实提高司法管理效能。

四月

4月2日 广州市中级人民法院与中国联合网络通信有限公司广州市分公司联合签署《广州5G智慧法院建设战略合作协议》，并为"广州5G智慧法院联合实验室"揭牌，标志着广州5G智慧法院正式启动建设。双方明确将共建广州5G智慧法院联合实验室、5G智慧法院未来诉讼服务中心、5G智慧法庭、5G智慧执行、5G+VR超清直播等8个合作项目，推动5G技术与法院诉讼服务、智慧庭审、智慧审判、智慧执行、智慧安防等的深度融合。

4月3日 最高人民法院发布了《金融诈骗司法大数据专题报告》。报告显示，近三年金融诈骗发案量同比持续下降，平均降幅超20%，集资诈骗罪连续两年逆势上升，集资诈骗风险防控压力加大。报告指出，2016年全国法院新收金融诈骗一审案件近1.4万件，2017年新收案件降至1.1万余件，2018年新收案件为8400余件。报告显示，金融诈骗被告人以初高中文化程度为主，发案密度与公民文化程度呈较强正相关。报告建议面向中等以上文化程度人群适度加大金融犯罪普法力度。

4月10日 最高人民法院司法改革领导小组2019年第二次会议召开。会议强调，要以加强诉讼服务中心建设为重点，推进在线立案、跨域立案，将非诉讼纠纷解决机制挺在前面，健全完善多元化纠纷解决机制，把诉讼服务中心打造成一站式纠纷解决服务平台，让人民群众解决矛盾纠纷更方便、更快捷。

4月21日 在十三届全国人大常委会第十次会议上，最高人民法院作《最高人民法院关于研究处理对解决执行难工作情况报告审议意见的报告》。报告指出，最高人民法院持续推进执行信息化、智能化建设，取得新进展，主要体现在以下四个方面：一是网络查控系统取得新成果，二是网络司法拍卖进展明显，三是建成全国法院询价评估系统，四是强化执行信息公开。

五月

5月5日至9日 数字中国建设成果展览会在福州市举办，其中"智慧法院建设成果展"集中展示了近年来法院系统在信息化建设方面取得的成就。主题馆分别展示了顶层设计、智慧服务、智慧审判、智慧执行、智慧管理、互联网法院板块，地方法院馆分别展示了北京、江西、云南、南通、深圳、厦门、浙江玉环、山东兰山等八地的智慧法院特色成果。

5月6日至8日 第二届数字中国建设峰会在福州市举行，最高人民法院关于"坚持以人民为中心，探索司法公开和诉讼服务信息化新模式"为主题的发言指出，人民法院将继续大力推进司法信息化和智慧法院建设，围绕"智慧审判、智慧执行、智慧服务、智慧管理"，把智慧法院推向全面发展的新格局,实现诉讼制度体系在信息时代的跨越发展。同时,人民法院也要进一步学习借鉴各行业先进电子政务经验,共同推动电子政务创新发展,助力数字中国建设。

六月

6月12日至13日　全国高级法院院长座谈会在南昌举行,会议强调,要全面建设集约高效、多元解纷、便民利民、智慧精准、开放互动、交融共享的现代化诉讼服务体系,坚持创新发展新时代"枫桥经验",全面推进多元化纠纷解决机制建设,全面推进诉讼服务中心转型升级,加快建设现代化诉讼服务体系,持续深化"分调裁审"机制改革,有效推进案件繁简分流、轻重分离、快慢分道,以"智慧诉讼服务"为牵引,切实提高诉讼服务信息化智能化水平。

七月

7月3日　全国法院民商事审判工作会议在黑龙江省哈尔滨市召开,会议强调,要进一步健全审判工作机制,大力推进多元化纠纷解决机制和现代化诉讼服务体系建设,加快实现人工智能、5G、区块链技术等现代科技与民商事审判深度融合。

7月4日　最高人民法院知识产权法庭在一起案件中首次在庭审中采用远程示证方式勘验证据实物。知识产权法庭探索的远程示证、虚拟现实、现实增强等信息化手段,能够智能高效、准确便利地化解实物证据"质证难"等问题,有效满足了审理全国范围内技术类知识产权上诉案件的需求。

7月20日　全国法院贯彻落实政法领域全面深化改革推进会精神专题会议在四川成都召开,会议指出,目前全国55%以上的法院实现网上直接立案,47%以上的法院实现网上预约立案,51%以上的法院实现电子送达,全面推进智慧法院建设成效显著。

八月

8月1日 最高人民法院发布《最高人民法院关于建设一站式多元解纷机制、一站式诉讼服务中心的意见》，提出要打造通办诉讼全程业务的"智慧诉讼服务"新模式，扩展网上服务功能，全面应用中国移动微法院，打通当事人身份认证通道，提供网上引导、立案、交退费、查询、咨询、阅卷、保全、庭审、申诉等一站式服务。

8月1日 广东省深圳市宝安区人民法院开展了全国首例采用5G便携式庭审系统进行网络直播的巡回审判活动。此次庭审直播开创了"1个人（技术保障人员）1小时快速部署科技法庭"的先例，实现了5G传输直播、无线示证、无线拾音、无线扩音的全无线巡回审判模式。通过5G网络进行现场直播，庭审视频播放顺畅无卡顿，画面也更加清晰，吸引超过13000个用户点击观看。

8月13日 全国首例海事诉讼跨域立案在天津海事法院和上海海事法院之间完成。这是自2019年6月最高人民法院提出"要加快推进跨域立案诉讼服务改革"以来，全国首例跨域立案的海事案件。

8月17日 北京互联网法院发布《互联网技术司法应用白皮书》，揭牌成立了"互联网技术司法应用中心"，并同时进行了移动微法院、屏幕共享、智能审判应用、天平链多项互联网技术实际司法应用场景的展示。

8月30日 全国海事法院全面实现跨域立案，今后海事审判将在跨域立案的基础上，完善海事跨域诉讼服务机制，实现快速办理委托送达、委托调查、委托扣押船舶等诉讼委托事项，提高海事法院协作效率，进而提高海事审判执行效率。

九月

9月5日 厦门知识产权法庭揭牌成立。该法庭配备高清科技系统，包含中控一键开庭系统、庭审语音识别转换系统，配备电子证据展示系统，兼具书记员控制模式和法官控制模式，可以适应庭审质证环节的多种场景，还配有互联网全在线诉讼系统——通过语音识别技术自动生成笔录，实现庭审过程同步录音录像，囊括在线立案、在线送达、在线质证、在线庭审等功能，满足法庭远程示证等多种场景需要，实现线上线下模式无缝对接。

9月6日 最高人民法院召开第二届网络安全和信息化专家咨询委员会成立大会暨智慧法院建设座谈会，会议强调，要认真总结智慧法院建设取得的阶段性成果和经验，坚持问题和需求导向，不断提升智慧法院建设水平。要进一步加强集成化建设，加快向智能化迈进，为法官提供类案参考和量刑规范化支持，加强信息化在审判管理中的应用，促进严格公正司法。

9月10日 全国法院第六次网络安全和信息化工作会议在广州召开，研究部署当前和今后一个时期人民法院网络安全和信息化工作，加快推进"智审、智执、智服、智管"建设，全面深化智慧法院建设。会议指出，各级法院要加强人工智能、5G、区块链、大数据等现代技术研究应用，推动司法领域核心技术全面实现迭代升级。要抓住信息化发展和网络强国、数字中国、智慧社会建设重大历史机遇，不断提高对互联网规律的把握能力、对网络舆论的引导能力、对信息化发展的驾驭能力、对网络安全的保障能力。

9月10日 最高人民法院智慧法院（广东）实验室正式启用。智慧法院实验室，集"研发、测试、展示、培训"四大功能为一体，分别为诉讼服务、办公办案、线上庭审、智慧执行、区块链研发、大数据管理等六大实验功能区，为诉讼服务、审判执行、司法管理提供了综合试验场所。

9月17日至19日 2019年全国法院信息化工作培训班在国家法官学院新校区举行，本次培训就网络信息安全建设、法院信息化现状及展望、电子卷宗集中编目、中国移动微法院、质效型可视化运维等前沿信息技术、智慧法院建设的总体思想、先进法院的典型经验等内容进行授课，切实提升了全国法院推进人民法院信息化工作的能力。

十月

10月14日 最高人民法院组织召开国家司法审判信息系统工程（"天平工程"）中央本级建设部分项目初步验收评审会，经过现场专家评审，项目通过初步验收。项目总体目标为通过建设覆盖全国各级法院的司法审判系统、信息资源系统、业务应用系统和庭审支撑系统，编制相关标准规范，建设完善机房配套设施，保障安全和配备设施基本到位，实现案件审判工作及其他各项工作管理全过程的科学化、规范化、现代化和协同化，促进和保障人民法院在全社会实现"公正与效率""司法统一""司法便民为民"的目标。

10月15日 全国法院审判执行工作推进会召开，会议要求，要加快推进网上立案、跨域立案，不断增强化解纠纷和诉讼服务能力。要加强裁判文书大数据应用，不断拓展司法公开的广度和深度，以公开促公正提公信。要建好用好管用实用的信息化智能化项目，完善信息化办案平台建设，推进电子诉讼和移动电子诉讼发展，加强大数据、人工智能等新技术实践运用，不断提升智慧法院建设应用水平，向科技创新要战斗力。

10月17日 《人民日报》发表时评《推动智慧法院建设转型升级》。文章指出，近年来，全国法院深入推进智慧法院建设，不断完善智慧服务、智慧审判、智慧执行、智慧管理，推动诉讼服务和审判辅助智能化，为司法为民、公正司法提供了有力的科技支撑。信息化与传统司法相结合，作用巨大、前景可期。通过近几年智慧法院建设，全国法院信息化水平已经达到了新的起点。

十一月

11月6日 中国政法实务大讲堂走进清华大学。最高人民法院院长围绕"新时代中国法院司法体制改革和智慧法院建设"作专题讲座，重点从智慧审判、智慧执行、智慧服务、智慧管理四个方面介绍了智慧法院建设成果。这次讲座，依托信息技术积极创新 PPT 形式，充分运用高科技、智能化的融媒体演示手段，将现代科技与司法工作深度融合的成果进行了可视化展示，以案例、视频、连线、大数据分析图表等方式，增强了授课内容科技感、互动性，拓展了讲座内容，便于师生更加全面地把握党的十八大以来司法体制改革和智慧法院建设的成果。

11 月 8 日 最高人民法院网络安全和信息化领导小组 2019 年第二次全体会议召开。会议强调，要大力提高诉讼服务信息化、智能化水平，全面提升审判执行工作智能化水平，深入推进电子卷宗随案同步生成和深度应用，推广庭审语音识别、文书智能纠错、类案强制检索等应用，要以完善全国统一司法链平台为重点，提升司法管理精细化水平，积极探索引入智能合约，建设完善数据中心以及大数据管理和服务平台。

11 月 8 日 最高人民法院"人民法庭工作平台"和"人民法庭信息平台"正式上线运行，人民法庭工作平台通过信息化手段，将基层法院、人民法庭的基本情况、人员情况、案件质效等信息深度整合，实现了对基层法院、人民法庭"人、案、事"的实时、动态、智能管理。人民法庭信息平台全面展示全国人民法庭的新闻动态、工作成效、为民举措等，鲜活展现人民法庭的工作全貌，使社会公众能够更好地了解基层法庭工作。

11 月 19 日 最高人民法院发布了《网络犯罪司法大数据专题报告》及十起电信网络诈骗犯罪典型案例。该报告数据主要来源于人民法院大数据管理和服务平台，分析了全国各级法院一审以判决方式结案的刑事案件数据。报告显示，2016 年至 2018 年网络犯罪案件已结 4.8 万余件，案件量及在全部刑事案件总量中的占比均呈逐年上升趋势，大部分案件分布于东南沿海地区，超四成网络犯罪案件为两人及以上团伙犯罪，四分之三的案件被告人年龄在 20～40 周岁，网络犯罪案件中 30% 以上涉及诈骗罪，占比最高。

11 月 29 日 最高人民法院域外法查明平台在国际商事法庭网站上线启动，标志着全国法院域外法查明统一平台的正式建立。该平台的上线启动，是最高人民法院贯彻落实中央《关于建立"一带一路"国际商事争端解决机制和机构的意见》要求，有效破解制约涉外审判实践中域外法查明难的"瓶颈"问题、进一步优化法治化营商环境的重要举措。

十二月

12月4日 最高人民法院在浙江乌镇发布《中国法院的互联网司法》白皮书。这是中国法院发布的首部互联网司法白皮书，也是世界范围内首部介绍互联网时代司法创新发展的白皮书。面对时代发展、技术进步、法治需求和群众期待，人民法院紧扣时代脉搏，立足国情实际，大力探索互联网时代司法新模式，推动信息技术与司法工作全方位深度融合，促进审判体系和审判能力现代化。

12月5日 由中国最高人民法院举办的世界互联网法治论坛在浙江乌镇开幕，开幕式时中国最高人民法院表示，愿积极分享推进互联网司法改革、促进互联网技术与司法工作深度融合、创新互联网司法模式等方面经验，进一步增进对世界各国互联网法治建设的了解。希望通过此次论坛，推动各国司法合作实现新发展，共同为完善全球互联网治理体系，促进网络空间治理法治化作出积极贡献。

12月17日 由人民法院新闻传媒总社开发的天平阳光一体化移动平台举行上线发布会，强调要强化前沿技术应用，加强5G、大数据、云计算、物联网、人工智能等新技术与新闻舆论工作的深度融合，激发新技术、新媒体效能，推动新闻宣传产品精准化生产、可视化呈现、智能化推送、互动化传播。

12月22日 在智慧法院关键技术应用科技成果鉴定会上，由多名国内院士和电子政务专家组成的鉴定委员会对智慧法院科技创新成果重要科学价值、技术价值、经济价值、社会价值进行了充分肯定，认为该项目技术复杂、难度很大、创新性强，总体达到了国际领先水平。通过项目实施，增强了人民法院治理能力，提升了审判质效，推动了司法公平正义，支撑攻坚解决"执行难"，极大节约了社会成本，取得了显著的经济效益。

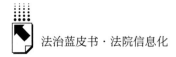

12 月 25 日　最高人民法院召开人民法院跨域立案服务新闻发布会时表示，全国中基层人民法院已全面实现跨域立案服务。中国移动微法院构建了一体化的跨域立案诉讼体系，通过跨域立案系统申请立案的案件量月均增长率达到 300%。

12 月 27 日　最高人民法院政治部与国家法官学院开发建设的"最高人民法院云课堂"正式开通上线。"最高人民法院云课堂"上线开通，是充分运用信息化手段加强法官教育培训工作的重要举措，是教育培训工作领域推进智慧法院建设取得的重大成果。

12 月 30 日　最高人民法院印发《最高人民法院关于开展 2019 年全国智慧法院建设评价工作的通知》，发布智慧法院建设评价指标体系（2019 年版），部署全国四级法院评价工作。

12 月 31 日　最高人民法院智慧法院实验室建成启用，标志着智慧法院信息系统综合集成迈上新台阶，必将推动智慧法院在服务人民群众、服务审判执行、服务司法管理、服务廉洁司法上作出新贡献。智慧法院实验室聚焦人民法院信息化建设面临的总体规划设计、关键技术攻关、综合集成试验等问题，集展示交流、互动体验、科研试验于一体，为探索信息技术与审判执行工作深度融合提供了重要平台，为汇聚社会各界力量参与人民法院信息化建设提供了互动场所，为推进全面建设智慧法院提供了研发环境。

Abstract

The year 2019 marks the first year that smart court has moved from initial formation to full-scale construction. During this year, the people's court have been always adhering to the development path of taking justice for people, responding to and making up for problems and deficiencies in the previous construction with practical actions. Annual Report on Informatization of Chinese Courts No. 4 (2020) evaluates the current status of court informatization in China in terms of auxiliary judication and enforcement effectiveness, development of judicial big data. It summarizes the experience and achievements of local courts in the construction of informatization and looks forward to the progress of national court informatizationin 2020. It is believed that in 2019, courts at all levels across China will take a new step in the standardization, systematization, accuracy and intelligence of information construction. At the same time, China's court informatization still needs to be further improved in building brand effect, promoting in-depth application, building a unified platform, improving user experience and data quality. The Report comprehensively summarizes the new progress of China's court informatization construction around the themes of improving the quality and efficiency of the trial, strengthening the trial supervision, solve difficulties encountered in enforcement, improving judicial service for the people as well as informatization and big judicial data. The report includes the research reports on "Jilin Model" —the demonstration practice for integrated trial of administrative cases; the pilot reform of law enforcement that tackles the difficulties in enforcing court rulings; multi-channeled mediation + timely arbitration; The operation of Mobile Mini Court, etc. In addition, the Report includes the record of the Chinese Internet Court's Summit Dialogue.

Contents

I   General Report

Abstract: The year 2019 is the first year that smart court has moved from initial formation to full-scale construction. Chinese courts at all levels have always adhered to the principle of justice for people and pragmatic and progressive construction ideas. They have reached a new level in the standardization, systematization, precision and intelligence of informatization construction. The effectiveness of judicial services has been effectively improved through the informatization construction. The informatization construction of Chinese courts has been at the forefront in the world. However, there are still related issues needing urgent resolution, such as insufficient international influence, defective degree of application and intelligence, unsolved technical barriers, tense relationship between online and offline models, insufficient supply of supporting systems and hidden dangers in risk control. In the future, the informatization construction of Chinese courts should continue to be problem-orientedand continue to make efforts inbuilding brand effects, promoting in-depth applications, accelerating research and development speed, big data calculations, mediating online and offline relationships, enhancing institutional supply assessing, preventing and controlling risks.

Keywords: Justice for People; Court Informatization; Judicial Administration; Judicial Service

II Special Reports

B. 2 Third-Party Assessment Reports on "Smart Adjudication" in Chinese Courts (2019)

Innovation Project Team on the Rule of law

Index, CASS Law Institute / 026

Abstract: In 2019, many fruitful attempts and efforts have been made concentrating on improving the quality and efficiency of adjudication, serving judges in cases and establishing rules for online litigation in smart adjudication. The Innovation Project Team on the Rule of Law Index of CASS Law Institute carried out a third-party assessment of the situation of "smart adjudication" in China. The assessment was commissioned by the Supreme People's Court for the purposes of objectively evaluating the progresses and achievements made by people's courts throughout the country in the construction of "smart adjudication", analyzing the problems and inadequacies in the development and exploring the future development trend. The assessment shows that in 2019, the in-depth application of electronic file has accelerated the establishment of smart adjudication operation mode. The development and popularization of electronic litigation has changed the traditional form of case handling by judges to a certain extent. Smart court trials provide more intelligent support for judges to handle cases. The internal and external communication of trial information has significantly improved trial efficiency and the adjudicationauxiliary case handling mechanism has effectively reduced transactional work. At the same time, the informatization construction still faces the challenge of large regional differences. Besides, the funding and talent protection should be further strengthened, the intelligence level needs improving, the system's practicability needs to be strengthened and the platform should be integrated.

Keywords: Smart Adjudication; Online Litigation; Smart Court trial; Third-Party Assessment

B. 3　Third-Party Assessment Reports on "Intelligent Enforcement" in People's Court (2019)

Innovation Project Team on the Rule of law

Index, CASS Law Institute / 044

Abstract: In 2019, the enforcement of the people's court has entered a new historical stage. In order to consolidate the achievements of basic solution to difficulties encountered in enforcement and establish a long-term mechanism to solve difficulties encountered in enforcement, the Supreme People's Court and some local courts have continuously optimized and upgraded the enforcement system based on integration and intelligence. With actively application of mobile office and paperless case handling models, they have applied such emerging technology achievements as big data, artificial intelligence and blockchain to the enforcement and established an enforcement property assessment system and a unified audio and video management system of cases handled. The substantive implementation of the enforcement command center has been promoted and the regional enforcement forces have been integrated. In 2019, the development of enforcement informationization in China is unbalanced. Some problems are still presented, such as the limited platform intelligence, low system integration and insufficient integration with other social governance platforms. Besides, applications of the emerging technology are still in the initial stage and the joint credit punishment mechanism has not been substantially promoted. In the future, the enforcement informationization should develop in the direction of integration, intelligence, intensiveness and coordination, helping to realize the modernization of the enforcement mode.

Keywords: Court Informatization; Intelligent Enforcement; Paperless; Joint Credit Punishment

B. 4　Third-Party Assessment Reports on "Judicial Big Data" in Chinese Courts (2019)

Innovation Project Team on the Rule of law

Index, CASS Law Institute / 067

Abstract: Chinese courts at all levels have been continuing to improve data quality, promote data sharing and the application of judicial big data, thus the ability of judicial big data to serve the society has been improved and the smart management level has been enhanced. The development of judicial big data has also brought new models for court management, new changes in the allocation of judicial resources and new strategies for parties to participate in litigation. However, at present, China's judicial big data construction still faces obstacles such as data silos, data security and data biases. In the future, data integration and data analysis should be further strengthened, data security should be improved, data values should be deepened and data biases should be eliminated.

Keywords: Judicial Big Data; Trial Management; Social Governance; Third-Party Assessment

Ⅲ　Informatization Improves Judicial Efficiency

B. 5　Accelerator for Intelligent and Team-Based Case Handling

—Application Report on Jiangxi Court "Judge e Assistant"

Platform Construction

Research Group of Jiangxi Court "Judge e Assistant" / 082

Abstract: Jiangxi Court has created the intelligent auxiliary case handling platform "judge e assistant" so as to promote the in-depth application of electronic file, improve the intelligence level of case handling and provide better informatization support for the teamwork case handling mode of judges in the context of judicial system reform. The "judge e assistant" provides intelligent and integrated auxiliary services for judges in the core trial links such as file review, opening of court session, documents writing and judgment on the premise of online case handling and simultaneous electronic file generation, based on electronic and networked case information and file data and with the help of big data and artificial intelligence technology. It is an intelligent auxiliary case handling application system platform with Jiangxi characteristics.

Keywords: Electronic File In-depth Application; Reshaping of Case Process; Intelligent and Team-based

B. 6　Research Report on the Construction of Administrative

Trial Integration of Jilin Higher Court

Group of Jilin Provincial Higher People's Court / 095

Abstract: The administrative trial work of the people's courts plays an important role in protecting the legitimate rights and interests of the people, advancing the rule of law in a comprehensive manner, escorting economic and social development and promoting the modernization of the national governance system and capacity. Since 2018, Jilin Provincial Higher People's Court has begun to explore the integration of administrative trials and has built such related platforms as large data analysis platform, a platform for administrative trial investigation and guidance, collaborative case handling platform for administrative agencies and a litigation service platform for counterparts. Jilin Provincial Higher People's Court has made full use of information technology to comprehensively promote the implementation of the administrative litigation law, fully implement the reform requirements of the case registration system and comprehensively deepen judicial reform to provide more convenient administrative litigation services for parties, administrative agencies and administrative case judges. A benign interactive mechanism of justice and administration has been established, measures has been implemented to facilitate the convenience of the people in administrative proceedings, the quality and efficiency of administrative trials have been enhanced and the online handling of intensive, integrated and intelligent online administrative disputes in Jilin Province has been strengthened, thus to creat the "Jilin model".

Keywords: Information Construction; Judicial Reform; Administrative Trial; Judicial Efficiency

B. 7　Construction of Modern "Judicial Supply Chain" System

—Investigation Report on the Full Process Paperless Online Case Management Practice in Chongzhou Court

Group of Chongzhou People's Court, Sichuan Province / 106

Abstract: Under the condition of insufficient funds, the People's Court of Chongzhou City, Sichuan Province has deeply integrated science and technology with trial and enforment, litigation services, judicial management and other work and achieved innovation in concept, institution and technology, thus developing the smart court trial demonstration model. This model has served parties with great convince, served judges with intelligent generation of simple documents and helped in the automatic reminder and warning management. It has established a judicial operation platform that integrates intelligent service guarantee, intelligent supervision and operation and intelligent communication and coordination and created a "Chongzhou model" of paperless case handling within full chain, full nodes and full process. It has provided grassroots courts with a practical sample of "small input but very practical".

Keywords: Electronic File In-depth Application; Paperless; Smart Court Trial Demonstration; Judicial Supply Chain

IV Information Strengths Judicial Supervision

B. 8 Innovation and Exploration of New Trial Supervision and Management

—The Full Supervision and Management Platform from all Judges in Yibin Court

Group of Full Supervision and Management from All Judges Group in Yibin Court / 123

Abstract: Since the reform of the judicial system has been carried out in an all-round way, Yibin Intermediate People's Court has strengthened the full supervision and management from all judges. Yibin Intermediate People's Court gives priority to the four types of cases: cases involving mass disputes, difficult and complex cases with significant social impact that may undermine social stability, cases that may conflict with similar cases, as well as cases reflecting the judge's illegal trial. Yibin Intermediate People's Court has set up automatic early warning system for "sensitive cases", implement the "joint trial system" and performance assessment system, made full use of information technology, integrated system management with science and technology application and construction, in an effort to build the full supervision and management framework from all judges.

Keywords: Smart Court; Trial Management; Full Supervision and Management from all Judges

B. 9 Research Report on the Intelligent Police Management Platform of Nantong Court

Group of Nantong Intermediate People's Court, Jiangsu Province / 136

Abstract: Nowadays, the number of cases accepted by the People's Court is increasing rapidly, while the judicial police forces are relatively weak. To update the management thinking and mode, increase police support, and guarantee the security of judicial police have become a top priority. How to make full use of modern information technology and integrate the limited police resources, how to improve the efficiency of judicial police work, has become an urgent issue of great practical significance. The Intelligent Police Management Platform of Nantong Court adheres to the three basic directions of service-oriented, strict management and overall coordination, integrates informatization and intelligent tools into the work. This not only conforms to the law of judicial police work, but also realized the deep integration with the law enforcement, achieving the goal of liberating police force, tapping potential and increasing effectiveness by modern technical means, which has achieved remarkable results.

Keywords: Judicial Police; Smart Police; Police Security Guarantee; Management of Judicial Police

B. 10 "Single Filing System" Management Mode of Hunchun People's Court

Zhang Yeyao / 153

Abstract: On the basis of paperless case handling mode, the Hunchun

People's Court, Jilin Province, by combing the court business with the blockchain technology, has applied "single filing system" management mode for the litigation files. The court adopts electronic litigation files and ensures data security through multiple backups, which can keep the authenticity, integrity, effectiveness, security and applicability of electronic files. The "single filing system" management mode conforms to the law of the informationization, provides a new working mode for the court's archives management, avoids the waste of paper archives, promotes the scientific trial process, which brings convenience to people, improves the trial quality and efficiency, and provides strong support for judicial justice.

Keywords: Litigation Files; Single Filing System; Electronic File; Electronic Archives

V Informatization Contributes to Solving Difficulties in Implemention

B. 11 Research Report on Zhejiang Court's New Mode of Law Enforcement through Informatization

Group of Intelligent law Enforcement, Zhejiang Court / 167

Abstract: Law enforcement is the most crucial link and the last line of defense for fairness and justice, and it has always been the focus that the public concern about. Zhejiang Court has been reforming and innovating the work through intelligent construction, promoting the deep integration of big data, artificial intelligence and other cutting-edge technology with enforcement, actively exploring the online platform, and improving the "intelligent law enforcement" for property inspection and disposal, smart management, case handling, etc. The online law enforcement platform adheres to the service-oriented concept, reconstructs the law enforcement procedure and case handling management, and realizes the full process automatic monitoring and intelligent assistance. It strengthens the supervision over long-term unsolved property, adopts the full-automatic enforcement mode for simple cases, which meets the urgent needs of the front-line judicial police for the updating of the case handling system, and provides experience for other courts to solve the difficulties encountered in law enforcement.

Keywords: Intelligent Law Enforcement; Service-Oriented; Case Handling of Enforcement Cases; Long-Term Mechanism

B. 12 Report on Construction and Application of Emergency
Response Service Platform of Command Center of
Hunan Court   *Group of Hunan Higher People's Court* / 185

Abstract: The Emergency Response Service Platform of Command Center integrates the law enforcement, GIS visual command management system, mobile and transparent law enforcement to assist the law enforcement management, case handling, executive command coordination and information publicity. Hunan Court is a pioneer in the construction of the Emergency Response Service Platform of Command Center. Since this year, the administration of law enforcement has been effectively strengthened, the work of law enforcement police has become more standardized, and people's satisfaction with the law enforcement has been enhanced. Practice has proved that the Emergency Response Service Platform can improve the operation of the command center and provide support for the unified management, command and coordination mechanism of the enforcement.

Keywords: Law Enforcement; Informationization; Emergency Response; Transparent law Enforcement

B. 13 Research Report on the Construction of Smart Law
Enforcement System in Shanghai
Wu Haiyin, Lu Cheng and Tian Tian / 194

Abstract: In order to implement the deployment of the Supreme People's

Court, Shanghai Higher People's Court, relying on the national subject of "Research on Law Enforcement Standardization and Equipment Improvement under Whole Process Monitoring", has developed a smart law enforcement system. On the basis of informatization, Shanghai Higher People's Court has given full play to the role of artificial intelligence in the judicial field to assist in cases handling, vigorously promoted the deep integration of artificial intelligence with enforcement, promoted electronic management of documents and instant generation of electronic files and legal documents, which has successfully provided intellectual support and auxiliary support for judges, and driven the law enforcement into the direction of informatization.

Keywords: Artificial Intelligence; Smart Law Enforcement; Law Enforcement Risk Warning

B. 14 Pilot Reform of Law Enforcement Tackles the Difficulties in Enforcing Court Rulings

—Online Case Handling Platform of Guangzhou Intermediate People's Court

Guangzhou Intermediate People's Court Group,

Guangdong Province / 209

Abstract: Informationization construction has played a great role in promoting the standardization, intelligence and efficiency of law enforcement. Guangzhou Intermediate People's Court, after successfully passing the third-party evaluation of "substantially solving the difficulties in enforcement", continued to further promote the pilot reform of law enforcement, adhered to the technology-based approach, constructed the online case handling platform, which drives the enforcement to a more standardized, intelligent, intensive and paperless direction. The platform helps to improve the efficiency of the command and management of law enforcement with informatization and paperless and mobile tools. By taking advantage of the enforcement pilot reform, Guangzhou Intermediate People's Court has successfully tackles the difficulties in enforcing court rulings and improved the credibility by transparent information and judicial service.

Keywords: Law Enforcement; Online Case Handling Platform; Control from the Source

VI Informatization Promote Ability of Justice for the People

B. 15   Promote the Efficient and Convenient Modern Litigation

Service System of "Multi-Channeled Mediation Plus

Timely Arbitration"

—*Platform for Integation of Case Division, Mediation and*

Judgement in Beijing Court　　　*Jin Xuejun, Li Xiang* / 229

Abstract: Serving the people is the top priority of the informatization construction of the people's court. In recent years, focusing on "technology-based mediation, trial, enforcement, service and management", Beijing Court has made great progress in informatization construction. The reform measures of "Multi-Channeled Mediation plus Timely Arbitration" have been put forward, and Internet technology has played a bigger role and integrated better with judicial work. Beijing Court focuses on the building of an efficient and convenient modern litigation service system to meet the diverse needs of the people and further enhance their sense of gain, happiness and security.

Keywords: Internet; Integation of Case Division, Mediation and Judgment; Modern Litigation Service

B. 16 Investigation Report on the Construction of a New Era Litigation Service System in Sichuan Court

Research Group of Sichuan Higher People's Court / 242

Abstract: How to guide and improve the people's litigation ability and experience through scientific, standardized and effective litigation service, so that the people can truly feel the justice and efficiency of litigation, is an important task for legal personnel. Sichuan court has actively explored the digital and intensive management mode by building a new era electronic litigation service system and integrating the litigation service, trails and enforcement with informatization. Guided by the principle of putting the people's rights and interests at first, Sichuan court has built a more open, dynamic, transparent, inclusive, fair and convenient litigation service mechanism by utilizing the modern technology and management concept, which serves as the best embodiment of judicial value as well as compelling evidence of social progress.

Keywords: Smart Court; Electronic Litigation Service; One-Stop Multi-channeled Dispute Resolution; Integration of Case Division, Mediation and Judgment

B. 17 Research Report on the Operation of Mobile Mini Court

—Take the Practice of Ningbo Court as an Example

Group of Intermediate People's Court of Ningbo, Zhejiang Province / 256

Abstract: As a one-stop, integrated mobile electronic litigation platform, Mobile Mini Court has been promoted by courts across the country. It is the latest form of smart court and the product of the deep integration of judicial reform and informatization, which is of great significance to improve the socialist judicial system with Chinese characteristics and promote the modernization of national governance system and governance capacity. This report makes an in-depth investigation on the background and status quo of the Mobile Mini Court, summarizes the acheivements and construction experience, and analyzes the existing problems in its operation and puts forward some solution. The report aims to provide some references for the progress of the Mobile Mini Court.

Keywords: Mobile Mini Court; Users' Needs; Litigation Rules

Ⅶ Informatization and Judicial Big Data

B. 18 Builds Big Data Management and Service Platform Centered

on Data *Group of Guangdong Court* / 269

Abstract: Big data strategy is an important national strategy in China's 13th Five-Year Plan. Focusing on the national big data strategy, Guangdong Court, in accordance with the deployment of the Supreme People's court to accelerate the construction of the smart court, has adapted a data-centered and service-oriented approach to actively promote the data integration, accelerate the sharing and application of data resources, and built the big data management and service platform of Guangdong Court. Guangdong has made great effort to make full use of the value of judicial data accumulated over the years by using such cutting-edge technologies as big data and cloud computing. Guangdong Courts has given full play to the role of data in decision-making and management, which conforms with the characteristics and laws of trial and law enforcement work under the new circumstances, and contributes to the construction of smart court in Guangdong Province.

Keywords: Big Data; Judicial Administration; Data Sharing

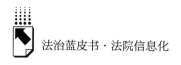

B. 19　In-depth Exploration of Judicial Data

—*Taking the Intelligent Management Platform by Chongqing Court*
as an Example

Group of Chongqing Higher People's Court / 285

Abstract：By promoting the construction of the smart court, the information and data of the people's court has grown rapidly, generating valuable judicial big data. Exploring the value of judicial big data to serve the economic and social development is an important direction of the construction of smart court. Chongqing Court has actively explored the way to better utilize data, and used artificial intelligence to build an intelligent management platform. Electronic files and other intelligent tools are used to extract the unstructured information and to make in-depth analysis of data, which make the judicial data more valuable and transparent.

Keywords：Judicial Big Data；Data Intelligent；Intelligent Data Governance

B. 20　Report on the Actuarial Allocation System of Judge's
　　　Workload in Lanzhou Court　　　*Ning Kang , Liao Xue / 296*

Abstract：In order to optimize the trial operation mechanism and settle the conflicts in the cases, Lanzhou Intermediate People's Court has established the standards, calculation and supporting system of the cases difficulty coefficient in 2018, and established the quantitative evaluation system of workload and trial performance. The system, by abadoning the traditional performance appraisal which takes the number of cases as the assessment standard, takes the judge's trial performance data automatically generated by the platform as the standard to objectively and fairly evaluate the judge's work. This system has successfully solved a series of problems that have puzzled the court management for a long time, such as the allocation of case handling load and the quantitative evaluation of trial performance. It has laid a foundation for the establishment of a new scientific, systematic, normative, dynamic, precise and practical trial management mode of the people's court and provided a scientific basis for recruiting the judges.

Keywords: Difficulty Coefficient; Cases Handling Workload; Case Conflicts

Ⅷ Practice and Prospects for Internet Court

Editor's Notes: on October 13, 2019, sponsored by the Law Research Institute of the Chinese Academy of Social Sciences and the Henan Academy of Social Sciences, organized by the National Center for Rule of Law Index, Chinese Academy of Social Sciences and the Zhengzhou Intermediate People's Court, and co organized by the People's Court of Jinshui District, Zhengzhou and National Center for Rule of Law Index (Henan) Collaborative Innovation Base, the Forum on Comprehensive Rule of Law and Annual Meeting of Empirical Law Research was held in Zhengzhou, Henan Province. During this forum, the presidents of the three Internet courts had a heated dialogue about the characteristics of the conflicts and disputes in cyberspace, the Internet trial, the informatization construction of the Internet court, evidence collection and preservation, the role in social governance and the future development direction, which showed the exploration and thinking of the Internet court in the practice of comprehensively governing the country according to law. This blue book will present the contents of summit to the readers for reference.

Ⅸ Chronicle of Events

359

社会科学文献出版社

皮 书

智库报告的主要形式
同一主题智库报告的聚合

❖ 皮书定义 ❖

皮书是对中国与世界发展状况和热点问题进行年度监测，以专业的角度、专家的视野和实证研究方法，针对某一领域或区域现状与发展态势展开分析和预测，具备前沿性、原创性、实证性、连续性、时效性等特点的公开出版物，由一系列权威研究报告组成。

❖ 皮书作者 ❖

皮书系列报告作者以国内外一流研究机构、知名高校等重点智库的研究人员为主，多为相关领域一流专家学者，他们的观点代表了当下学界对中国与世界的现实和未来最高水平的解读与分析。截至 2020 年，皮书研创机构有近千家，报告作者累计超过 7 万人。

❖ 皮书荣誉 ❖

皮书系列已成为社会科学文献出版社的著名图书品牌和中国社会科学院的知名学术品牌。2016 年皮书系列正式列入"十三五"国家重点出版规划项目；2013~2020 年，重点皮书列入中国社会科学院承担的国家哲学社会科学创新工程项目。

中国皮书网

（网址：www.pishu.cn）

发布皮书研创资讯，传播皮书精彩内容
引领皮书出版潮流，打造皮书服务平台

栏目设置

◆ 关于皮书

何谓皮书、皮书分类、皮书大事记、
皮书荣誉、皮书出版第一人、皮书编辑部

◆ 最新资讯

通知公告、新闻动态、媒体聚焦、
网站专题、视频直播、下载专区

◆ 皮书研创

皮书规范、皮书选题、皮书出版、
皮书研究、研创团队

◆ 皮书评奖评价

指标体系、皮书评价、皮书评奖

◆ 互动专区

皮书说、社科数托邦、皮书微博、留言板

所获荣誉

◆ 2008 年、2011 年、2014 年，中国皮书
网均在全国新闻出版业网站荣誉评选中
获得"最具商业价值网站"称号；

◆ 2012 年，获得"出版业网站百强"称号。

网库合一

2014年，中国皮书网与皮书数据库端口
合一，实现资源共享。

权威报告・一手数据・特色资源

皮书数据库
ANNUAL REPORT(YEARBOOK)
DATABASE

分析解读当下中国发展变迁的高端智库平台

所获荣誉

- 2019年，入围国家新闻出版署数字出版精品遴选推荐计划项目
- 2016年，入选"'十三五'国家重点电子出版物出版规划骨干工程"
- 2015年，荣获"搜索中国正能量 点赞2015""创新中国科技创新奖"
- 2013年，荣获"中国出版政府奖・网络出版物奖"提名奖
- 连续多年荣获中国数字出版博览会"数字出版・优秀品牌"奖

成为会员

通过网址www.pishu.com.cn访问皮书数据库网站或下载皮书数据库APP，进行手机号码验证或邮箱验证即可成为皮书数据库会员。

会员福利

- 已注册用户购书后可免费获赠100元皮书数据库充值卡。刮开充值卡涂层获取充值密码，登录并进入"会员中心"—"在线充值"—"充值卡充值"，充值成功即可购买和查看数据库内容。
- 会员福利最终解释权归社会科学文献出版社所有。

社会科学文献出版社 皮书系列
SOCIAL SCIENCES ACADEMIC PRESS (CHINA)
卡号：15676691189 3
密码：

数据库服务热线：400-008-6695
数据库服务QQ：2475522410
数据库服务邮箱：database@ssap.cn
图书销售热线：010-59367070/7028
图书服务QQ：1265056568
图书服务邮箱：duzhe@ssap.cn

S 基本子库
SUB DATABASE

中国社会发展数据库（下设 12 个子库）

整合国内外中国社会发展研究成果，汇聚独家统计数据、深度分析报告，涉及社会、人口、政治、教育、法律等 12 个领域，为了解中国社会发展动态、跟踪社会核心热点、分析社会发展趋势提供一站式资源搜索和数据服务。

中国经济发展数据库（下设 12 个子库）

围绕国内外中国经济发展主题研究报告、学术资讯、基础数据等资料构建，内容涵盖宏观经济、农业经济、工业经济、产业经济等 12 个重点经济领域，为实时掌控经济运行态势、把握经济发展规律、洞察经济形势、进行经济决策提供参考和依据。

中国行业发展数据库（下设 17 个子库）

以中国国民经济行业分类为依据，覆盖金融业、旅游、医疗卫生、交通运输、能源矿产等 100 多个行业，跟踪分析国民经济相关行业市场运行状况和政策导向，汇集行业发展前沿资讯，为投资、从业及各种经济决策提供理论基础和实践指导。

中国区域发展数据库（下设 6 个子库）

对中国特定区域内的经济、社会、文化等领域现状与发展情况进行深度分析和预测，研究层级至县及县以下行政区，涉及地区、区域经济体、城市、农村等不同维度，为地方经济社会宏观态势研究、发展经验研究、案例分析提供数据服务。

中国文化传媒数据库（下设 18 个子库）

汇聚文化传媒领域专家观点、热点资讯，梳理国内外中国文化发展相关学术研究成果、一手统计数据，涵盖文化产业、新闻传播、电影娱乐、文学艺术、群众文化等 18 个重点研究领域。为文化传媒研究提供相关数据、研究报告和综合分析服务。

世界经济与国际关系数据库（下设 6 个子库）

立足"皮书系列"世界经济、国际关系相关学术资源，整合世界经济、国际政治、世界文化与科技、全球性问题、国际组织与国际法、区域研究 6 大领域研究成果，为世界经济与国际关系研究提供全方位数据分析，为决策和形势研判提供参考。

法律声明

"皮书系列"（含蓝皮书、绿皮书、黄皮书）之品牌由社会科学文献出版社最早使用并持续至今，现已被中国图书市场所熟知。"皮书系列"的相关商标已在中华人民共和国国家工商行政管理总局商标局注册，如LOGO（▨）、皮书、Pishu、经济蓝皮书、社会蓝皮书等。"皮书系列"图书的注册商标专用权及封面设计、版式设计的著作权均为社会科学文献出版社所有。未经社会科学文献出版社书面授权许可，任何使用与"皮书系列"图书注册商标、封面设计、版式设计相同或者近似的文字、图形或其组合的行为均系侵权行为。

经作者授权，本书的专有出版权及信息网络传播权等为社会科学文献出版社享有。未经社会科学文献出版社书面授权许可，任何就本书内容的复制、发行或以数字形式进行网络传播的行为均系侵权行为。

社会科学文献出版社将通过法律途径追究上述侵权行为的法律责任，维护自身合法权益。

欢迎社会各界人士对侵犯社会科学文献出版社上述权利的侵权行为进行举报。电话：010-59367121，电子邮箱：fawubu@ssap.cn。

社会科学文献出版社